浙派中醫

TRADITIONAL CHINESE MEDICINE OF ZHEJIANG SCHOOL

浙派中医丛书

品牌系列

胡庆余堂

朱德明　编著

全国百佳图书出版单位

中国中医药出版社

· 北 京 ·

图书在版编目（CIP）数据

胡庆余堂 / 朱德明编著 . —北京：中国中医药出版社，2022.11

（《浙派中医丛书》品牌系列）

ISBN 978 – 7 – 5132 – 7792 – 1

Ⅰ.①胡… Ⅱ.①朱… Ⅲ.①胡庆余堂药店—史料 Ⅳ.① F721.8

中国版本图书馆 CIP 数据核字（2022）第 163333 号

中国中医药出版社出版

北京经济技术开发区科创十三街 31 号院二区 8 号楼

邮政编码　100176

传真　010 – 64405721

鑫艺佳利（天津）印刷有限公司　印刷

各地新华书店经销

开本 787 × 1092　1/16　印张 16.75　字数 303 千字

2022 年 11 月第 1 版　2022 年 11 月第 1 次印刷

书号　ISBN 978 – 7 – 5132 – 7792 – 1

定价　188.00 元

网址　www.cptcm.com

服 务 热 线　010-64405510

购 书 热 线　010-89535836

维 权 打 假　010-64405753

微信服务号　zgzyycbs

微商城网址　https://kdt.im/LIdUGr

官 方 微 博　http://e.weibo.com/cptcm

天猫旗舰店网址　https://zgzyycbs.tmall.com

如有印装质量问题请与本社出版部联系（010 – 64405510）

作者简介

朱德明，1957年4月4日出生于浙江省杭州市，浙江中医药大学教授，浙江中医药文化研究院副院长（主持工作）兼学术委员会秘书长，兼任国家文化和旅游部中国非物质文化遗产保护协会中医药委员会副秘书长和常务委员、国家文化和旅游部国家级非物质文化遗产代表性项目评审专家库专家、国家社科基金年度项目通讯评审专家、中华医学会医史学分会常务委员、《中华医史杂志》编委、浙江省文化和旅游厅非物质文化遗产传统医药评审组组长、中国中医科学院首席研究员全国同行评审专家、浙江省文化和旅游厅浙江省非物质文化遗产保护协会传统医药专业委员会副主任委员兼秘书长。

主要从事中医医史文献、西医医史文献、中医药文化、西医药文化、中国史研究和医药博物馆建设。作为主要编辑人员撰写由《浙江通志》编纂委员会编的《浙江通志·医疗卫生卷》《浙江通志·非物质文化遗产卷》部分章节，作为编委参与撰写《中华医药卫生文物图典》。主持10多项国家级、省部级科研课题。出版《浙江医药通史·古代卷》《浙江医药通史·近现代卷》《南宋医药发展研究》《张山雷与兰溪》等20部专著。

《浙派中医丛书》组织机构

指导委员会

主 任 委 员　王仁元　曹启峰　谢国建　朱 炜　肖鲁伟

范永升　柴可群

副主任委员　蔡利辉　曾晓飞　胡智明　黄飞华　王晓鸣

委 员　陈良敏　郑名友　程 林　赵桂芝　姜 洋

专 家 组

组 长　盛增秀　朱建平

副 组 长　肖鲁伟　范永升　连建伟　王晓鸣　刘时觉

成 员　（以姓氏笔画为序）

王 英　朱德明　竹剑平　江凌圳　沈钦荣

陈永灿　郑 洪　胡 滨

项目办公室

办 公 室　浙江省中医药研究院中医文献信息研究所

主 任　江凌圳

副 主 任　庄爱文　李晓寅

《浙派中医丛书》编委会

总　序

　　浙江位居我国东南沿海，地灵人杰，人文荟萃，文化底蕴十分深厚，素有"文化之邦"的美誉。就拿中医中药来说，在其发展的历史长河中，历代名家辈出，著述琳琅满目，取得了极其辉煌的成就。

　　由于浙江省地域不同，中医传承脉络有异，从而形成了一批各具特色的医学流派，使中医学术呈现出百花齐放、百家争鸣的繁荣景象。其中丹溪学派、温补学派、钱塘医派、永嘉医派、绍派伤寒等最负盛名，影响遍及海内外。临床各科更是异彩纷呈，涌现出诸多颇具名望的专科流派，如宁波宋氏妇科和董氏儿科、湖州凌氏针灸、武康姚氏世医、桐乡陈木扇女科、萧山竹林寺女科、绍兴三六九伤科，等等，至今仍为当地百姓的健康保驾护航，厥功甚伟。

　　值得一提的是，古往今来，浙江省中医药界还出现了为数众多的知名品牌，如著名道地药材"浙八味"，名老药店"胡庆余堂"等，更是名驰遐迩，誉享全国。由是观之，这些宝贵的学术流派和中医药财富，很值得传承与弘扬。

　　有鉴于此，浙江省中医药学会为发扬光大浙江省中医药学术流派精华，凝练浙江中医药学术流派的区域特点和学术内涵，由对浙江中医药学术流派有深入研究的浙江中医药大学原校长范永升教授亲自领衔，凝心聚力，集思广益，最终打出了"浙派中医"这面能代表浙江省中医药特色、优势和成就的大旗。此举，得到了浙江省委省政府、浙江省卫生健康委员会和浙江省中医药管理局的热情鼓励和大力支持。《中共浙江省委 浙江省人民政府 关于促进中医药传承创新发展的实施意见》提出要"打造'浙派中医'文化品牌，实施'浙派中医'传承创新工程，深入开展中医药文化推进行动计划。加强中医药传统文献研究，编撰'浙派中医'系列丛书"。浙江省中医药学会先后在省内各地多次举办有关"浙派中医"的巡讲和培训等学术活动，气氛热烈，形势喜人。

浙江省中医药研究院中医文献信息研究所为贯彻习近平总书记关于中医药工作的重要论述精神和《中共浙江省委 浙江省人民政府 关于促进中医药传承创新发展的实施意见》，结合该所的专业特长，组织省内有关单位和人员，主动申报并承担了浙江省中医药科技计划"《浙派中医》系列研究丛书编撰工程"，省中医药管理局将其列入中医药现代化专项。在课题实施过程中，项目组人员不辞辛劳，在广搜文献、深入调研的基础上，按《浙派中医丛书》编写计划，分原著系列、专题系列、品牌系列三大板块，殚心竭力地进行编撰出版，我感到非常欣慰。

我生在浙江，长在浙江，在浙江从事中医药事业已经五十余年，虽然年近九秩，但是继承发扬中医药的初心不改。我十分感谢为编写《浙派中医丛书》付出辛勤劳作的同志们。专著的陆续出版，必将为我省医学史的研究增添浓重一笔；必将会对我省乃至全国中医药学术流派的传承和创新起到促进作用。我更期望我省中医人努力奋斗，砥砺前行，将"浙派中医"的整理研究工作做得更好，把这张"金名片"擦得更亮，为建设浙江中医药强省做出更大的贡献。

葛琳仪

写于辛丑年孟春

注：葛琳仪，国医大师、浙江中医学院原院长

前　言

　　"浙派中医"是浙江省中医学术流派的概称，是浙江省中医药学术的一张熠熠生辉的"金名片"。近年来，在上级主管部门的支持下，浙江省中医界正在开展规模宏大的浙派中医的传承和弘扬工作，根据浙江省卫生健康委员会、浙江省文化和旅游厅、浙江省中医药管理局印发的《浙江省中医药文化推进行动计划》（2019—2025 年）的通知精神，特别是主要任务中打造"浙派中医"文化品牌——编撰中医药文化丛书，梳理浙江中医药发展源流与脉络，整理医学文献古籍，出版浙江中医药文化、"浙派中医"历代文献精华、名医学术精华、流派世家研究精华、"浙产名药"博览等丛书，全面展现浙江中医药学术与文化成就。根据这一任务，2019 年浙江省中医药研究院中医文献信息研究所策划了《浙派中医丛书》（原著、专题、品牌系列）编撰工程，总体计划出书 60 种，得到浙江省中医药现代化专项的支持，立项（项目编号 2020ZX002）启动。

　　《浙派中医丛书》原著系列指对"浙派中医"历代文献精华，特别是重要的代表性古籍，按照中华中医药学会 2012 年版《中医古籍整理规范》进行整理研究，包括作者和成书考证、版本调研、原文标点、注释、校勘、学术思想研究等，形成传世、通行点校本，陆续出版，尤其是对从未整理过的善本、孤本进行影印出版，以期进一步整理研究；专题系列指对"浙派中医"的学派、医派、中医专科流派等进行系统介绍，深入挖掘其临床经验和学术思想，切实地做好文献为临床服务；品牌系列指将名医杨继洲、朱丹溪，名店胡庆余堂，名药"浙八味"等在浙江地域甚至国内外享有较高知名度的人、物进行整理研究编纂成书，突出文化内涵和打造文化品牌。

　　《浙派中医丛书》从 2020 年启动以来，得到了浙江省人民政府、浙江省卫生健康委员会、浙江省中医药管理局的大力支持，得到了浙江省内和国内对浙派中医有长期研究的文献整理研究人员的积极参与，涉及单位逾十家，作者上百位，大家有一个共同的心愿，就是要把"浙派中医"这张"金名片"擦得更亮，进一步提高浙江中医药大省在海内外的知名度和影响力。

2020年至今，我们经历了新冠肺炎疫情，版本调研多次受阻，线下会议多次受影响，专家意见反复碰撞，尽管任务艰巨，但我们始终满怀信心，在反复沟通中摸索，在不断摸索中积累，继原著系列第一辑刊印出版后，原著系列第二辑、专题系列、品牌系列也陆续交稿，使《浙派中医丛书》三个系列均有代表著作问世。

还需要说明的是，本丛书专题系列由于各学术流派内容和特色有所不同，品牌系列亦存在类似情况，本着实事求是的原则，各书的体例不强求统一，酌情而定。

科学有险阻，苦战能过关。只要我们艰苦奋斗，协作攻关，《浙派中医丛书》的编撰工程，一定能胜利完成，殷切期望读者多提宝贵意见和建议，使我们将这项功在当代，利在千秋的大事做得更强更好。

《浙派中医丛书》编委会

2022年4月

编写说明

　　清同治十三年（1874），胡雪岩筹建胡庆余堂药号，清光绪四年（1878）正式营业，至 2022 年已有 148 年的企业史。胡庆余堂名出《周易》，"积善之家，必有余庆"。大堂楹联"益寿引年长生集庆，兼收并蓄待用有余"，吻合了胡雪岩创建药店的理念。翻开胡庆余堂自强不息的历史画卷，它成为全国重点中成药企业，享有"北有同仁堂，南有庆余堂"的美誉，得益于其深邃的经营谋略和严谨的内部管理，以及耕心、是乃仁术、真不二价、戒欺、采办务真、修制务精、顾客乃养命之源等企业宗旨。最终，胡庆余堂以"江南药王"镶嵌史柱，在中国近代史上占据重要地位，影响极其深远，余音波及当今。

　　因此，全面揭橥胡雪岩、胡庆余堂、胡雪岩旧居的编著和论文，铺天盖地，汗牛充栋！就专著而言，刘俊、赵玉城、孙群尔编著的胡庆余堂相关著作和马时雍编著的胡雪岩旧居相关著作，资料翔实，图文并茂，论述精湛。方言和何国松等编著的胡雪岩传记资料丰富，论述多含文学、经商谋略色彩，社会影响很大。就论文而言，有关胡雪岩、胡庆余堂、胡雪岩旧居的论述，多学科并进研究，大部分论文质量较高，所刊杂志级别较高。作为"浙派中医"重大课题之一的"品牌"系列，著名企业胡庆余堂，必须放在首位，编撰付梓。在相关研究成果已经十分丰富的现状下，应该怎么撰稿？

　　纵览已出版的相关论著，还存在一些短板：其一，多数论著资料雷同；其二，多从治国理天下、为人治学、经商发迹着墨，以迎合企业家培训、经商人士阅读之需；其三，多出版于前些年经商热潮之际。因此，本《胡庆余堂》专著编写理由有以下几点：其一，"浙派中医"三大系列的中医药"名店名厂"子系列，需以《胡庆余堂》专著打响开头炮，当仁不让。其二，从中药学、中医学角度，尤其从中医医史文献学学科出发，在论述胡庆余堂其他领域的成就之余，进一步深入挖掘整理相关文献档案，严谨论述胡庆余堂在中药配伍、中药炮制、中药贮藏和中药营销等领域为中药学做出的重要贡献。需要特别说明的一点是，清末民初，胡庆余堂将一些珍稀动物用作药材配伍，本书如实记录。当今，胡庆余堂严格执行《中华人民共和国野生动物保护法》，拒用珍贵、濒危野生动物作药材。其三，将补充大量前人未发现的有关胡庆余堂的文物和老物件，图文并茂地呈现其风采。其四，已出版发表的绝大多数论著，论述时间都限定在 1949 年前。本专著拟扩展新中国成立初期、改革开放时期、21 世纪前 22 年三大时期内容，向世人完整地展现从 1874 年筹建至 2022 年 148 年的胡庆余堂光辉历程，弥补当今所有已出版发表的相关论著的缺陷。其五，从企业价值观（精神文化）和品牌中成药（物质文化）切入，挖掘胡庆余堂的悬壶施诊、救死扶伤、丸散膏丹、丹浆栓片的金字招牌内涵，纵观其绚烂的企业发展史，已显得十分必要！

当今，杭州胡庆余堂医药控股有限公司已拥有胡庆余堂国药号（商业连锁）、胡庆余堂中药博物馆、胡庆余堂制药厂（制药工业）、胡庆余堂天然药业（中药饮片）、胡庆余堂名医馆、胡庆余堂（桐庐、金华）药材种植基地、浙江省中药现代化研究发展中心和浙江省天然药用植物研究中心（研发机构）、浙江庆余旅行社等。胡庆余堂完成了从医疗科研、药材种植、饮片加工、成药生产、商业零售跨越到养生保健、工业旅游等相融合的大健康产业链。

虽然胡庆余堂国药号体量庞大，但仍恪守着"名店、名医、名药"相结合的范式，已成为挖掘、整理、传承、保护、创新及传播悠久中药文化的重大场所和中华文明的有机组成部分；仍张扬着独一无二的理念、智慧、气度、神韵，增添了浙江人民内心深处的自信和自豪；仍积淀着中华民族最深沉的精神追求，代表着中华民族独特的精神标识，对延续和发展中华文明、促进人类文明进步，发挥着重要作用。因此，1988 年，胡庆余堂被国务院定为全国重点文物保护单位。2002 年，胡庆余堂被评为中国驰名商标。2006 年，"胡庆余堂中药文化"列入第一批国家级非物质文化遗产名录。"江南药王"胡庆余堂国药号已然成为全国最具历史风貌、最具人文特征、最具观赏价值的爱国主义教育基地之一。

进入新时代，胡庆余堂人比昔日任何时候更注重传承弘扬中华优秀传统文化，做好作为中华优秀传统文化重要载体及表现形式之一的中药事业。

当然，要撰写一部图文并茂的《胡庆余堂》专著，需要长年累月的艰苦奋斗和社会各界的大力支持。从1990年伊始，在浙江中医学院院长、国家首届国医大师何任教授的建议下，我从稽探清末政治制度史转行中西医史文献学研究，浸淫31年，一直麇集着胡庆余堂的原始图文资料，为31年后的今天泼墨渲染中国近现代史上中药行业翘楚胡庆余堂的璀璨史迹和着色这块金字招牌，夯实了坚实的基础。在这一艰辛历程中，我尽量使用第一手材料，撷取当时人记当时事、当地人记当地事、当事人记亲历事、当事人口述亲历事的史料。我从中发现胡庆余堂集团有限公司、胡庆余堂中药博物馆、胡雪岩故居收藏着大量珍贵的企业文物、老物件和中华人民共和国成立后海内外名彦馈赠的各类珍宝。但由于胡庆余堂历史悠久，体量巨大，散落在世界各地的胡庆余堂器物浩如烟海，需相关政府部门及单位大力征集，落户胡庆余堂中药博物馆、胡雪岩故居，以飨海内外观众。近日，胡庆余堂面向海内外征集该堂文物和老物件，略有收获，但远未达到征集的预期目标，还需努力。

《胡庆余堂》收录从1874年创建至2022年148年的档案文献，分上篇江南药王、下篇百年基业，共九章，还包括近两百张照片和十余张表，史论结合，全面论述胡庆余堂品牌特色，试图抛砖引玉、全面论述胡庆余堂的发展轨迹，尤其彰显当今的足迹及品牌内涵，提供世人典范借鉴。

《胡庆余堂》具有"存史、资政、育人"的功能，超越了研究中医药文化的范畴，彰显了诚信企业的历史先声和独特的企业文化，在传承中医药文明、开创未来的中医药事业中具有借鉴和示范作用。因此，温故而知新，编撰一部《胡庆余堂》，向世人展示"浙派中医"名店名厂的绚烂历程和品牌特色，有利于医药旅游资源的开发、药膳一条街的修缮、医药文化古迹的整治、医药博物馆的建设、中药店堂的修葺和开放、名中医馆的建设、中医药文化养生旅游产业的建设；也有助于中医药文化全球行，扩大中外医药文化交流。该研究成果还可应用于医药学、医史文献学、中医药文化学、中医药传播学、哲学、政治学、经济学、历史学、文学、考古学、旅游管理学、社会学、目录版本学、方志学、民俗学、图书馆学、博物馆学和美学等领域的研究。

未来的浙江中医药产业应在传承创新上走在全国前列，继续为实现浙江高质量发展、建设共同富裕示范区的宏伟目标奋进！《胡庆余堂》的撰写，旨在追根溯源、稽探未来，提供名优品牌借鉴范式！

浙江中医药大学教授　　朱德明

浙江中医药文化研究院副院长

2022 年 8 月 18 日

目　录

上篇　江南药王

益寿引年长生集庆，兼收并蓄待用有余

第一章　文化内涵

胡庆余堂早在清末民初，名药品牌享誉全国。赓续至今，创新研发，新药迭出，疗效显著，独领中药行业风骚，金字招牌熠熠生辉。

胡庆余堂品牌，是指消费者对胡庆余堂产品及产品系列的认知程度。本质是品牌拥有者的产品、服务或其他优于竞争对手的优势，能为目标受众带去同等或高于竞争对手的价值。胡庆余堂品牌所承载的，更多的是一部分人对该企业产品以及服务的认可。胡庆余堂品牌对社会影响深远，是让该企业走得更长远的取胜之道。胡庆余堂品牌是生产者和消费者的共同追求，是该企业综合竞争力的重要体现。

品牌是企业发展壮大的一项重要战略资源，胡庆余堂集团成立之初就重视企业品牌建设工作。胡庆余堂集团在完成重点品牌建设的同时，不断加强附属品牌的培育力度。在重点品牌"胡庆余堂"的基础上，加强了"保和堂""种德堂"以及"白娘子与许仙"等商标注册和品牌维护。

在全面打开中国市场的同时，中国民族品牌也迈开了"走出去"的步伐，国际品牌和民族品牌的正面竞争拉开了序幕。在这种形势下，打造出具有世界影响力的自主品牌成为中国企业的不二选择。148年来，胡庆余堂都在努力追求世界知名品牌的宏伟目标。

胡庆余堂药业作为一家有着148年传承创新发展历史的国家高新技术企业，国家级非物质文化遗产代表性项目保护单位，始终不忘初心，谨记"真不二价"和"戒欺"的祖训，始终坚持"为民众健康美丽长寿服务"的宗旨，在传承传统中医药技艺的基础上，遵循"采办务真，修制务精"办店宗旨，注重"匠心、匠艺"与现代科学技术融合，不断探索创新。这些经营理念经过一代代技艺精湛的药工之手，在胡庆余堂的特定空间中，一脉相承地延续了下来，保留了大批的传统名牌产品，并以行业领先的自主创新能力，引领并推动了国内健康产业的标准化发展，申请了多个国内外发明专利，提高了核心竞争力，为企业稳健可持续发展奠定了坚实的科技支撑。胡庆余堂药业运用现代科技成果自主研究开发的一系列产品，以其货真价实、安全有效、稳定可靠，深受消费者的青睐。不仅为消费者提供了优质高效的健康品，更是为胡庆余堂药业系列核心产品走向国际市场打开了一条绿色通道，为胡庆余堂在国际市场建立良好的口碑打下了坚实基础，成为中国民族医药最著名的品牌企业之一，享有"江南药王"盛誉，博得"北有同仁堂，南有庆余堂"的美誉。

第一节　名药品牌

图 1-1　清代胡庆余堂杜煎虎鹿驴龟诸胶布告牌/朱德明摄

胡庆余堂深邃的经营谋略和严谨的管理方法，以及耕心、是乃仁术、真不二价、戒欺、采办务真、修制务精、顾客乃养命之源等企业宗旨，使其产品繁多，质量优良，一百多年来，深受顾客青睐。

一、清末、民国名优产品

清同治十三年（1874），胡庆余堂由红顶商人胡雪岩在吴山脚下大井巷创建，宗旨是济世宁人。其以南宋官办"太平惠民和剂局"局方、传统方、名医验方、秘方为基础，生产包括丸、散、膏、丹、曲、露、油、酒、片剂、胶囊、颗粒剂等剂型的数百个产品，是中国现存历史悠久的传统中药企业之一，享有"江南药王"盛誉。

（一）清末

1875 年，在胡庆余堂创建初期，战事频仍，疫疠盛行，人口剧减，胡雪岩决意救死扶伤。他邀请江浙名中医，根据《太平惠民和剂局方》，研制出胡氏辟瘟丹、诸葛行军散、八宝红灵丹等中成药，赈恤灾民，并赠送给左宗棠的军队。左宗棠赞曰："雪岩之功，实一时无两。"胡雪岩出资研发的中成药，质量上乘，疗效显著。

阿胶是胡庆余堂的拳头产品。清光绪二年（1876），胡雪岩先后买地 20 多亩建造胶厂、养鹿场，利用西湖水漂洗驴皮。这家制胶厂，一开出就成为当时全国最大的胶厂。当时江南药店的阿胶几乎都从北方批发进货，胡庆余堂自办胶厂，自制阿胶，反响极大。胡雪岩在胶厂的石库门外墙上，用黑漆书写了一个对子："杜煎虎鹿龟驴仙胶，秘制胡氏辟瘟灵丹。"这个"杜"字意指各类胶剂都由胡庆余堂煎制。

图 1-2　清光绪年间叶种德堂纯黑驴皮胶 / 胡庆余堂供图

清光绪版《胡庆余堂丸散膏丹全集》体现了清末中药制剂水平。在该书"杜煎诸胶"一节中，就记载了 13 款胶剂，如全副虎骨胶、四腿虎骨胶、纯黑驴皮胶、龟鹿二仙胶、鹿角胶、麋角胶、毛角胶、鹿肾胶、霞天胶、黄明胶、龟甲胶、鳖甲胶、虎头胶。

图 1-3　清光绪年间胡庆余堂一斤装毛角胶 / 胡庆余堂供图

图1-4　清光绪年间胡庆余堂一斤装黄明胶 / 胡庆余堂供图

　　清末民初，杭城民众吃膏方，一般选胡庆余堂产品。许多人认为，该堂的阿胶味美清香，适宜偏湿热的江南人民进补。如庆余大补膏、胡氏延寿膏等膏滋药，风行一时，是江南各地顾客冬令进补的首选补品。胡庆余堂冬天煎荤膏，平时煎素膏。枇杷时节煎枇杷膏，梨儿熟了煎雪梨膏。

　　由于胡庆余堂对阿胶制作工艺十分讲究，阿胶质量在江南一带口碑很好，每逢深秋，来自杭州周边的香客，在胡庆余堂店堂门口排队争相购买阿胶，在清河坊形成一道别样的人文景观，这一现象直至抗日战争突然停止。

　　胡庆余堂胶厂各胶类产品在1877—1897年营业总数达34万多元，成为杭州市药业中的重要营业项目。

图1-5　清光绪年间胡庆余堂一斤装虎骨胶 / 胡庆余堂供图

　　胡庆余堂出售药品重在信誉，在质量上下功夫。顾客特别信任胡庆余堂的药品，认为分量足、质量好。为了使顾客相信胡庆余堂药品质量，每年夏季末，胡庆余堂将未卖完的"花露"，如金银花露、藿香露等防暑、消痱、清凉的药品当场倒掉。其实，当年配制的"花露"存放到来年，也可售卖，但是香气、药效不如当年，但胡庆余堂不惜血本销毁未售完的药品，赢得了广大顾客的信赖。胡庆余堂生产的胡氏辟瘟丹、人参再造丸、养血愈风酒等在长三角颇具信誉，在海外华侨中受到青睐。

（二）民国时期

民国时期，胡庆余堂纯黑驴皮胶不但蜚声民间，官方评审也认可。胡庆余堂有一位老药工孙国良，曾代表胡庆余堂赴无锡参加阿胶评比，北京同仁堂、杭州胡庆余堂和山东阿胶榜上有名，仅此三家获奖。胡庆余堂阿胶，直接赴产地精选驴皮，对皮边皮角、皮里的肉都铲干净，因而化烊的胶水澄明度

图 1-6　民国时期胡庆余堂制胶工厂／朱德明供图

最好，但是出胶率为最低。评比揭晓，胡庆余堂阿胶质量居首。

表 1-1　1931 年胡庆余堂、蔡同德堂胶类产品表

胶别	价格（元／市斤）	胡庆余堂			蔡同德堂		
		原料价格（元）	年产量（市斤）	年产值（元）	原料价格（元）	年产量（市斤）	年产值（元）
驴皮胶	5.12	54400	21000	107520	23800	9187	47040
虎骨胶	52.80	46080	680	35704	16200	382	20196
鹿角胶	64.00	46000	656	42000	1500	328	20992
龟甲胶	6.40	38250	9560	61196	12600	3150	20160
鹿肾胶	不一			100000			40000
合计		184730	31896	346420	54100	13047	148388

表 1-2　1931 年胡庆余堂、蔡同德堂制胶营业表

厂名	组合性质	工人数	原料总值	年产值	营业数	备注
胡庆余堂	合资	80	186710	31900	346420	资本与药铺合并
蔡同德堂	独资	40	54100	13047	148388	资本与总厂合并
合计	共 2 家	120	240820	44947	494808	

以上是 1931 年胡庆余堂胶厂、上海蔡同德杭州制胶厂两厂胶类产品、制胶营业对比表，从中我们可以得知两厂生产较为规范，年产量较高，两厂胶类成药年产值近 50 万元，是近代杭城胶业的领头羊。

20 世纪 30 年代，胡庆余堂生产的一斤装纯黑驴皮胶。每块驴皮胶上有金粉印记：胡庆余杜煎纯黑驴皮胶。"杜煎"意指胡庆余堂是用自己独特制作工艺和技术加工熬制。胡庆余堂为了确保驴皮胶的质量，选用的都是当时中原地区出产的优质黑驴皮。

20 世纪 40 年代，胡庆余堂生产一斤装毛角胶。毛角即指鹿角，胡庆余堂选用东北地区优质梅花鹿角精炼毛角胶，每块毛角胶上面有金粉印记：胡庆余杜煎毛角胶。毛角胶（鹿角胶）功效：温补肝肾，益精养血。胡庆余堂生产一斤装黄明胶，选用中原地区优质黄牛皮精炼成黄明胶。黄明胶的功效：滋阴润燥，止血消肿。1949 年前，胡庆余堂生产的一斤装龟甲胶。为了确保龟甲胶的质量，胡庆余堂当时采购的都是带血的野生乌龟的龟甲，称为血甲板。长江沿线的那些溪流里，野生乌龟很多。龟甲大多从汉口一带收购。先将血甲放在水缸里漂七天，拿出来晒干，再漂洗，重新晒干。煎龟甲时，下面一只大铁锅，上面一只高木桶，锅与桶之间扣牢，不会漏水，清水、龟甲倒进去连续煎两日两夜，火越旺越好，两日两夜后，满满一桶药汁只剩下一两成，龟甲变成了粉末。将清水和龟板放进煎锅中连续熬煎两天两夜，才能炼熬出质量上乘的龟甲胶。龟甲胶煎的数量很大，涌金门五间仓库全部被塞满。

煎膏时间最长的是煎虎骨膏，要五日五夜。胡庆余堂煎整只老虎骨头，称全副虎骨胶，用于老年人血不养筋，能壮筋骨、益气血、息内风、止疼痛；煎虎头骨，叫虎头胶，用于大脑疾病，如癫痫病、中风；煎虎四只腿骨，称四腿虎骨胶，用于腰脚不遂、臂胫疼痛、惊悸健忘等疾病。木瓜酒、愈风烧都放虎骨膏。为了炮制，一年进货老虎骨头达 3000 ～ 4000 斤。购入的虎骨，脚爪带毛，专人剔干净，剔下来的老虎筋，不用上交，草药房分一点，伙房分一点，剔的人分一点。

2014 年 10 月，在胡庆余堂创建 140 周年之际，胡庆余堂举行中药文化节，分膏方季与人参季两个篇章，该年的膏方季打开库门，从总数 2 吨、年份在 60 ～ 130 年之间的胶库内精选出一部分各年代出品的膏剂标本在胡庆余堂内进行展出。其中有驴皮胶、黄明胶、麋鹿角胶、龟甲胶、鳖甲胶、虎骨胶、毛角胶、皮角胶，总计 8 种膏剂在国内首次完美呈现，品种之齐，品相之好，数量之多，成为史上的一场胶类盛典。这批最长秘藏百年的膏剂以其品种之齐、品相之好、数量之多，令中药界震动。

二、20 世纪 50—60 年代名优产品

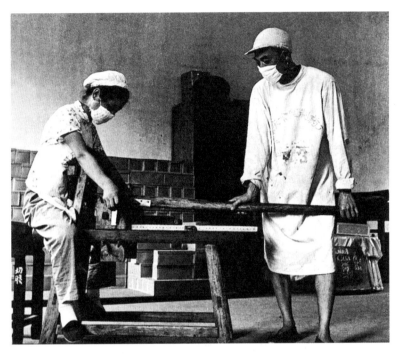

图 1-7　20 世纪 50 年代胡庆余堂制胶工厂工人手工切驴皮膏 / 朱德明供图

1956 年，杭州药材采购批发站以委托加工定货的形式，向胡庆余堂收购驴皮胶、六神丸、十全大补酒等 29 种产品，是国营医药商业经营杭州地产中成药的开始。

1958 年，胡庆余堂制药厂、张同泰制药厂相继建立，开始产销分工。杭州医药站的经营品种迅速扩大，委托加工和包销的产品增加到 200 余种。在剂型改革方面，原浙江中药厂生产有治疗胃、十二指肠溃疡的经验方胃灵合剂，杭州胡庆余堂制药厂改进工艺，将其改制成冲剂。该堂又将跌打丸改为浓缩丸，开发新剂型，新研发的还有山苍子油、香叶醇等滴丸，以及山苍子油气雾剂等。中药注射剂在临床应用中存在不同意见，但丹参、天花粉、茵栀黄等注

图 1-8　20 世纪 50 年代驴皮胶（阿胶）广告 / 胡庆余堂供图

射剂已正式上市。1958年，在国家政策支持下，药厂的技术革新步伐加快，胡庆余堂制药厂将全鹿丸、腰痛片、滋补大力丸、银翘解毒丸等传统丸剂改制成浸膏片剂，开启浙江中成药现代剂型的改革。随后，又研制了浓缩跌打丸。

图1-9 养血愈风酒广告 / 胡庆余堂供图

1959年，杭州胡庆余堂制药厂生产的养血愈风酒，改浸渍法为渗漉法，生产周期从3个月缩短为120小时，改进了传统制作工艺。制药厂将全鹿丸改制成中成药新剂型——片剂（糖衣片）。

20世纪60年代初期，杭州胡庆余堂制药厂开展中成药剂型改革，全鹿片、腰痛片、银翘解毒片等新剂型先后投放市场。1962年，杭州胡庆余堂制药厂以人参、蜂王浆为原料制成胶囊，定名为双宝素胶囊。杭州胡庆余堂制药厂阿胶、全鹿丸、十全大补膏、人参再造丸在杭州药店畅销。1964年，该厂全年生产286个品种，新产品试制12种，当年投产7种，全年工业总产值达到756.7万元，利润102.78万元。1966年，杭州胡庆余堂制药厂生产的双宝素胶囊远销中国香港、澳门地区和东南亚国家。

20世纪60年代后期，杭产传统营养补品，仅有胡庆余堂的十全大补丸、全鹿丸、驴皮胶、十全大补膏等几个品种。当时营养补品处于从属地位，销售金额不大，仅占销售总额10%～20%。

三、20世纪70年代驰名产品

1966年，公私合营胡庆余堂制药厂更名为"杭州中药厂"。1972年，杭州中药厂一分为二，杭州中药厂原厂部更名为杭州第一中药厂，杭州中药厂的新凉亭制胶车间划出成立杭州第二中药厂。1971—1972年，杭州第一中药厂的骨刺片、复方抗结核片、人参精、健儿膏、障翳散，杭州第二中药厂的青春宝、宝儿健、宁心宝、益胃膏、轻身减肥片，均研制成功，先后投入生产。

1971年，为适应内销，又在人参、蜂王浆基础上加蜂蜜制成登峰牌双宝素口服液。1972年，双宝素由杭州第二中药厂生产。几年后，双宝素畅销全国，产量逐年递增。1979年起，历年荣获部优、省优奖，后又荣获国家金质奖。

1973—1977年，杭州第一中药厂与广西植物研究所等单位协作，对复方紫金牛抗痨丸采取分离、提取的工艺技术，研制成抗结核新药复方紫金牛片，该成果荣获1979年浙江省优秀科技成果二等奖。

1976年，杭州市第二中药厂接到国家卫生部通知，受中央保健办委托，开发一味养生保健的灵丹妙药。经过上千张方子的层层筛选和功效实验，厂长冯根生从故宫博物院文献馆挖掘出完整组方和配伍的"益寿永贞膏"。此方一出，引起国家高度重视，由国家化工部科技局主持研发。1978年，该中成药研制成功，命名为"青春恢复片"，后更名为"青春宝"（抗衰老剂）。1981年《人民画报》第8期，以19种语言向世界发布了这一国宝级产品。当今，青春宝口服液、片剂、胶囊，成为民众青睐的保健品。

1977年，杭州第一中药厂研制了平喘止咳的山苍子油胶丸。该成果获1979年浙江省科技大会三等奖。1979年冬，杭州中西药站召开首次中成药展销会，邀请全省及毗邻省的一些公司与会，其中复方野菊感冒冲剂、三七片、生脉饮、双宝素、青春宝等一度成为上海医药市场的抢手货。

1979年后，随着城乡人民生活水平的提高，滋补品受到广大群众喜爱。双宝素、青春宝、人参精、中国花粉、花皇宝的销售量与日俱增。据17种中成药产品抽样统计，杭州医药站营养补品销售额占中成药总销售的比例逐年上升。1979年起，杭州第二中药厂与中国中医研究院共同研制了具有补肾壮阳、益气填精功效的"春回胶囊"，并在国内率先制定了蚕蛾药材的地方质量标准。截至1992年，该产品自投产以来，销售额达6000余万元，创利税近2000万元。1979年，杭州胡庆余堂制药厂生产的古医牌安宫牛黄丸，荣获浙江省优质产品。

四、20世纪80年代驰名产品

1980年，在国家医药管理总局组织的中成药质量评比中，杭州第二中药厂的驴皮胶列居全国14家参评单位中的第4名，杭州胡庆余堂的牛黄解毒片列居全国12家参评单位中的第6名。杭州第二中药厂的养血愈风酒、伤湿止痛膏、鱼腥草注射液、青春宝QC（质量管理）小组于1981年、1982年、1983年分别被中国药材公司授予先进QC小组。1982年，双宝素口服液获美国FDA（食品药品监督管理局）批准，正式进入美国市场，1983年销售收入达到2566万元，利税总额503万元。

杭州第二中药厂生产的登峰牌双宝素口服液，荣获国家医药管理总局优质产品。杭州胡庆余堂制药厂生产的古医牌腰痛片，荣获浙江省优质产品。杭州胡庆余堂制药厂的精制六神丸、珍珠粉、苏合香丸、安宫牛黄丸、全鹿丸、腰痛片等名牌产品，畅销国内市场。

1981年，杭州第二中药厂生产的登峰牌双宝素口服液，荣获国家优质产品银质奖。杭州胡庆余堂制药厂生产的童叟牌腰痛片荣获国家优质产品奖，古医牌复方抗结核片荣获浙江省优质产品。杭州第二中药厂生产的登峰牌双宝素胶囊、养血愈风酒、艾叶油胶囊，荣获浙江省优质产品。

1982年，杭州第二中药厂生产的强力龟龄集、轻身减肥片、益胃膏和胡庆余堂制药厂生产的人参精、健儿膏、首乌冲剂、五味子冲剂，作为新产品分别投入市场。杭州胡庆余堂制药厂生产的古医牌骨刺片，荣获浙江省优质产品。杭州胡庆余堂制药厂的人参精，产量20万盒，产值40万元，利润6万元。企业设立了中心试验室，负责产品开发。研发生产的新产品香葵油栓剂、人参香茶片、羚羊感冒片、复方板蓝根冲剂和三参皇浆投入市场。

1982—1987年，杭州胡庆余堂制药厂与浙江省人民卫生实验院等单位协作，研制了具有解毒活血、益肺散结功效的复方抗矽片，该成果获1989年度浙江省科技进步二等奖。1990年，以"矽肺宁"名称，荣获国家三等新药证书。

1983年，杭州胡庆余堂制药厂精制黄芪、党参、怀山药等20多个品种，在杭州药店畅销。

1984年前，胡庆余堂制药厂、杭州第二中药厂生产的双宝素、腰痛片、全鹿片、青春恢复片、北芪防党精等为出口产品，由杭州中西药站收购后供应省、市土产进出口公司出口。企业另成立了中成药研究所，后在中心试验室基础上成立了杭州保健滋补品研究所，研发生产的鼻炎宁冲剂、连香冲剂、益视冲剂、四君子冲剂新产品投入市场。

表1–3　1979—1984年胡庆余堂17种主要中成药销售情况

品名及规格	单位	1979	1980	1981	1982	1983	1984	生产厂家
30粒双宝素胶囊	万瓶	10.74	22.1	39.7	41.2	23.1	5.864	杭州第二中药厂
125g益母膏	万瓶	11.5	6.7	21.7	10.6	13.6	14.79	杭州第二中药厂
伤湿止痛膏	万片	4320	2940	4960	2910	2940	2922	杭州前进制药厂 杭州第二中药厂

品名及规格	单位	1979	1980	1981	1982	1983	1984	生产厂家
500g 愈风酒	万瓶	22	45.3	42.5	18.6	18.9	17.42	杭州第二中药厂
12s 牛黄解毒片	万袋	157	182.6	137	96	102	119.9	杭州胡庆余堂制药厂
60s 复方丹参片	万瓶	20.4	66.4	140.6	79.8	37.1	84.4	杭州胡庆余堂制药厂
80s 青春宝片	万瓶		2.9	10.5	14.2	8.2	6.25	杭州第二中药厂
200s 抗结核片	万瓶	0.82	6.2	0.64	6.2	4.2	5.15	杭州胡庆余堂制药厂
10×10 生脉饮	万盒	8.6	40.7	73.5	90	111	101.5	杭州第二中药厂
10×10 双宝素	万盒	41.8	95	106.3	110.4	150.6	164.8	杭州第二中药厂
100cc 双宝素	万瓶	20.8	56.4	89.2	135.6	160.7	203	杭州第二中药厂
10×10 青春宝	万盒					0.97	22.8	杭州第二中药厂
15g 板蓝根冲剂	万袋	340	963	1242	214	308	902.7	杭州胡庆余堂制药厂

1985 年，杭州胡庆余堂制药厂新产品升血膏投入市场。杭州胡庆余堂制药厂生产的古医牌人参精口服液、杭州第二中药厂生产的登峰牌青春宝片分别荣获国家医药局优质产品。杭州胡庆余堂制药厂生产的古医牌五味子冲剂、杭州第二中药厂生产的登峰牌板蓝根注射液分别荣获浙江省优质产品。杭州第二中药厂年总产值达到6620 万元，跃居全国中药厂首位。

1986 年，经美国 FDA 批准，青春宝口服液首次出口到美国。1990 年，青春宝口服液成为中国第一个正式被日本厚生省批准进入日本市场的中成药产品。杭州第二中药厂新产品宝儿健口服液投入市场。

杭州第二中药厂被确定为浙江省医药工业企业二级计量试点单位。新产品宁心宝胶囊、肾康宁片、养胃冲剂、止痢冲剂、养阴降糖片投入市场。杭州第二中药厂生产的登峰牌双宝素胶囊（复评）、杭州胡庆余堂制药厂生产的古医牌益视冲剂荣获浙江省优质产品。杭州胡庆余堂制药厂被确定为浙江省医药工业企业二级计量试点单位，成立了中药粉体工程开发研究室。新产品障翳散投入市场。

1987 年，企业投资 1840 多万元，移地改造厂房，建成了现代化的密闭提取车间和前处理车间，发展成为一家继承传统精华制药为主、科工贸一体的现代化企业。企业能生产丸、散、膏、丹、片、胶囊、冲剂、口服液等 14 个剂型的 300 多个产品。除保留了安宫牛黄丸、六神丸、辟瘟丹、大活络丸、人参再造丸、六味地黄丸、石斛夜光丸等一批传统产品外，还增加了片剂、冲剂胶囊剂、微丸、口服液等剂型和胃复春、障翳散、小儿泄泻停、庆余救心丸、壮阳健威丸等产品，并生产10×10毫克双宝素1200多万盒。参参口服液、小儿止泻冲剂投入市场。此外，还研发生产了纯真珍珠粉、泡参人参精、花旗泡参精、灵芝粉、安神补心粉、人参多糖粉等26个出口产品，远销中国香港、澳门地区和新加坡、马来西亚、泰国等国家。双宝素口服液荣获国家优质产品质量奖金奖、青春宝口服液荣获国家医药局优质产品。杭州第二中药厂生产的登峰牌轻身减肥片、双宝素口服液（复评）及杭州胡庆余堂制药厂生产的古医牌牛黄解毒片、骨刺片荣获浙江省优质产品。杭州胡庆余堂制药厂门市部被评为浙江省饮片质量先进单位。杭州第二中药厂生产的花粉异型片、参麦注射液投入市场。双宝素荣获国家金奖和国际蜂产品金奖，又进入了日本和澳大利亚等国家。药厂在经营管理上，率先实现了现代化生产和管理，被国家中医药管理局命为中药行业的样板企业。在中药制剂的研发发展上，不仅成功地研制了在欧美及东南亚享有盛誉的纯中药抗衰老剂——青春宝，而且奉献了中药保健品口服液和中药针剂等新剂型，中药针剂参麦注射液，以高科技、高疗效荣获健康杯银杯奖，被列入国家中药保护品种。

1988年，杭州第二中药厂采取从国内分离鉴定的菌种研制开发了乙酰螺旋霉素，获浙江省优秀产品一等奖，被授予国家二级企业。杭州胡庆余堂制药厂生产的古医牌人参精口服液荣获国家优质产品质量奖银质奖。杭州胡庆余堂制药厂门市部被评为全国医药系统先进单位和浙江省饮片质量先进单位。1989年，杭州胡庆余堂制药厂生产的古医牌人参口服液、杭州第二中药厂生产的登峰牌人胎盘血丙种球蛋白荣获浙江省优质产品。

20世纪80年代，杭州胡庆余堂的羚角降压片、复方丹参片、纯珍珠粉，杭州中药二厂的双宝素、青春宝、参参口服液、阿胶等，最为畅销。

表1–4　20世纪80年代，胡庆余堂制药厂中成药优质产品表

产品名称	单位	获奖级别	获奖年份	1987年产量（盒）
腰痛片	万片	省优、国优、省优	1980、1981、1984	4475
安宫牛黄丸	万粒	省优	1979	未生产
复方抗结核片	万片	省优	1981	428
骨刺片	万片	省优	1981、1987	2020
银翘解毒丸	万片	省优	1985	未生产

产品名称	单位	获奖级别	获奖年份	1987 年产量（盒）
人参精口服液	盒	省优、部优	1984、1985	6452200
六神丸	瓶	省优	1984	1410160
五味子冲剂	瓶	省优	1985	106425
益视冲剂	袋	省优	1986	496800
牛黄解毒片	万片	省优	1987	1934376

表 1-5　20 世纪 80 年代，杭州第二中药厂中成药优质产品表

产品名称	单位	获奖级别	获奖年份	1987 年（盒）
双宝素口服液	盒	部优、国优 省优、国优	1980、1981 1983、1987	12187470
双宝素胶囊	瓶	省优	1981、1986	29280
养血愈风酒	瓶	省优	1981	318700
生脉饮	盒	省优	1984	1618020
青春宝片	瓶	省优、部优	1984、1985	1346280
青春宝口服液	盒	省优	1984	5864975
轻身减肥片	瓶	省优	1987	238500
艾叶油胶囊	瓶	省优	1981	未生产

五、20 世纪 90 年代驰名产品

1990 年，杭州胡庆余堂制药厂生产的古医牌杞菊地黄口服液（10 毫升 / 支）荣获浙江省优质产品、五味子冲剂荣获浙江省优质产品（复评）。

1991 年，杭州第二中药厂生产的登峰牌养胃冲剂、杭州胡庆余堂制药厂生产的古医牌复方羚角降压片荣获浙江省优质产品。杭州第二中药厂被评为国家中医药管理局质量管理奖获奖企业、浙江省质量管理奖获奖企业和浙江省行业质量管理奖获奖企业。

表 1-6　胡庆余堂获国家中药保护品种表

药品名称	保护级别	保护品种号	生产企业
养胃冲剂	2	ZYB20794123	正大青春宝药业有限公司
尿感宁冲剂	2	ZYB20794124	正大青春宝药业有限公司
胃复春片	2	ZYB20795058	杭州胡庆余堂制药厂
参麦注射液	2	ZYB20795076	正大青春宝药业有限公司
清热灵冲剂	2	ZYB20795086	正大青春宝药业有限公司

1992 年合资前，杭州第二中药厂的固定资产总值比建厂初期增加了 200 倍。其产品也由双宝素口服液等几个品种扩展为青春宝、参麦注射液、养胃冲剂、男壮胶囊等为代表的近百个品种，在国内中药行业首家实现了年产、销双过亿元大关，并首次实现了中药产品和中药提取设备的出口，其中中药保健品在 40 多个国家和地区受到消费者的青睐，青春宝和双宝素等在国内外多次获奖。

六、21 世纪初期驰名产品

21 世纪初，胡庆余堂更名为胡庆余堂集团有限公司，国家批准药品有 170 多种，如庆余辟瘟丹、安宫牛黄丸、安神补心丸、安嗽片、八厘散、白金丸、白益镇惊丸、板蓝根颗粒、板蓝根片、半贝丸、鼻炎宁颗粒、补中益气丸（水丸）、参桂鹿茸丸、参桂养荣丸、参鹿强身丸、参杞全鹿丸、参术健脾丸、沉香化气胶囊、沉香化气丸、沉香降气丸、沉香曲、穿心莲片、纯阳正气丸、磁朱丸、楤木胃痛颗粒、大补阴丸、大补阴丸（浓缩丸）、大活络丸、大温中丸、当归养血丸、党参固本丸、癫狂龙虎丸、调经养血丸、豆腐果苷片、耳聋左慈丸、二妙丸、肥儿糖浆、妇科宁坤丸、妇女痛经丸、复方积雪草片、复方羚角降压片、复方土槿皮酊、甘露消毒丸、骨刺片、冠心苏合丸、桂附地黄丸、黑归脾丸、黑锡丹、猴枣牛黄散、琥珀多寐丸、黄连上清丸、回天再造丸、健步丸、健儿膏、健脾消疳丸、健脾资生丸、健血颗粒、金刚丸、金果饮、金果饮咽喉片、金匮肾气丸、金锁固精丸、精制猴枣散、橘贝半夏颗粒、孔圣枕中丸、黎峒丸、六灵丸、六味地黄丸、六味地黄丸（浓缩丸）、鸬鹚涎丸、陆氏润字丸、麻仁丸、梅花点舌丸、礞石滚痰丸、明目地黄丸、明目上清丸、母乳多颗粒、木香顺气丸、宁心安神胶囊、宁心安神颗粒、牛黄解毒片、牛黄醒消丸、牛黄至宝丸、暖宫孕子丸、脾肾双补丸、七宝美髯颗粒、七宝美髯丸、七味都气丸、杞菊地黄口服液、杞菊地黄丸、强力枇杷露、全鹿片、全鹿丸、人参鳖甲煎丸、人参合剂（人参口服液）、人参再造丸、人丹、润肠丸、赛空青眼药、三才封髓丸、三层茴香丸、桑麻丸、伤痛跌打丸、神香苏合丸、升血膏、圣济鳖甲丸、十全大补丸、十枣丸、石斛夜光丸、使君子丸、水陆二味丸、水牛角解毒丸、四君子颗粒、四神丸、四制香附丸、缩泉丸、胎宝胶囊、天王补心丸、通便灵胶囊、万氏牛黄清心丸、胃复春胶囊、胃复春片、乌鸡白凤丸、乌鸡白凤丸（批文不同）、无比山药丸、五子衍宗丸、矽肺宁片、锡类散、仙茸壮阳口服液、仙茸壮阳口服液（仙茸壮阳精）、鲜竹沥、痫症镇心丸、香连丸、香砂六君丸、香砂平胃丸、香砂枳术丸、香叶醇软胶囊、逍遥丸、小儿化痰丸、小儿回春丸、小儿泄泻停颗粒、小金丸、行军散、养肝还睛丸、养血当归糖浆、养阴清肺糖浆、腰痛片、腰痛丸、乙肝扶正胶囊、乙肝解毒胶囊、益气六君丸、益视颗粒、银翘解毒片、右归丸、玉屏风丸、玉液丸、越鞠丸、脏连丸、增乳口服液、障翳散、珍珠粉胶囊、珍珠末、镇坎散、震灵丸、知柏地黄丸、指迷茯苓丸、珠黄散、驻车丸、壮阳健威丸、壮阳健威丸（参茸大补丸）、滋肾丸、左归丸、大黄䗪虫丸、复方丹参片、内消瘰疬丸、紫雪散。

2002 年，胡庆余堂上榜中国驰名商标。2003 年，"胡庆余堂"被认定为浙江省首届知名商号。颇具知名度的国药品牌，以研制成药著称于世，旗下胃复春片、强力枇杷露、安宫牛黄丸等药品受到消费者青睐。

2018 年，胡庆余堂牌安宫牛黄丸获杭州市名牌战略推进委员会评为"杭州市名牌产品"。

2019 年，胡庆余堂药业有限公司余杭经济技术开发区厂区生产的胃复春获得"浙江制造精品"称号，胃复春、强力枇杷露还获评首批"浙产名药"。

2020 年，胡庆余堂拥有 184 个国家批准文号的药品，46 个独家产品。当前发展重点并非急于开发新产品，而是挖掘老祖宗留下来的瑰宝。对中药进行二次开发，阐述中药的作用机制，阐述中药的治疗疗效和安全性，开发中药的新适应证。胡庆余堂药业的研发投入进一步加大，每年研发费用投入超过销售额的 3.5%。以大补阴丸为例，从原来药的说明书上可看到，其仅是一款滋阴的中药。但置于目前科学的研究下，会发现其对于性早熟、更年期综合征、糖尿病等都有很好的疗效。胡庆余堂牌安宫牛黄丸获浙江省经济和信息化厅评审列入"浙江制造精品"名单。

企业生产的药品中矽肺宁片（国家三类新药）、胃复春片、小儿泄泻停颗粒、障翳散、庆余救心丸（神香苏合丸）获省市科技进步奖或优秀新产品奖，杞菊地黄口服液为国家首家研制药品，沉香化气胶囊、胃复春片等五类新药具有自主知识产权。公司生产的复方丹参片、安宫牛黄丸被列为浙江省医药储备定点品种。公司主要生产的保健食品有铁皮枫斗晶、蜂胶胶囊、西洋参口服液等，其中铁皮枫斗晶和蜂胶胶囊被评为上海保健品行业名优产品。

图 1-10　2021 年胡庆余堂阿胶广告 / 胡庆余堂供图

"十三五"期间，胡庆余堂集团拥有"胡庆余堂""青春宝"两个中国驰名商标。

148 年来，胡庆余堂药业秉承胡雪岩"戒欺""采办务真""修制务精"等诚信制药的精神，自创立迄今，其保健品、处方药、非处方药和膏方等中成药产品，以其品牌、质量和信誉，深深根植于海内外人民心中，屡获国内外著名品牌荣誉称号。胡庆余堂药业将继续坚持走百年传统中药特色与现代科技相结合之路，挖掘中医药学宝库，积极开发具有自主知识产权的中药新药，为振兴民族医药、造福国民健康贡献力量。

第二节　核心价值

翻开胡庆余堂自强不息的历史画卷，其能成为迄今全国重点中成药企业，得益于深邃的经营谋略和严谨的内部管理。在企业发展史上，胡庆余堂丰富独特的文化内涵，是中国传统商业文化的精华。企业经久不衰的缘由在于传承了耕心、是乃仁术、真不二价、戒欺、采办务真、修制务精、职业经理人制度、阳俸和阴俸制度、破产隔离制度、顾客乃养命之源等企业宗旨。

胡雪岩在其经营中，既精于策划，审时度势，更能理俗相通，亦贾亦儒，充分显现了儒商所具备的品质——对社会的责任感。他以儒家的气度和道德准则，赢得了民众对胡庆余堂品牌的良好口碑，其中要数"戒欺"文化最为深入人心，是胡庆余堂百年老店经久不衰的法宝之一。

一、耕心

胡雪岩经商讲究"天为先天之智，经商之本；地为后天修为，靠诚信立身"。他为人仁义，懂取舍。胡雪岩经商之道成为一种营销理念，浸渍在胡庆余堂品牌中，已形成了完备的人文体系。胡雪岩在其账房大堂上，悬挂着"耕心草堂"匾额。"草堂"是住所、书斋的一种平民化称谓。"耕心"是思想劳作、追求人格完善的过程。耕"心"是为了种"德"，能够磨炼一个商人在成功或失败时的精神境界。

图 1-11　耕心草堂匾 / 胡庆余堂供图

二、是乃仁术

胡庆余堂营业大厅门楣上保留着胡雪岩所立"是乃仁术"四个大字，诚于心，信于人，表达了胡庆余堂创办药业是为了济世、济人。范仲淹曰"不为良相则为良医"，这是士大夫的人生境界。"医者父母心"，这是民众对医师的认知。这四个字，最能诠释胡雪岩开药号的宗旨，更反映了他当时就有难能可贵的诚实守信和治病救人的仁义。数百年来胡庆余堂一直铭记这一祖训，将善举仁义和中医药文化精髓传递到祖国的大江南北。

图 1-12　是乃仁术砖雕 / 胡庆余堂供图

三、真不二价和戒欺

胡庆余堂挂有两块牌子，朝外挂"真不二价"，是学古人韩康，所卖的药做到货真、质好、价实，童叟无欺。

图 1-13　真不二价匾 / 胡庆余堂供图

朝内挂"戒欺"匾额，胡雪岩立于清光绪四年（1878），他亲笔店训："凡百贸易均着不得欺字，药业关系性命尤为万不可欺。余存心济世，誓不以劣品弋取厚利，惟愿诸君心余之心。采办务真，修制务精，不至欺予以欺世人，是则造福冥冥。谓诸君之善，为余谋也。可谓诸君之善，自为谋也，亦可。"这些训戒镶嵌在内侧高3 米、宽 0.9 米的匾额中，寄托了胡庆余堂从业者的职业道德和对质量的执着追求，能使庆余人鉴心明意，该匾至今仍挂在国药号大厅。

"戒欺"是胡庆余堂的宗旨，是一种理念，更是一种文化。在经营上，"戒欺"体现的是"真不二价"，向顾客正言胡庆余堂的药品，童叟无欺，只卖一个价。胡庆余堂内挂着一副对联，"修合无人见，诚心有天知"，是对"戒欺"的最好诠释。"戒欺"文化成就了"江南药王"，更超越了中医药范畴，成为中国打造"诚信"企业的历史先声。

图 1-14　戒欺匾 / 胡庆余堂供图

"戒欺"意指做生意讲诚信，老少无欺，贫富无欺，丝毫不得掺假，这方面的事例，在胡庆余堂经营中比比皆是。

胡氏秘制"辟瘟丹"，是胡庆余堂的招牌药，具有除秽气、解头晕胸闷、止腹泻腹痛的疗效，由74味药材组成，味味都要选用道地上等原料，其中有一味叫石龙子的药，俗称"四脚蛇"，那是一种随处可觅的爬行速度很快的小动物，以杭州灵隐、天竺一带的"铜石龙子"为最佳。它外形为金背白肚，背上纵横一条黄线。为了采集"铜石龙子"，每年入夏，胡庆余堂的药工，携师带徒，一起赴灵隐、天竺捕捉。灵隐寺僧人熟知这一惯例，只要听说胡庆余堂来抓石龙子了，沏茶引路，上山捕捉。灵隐的"铜石龙子"药性要比普通山区的石龙子要好。

某天，一位老人前来为中新科举人的儿子赐求治癫狂病的良药，胡雪岩讨教老中医，说是要用"龙虎丹"，胡雪岩接过方子一看，组方里含有一味剧毒药砒霜，炮制时必须把砒霜用布包起来，放在豆腐里煮，使豆腐慢慢变灰黑色，将毒汁吸附在豆腐上，减少砒霜毒性，然后服用。

古时的药店内常挂一副对联："修合无人见，存心有天知。"意指卖药人要自律，要赚良心钱。一帖中药炮制，常达十几道工序，每个环节稍加疏忽，都会影响药效。生药材中含有有害成分，须经过规范炮制方可入药。这里的"修"，是指药材的整理加工。"合"则是配方制作，它涉及药材的种类、产地、质量、数量等诸多因素，直接影响药物的疗效。丸、散、膏、丹的修合过程，大多沿袭古代"单方秘制"的传统惯例，不容外人窥探。如店家存心不良，以次充好或以少赚多，很容易得手，于是便有了"修合无人见，存心有天知"的古训。为了使自己的诚信能让顾客感知，胡庆余堂在每次"修合"贵重成药前，药店门口及周围一带会张贴告示，告白天下，胡庆余堂将制作×××药了，届时，恭迎民众入内察看。

杭城民众流传着胡庆余堂"抬鹿游街"的故事。清末民初，胡庆余堂曾在南山路（涌金门旁）自辟养鹿场，饲养东北梅花鹿，当制作"大补全鹿丸"时，请伙计们穿着标有"胡庆余堂"的号衣、抬着活鹿，扛着"本堂谨择×月×日黄道良辰，虔诚修合大补全鹿丸，胡庆余堂雪记主人启"的公告牌，敲锣打鼓游街，回店后当众宰杀，以示本堂货真价实。

胡雪岩深谙经营门道，他重视对员工的教诲。"戒欺"针对企业管理者和员工，讲的是德行，炼的是心智。胡雪岩深谙"顾客是养命之源"的真理。他告诫店员礼貌待人，和颜悦色；顾客进门，必须站在柜台前迎候，不能让顾客在柜台外叫喊；百问不厌，耐心回答；顾客购买单味药材，应主动介绍药的性能、服法和注意事项；收银找银交代清楚，遇脾气生硬的顾客须有耐心，切忌争吵；如遇药品变味、破碎或虫蛀等，主动丢入大香炉焚毁，另外重配质优的药品，让顾客满意而归；贵重药品人参、冬虫夏草等必须石灰镪过才能出售，绝不容许短少分量；夏令花露当年卖不完，过了夏季全部倒掉，来年重新配制。因此，"戒欺"是胡雪岩留世的最有价值的品牌遗产，也是"江南药王"饮誉148年的立业之本。

胡庆余堂董事长冯根生将"戒欺"作为他的人生"圣经"。他认为"戒欺"是一种道德，一种诚信，做人如此，做企业亦如此，冯根生将其贯穿在企业全产业链中。"修合无人见，诚心有天知"，这副对联一直是冯根生心中的一杆秤。2007年10月7日，国庆长假最后一天，台风罗莎肆虐杭州，城西部分地区被大水淹没，青春宝集团所在地成了重灾区。一大批原料药材被洪水浸泡。冯根生立即指示，必须将这些被浸泡过的药材销毁，绝不能使用受污染的药材。9日，在驻厂监管员监视下，好几吨药材被毁，确保了青春宝产品的质量和市场信誉度。多年来，有数十家厂商与青春宝集团商议，希望委托加工集团的产品，而青春宝集团始终信守不委托加工的原则，坚持自己生产。

148年来，胡庆余堂始终恪守"戒欺"宗旨，在中国中医药发展史上，形成了独特的企业文化。

四、采办务真和修制务精

"采办务真，修制务精"是胡庆余堂的宗旨之一。"采办务真"的"真"，指药材一定要真，力求道地，从药材原生地采办质地上乘料。大黄是一味常用药，取其根状茎入药，药工剥去大黄表皮；苦杏仁尖有毒，药工在除尖后，才能入药；麦冬心性寒，必先去心；麻黄要去节、莲子要去心、肉桂剥去皮、五倍子去掉毛等，这些修制流程必须准确无误，才能确保中药材的色、香、味和疗效，这是"修"的精华所在。而在"制"方面，则要精益求精。以治疗疮的良药"立马回疔丹"为例，其中有一味原料叫"金顶砒"，按葛洪的炼丹法，用青铜、砒霜提炼，取其上面的结晶体而入药。工艺复杂，操作精细，而且秘而不宣，决不外传。"修制务精"的"精"意指药工要敬业、制药要精工。

胡庆余堂出现人参现象。每年立冬后至春节前，杭州、湖州、嘉兴、金华、绍兴、台州等地客商，江西、福建、江苏、安徽等省客商，东南亚一些国家客商，对胡庆余堂国药号很熟悉，能叫出营业员姓名。他们大部分懂人参，能对人参的品相进行内行一样的比较，存在着一个坚固的人参消费群体，他们每年必定要到胡庆余堂购买人参。这一现象就是"胡庆余堂人参现象"。

胡庆余堂人参分量足、品质好，远近闻名。胡庆余堂以诚信经营闻名于世。创

图 1-15　胡庆余堂董事长冯根生（左二）鉴定人参 / 胡庆余堂供图

始人胡雪岩凭借雄厚的财力收购上等药材，一手交钱一手交货，优质优价，从而吸引全国各地的道地药材商人争相与胡庆余堂做生意。当今，东北的人参商人依然以与胡庆余堂做生意为荣，采办到上等的野山人参先给胡庆余堂，并能以此当招牌，招徕其他生意。清末民初，胡庆余堂周边有 10 多家参茸店，有的在店里挂一面大镜子，大镜子正好能将"胡庆余堂"四个字反射到他自己的小店里，以此招揽生意，用各种方法与胡庆余堂"分羹"。

自胡庆余堂创立以降，人参采办的第一道关，先看人。这个供应商到底讲不讲诚信，讲诚信的，就跟他做生意。无论多少年的交情，一旦供应的人参弄虚作假，他就永远进不了胡庆余堂大门。诚信的企业只与诚信的供应商交易，只有诚信的供应商供应的人参，质量才可靠。按照店规，拿着少量人参来的陌生人，一律不见。

第二道关，老药工把好进门关。胡庆余堂国药号有一批行业内最权威的中药鉴定专家，还有国家级参茸鉴定专家。至今，胡庆余堂验货非常严，有些供货商有意见，埋怨太严，但这是堂规。

第三道关，政府药检部门检验人参。20 世纪 80 年代的相关政策规定，药店出售的人参要经过政府药检部门检验。后来，虽然人参检验已经放开了，但为了让顾客更放心，胡庆余堂坚持请第三方——政府药检部门检验人参。对胡庆余堂送检的人参，要求极严。

过了这三关，人参才能摆到柜台上。2006年人参节膏方节时，胡庆余堂关门学徒冯根生指着胡庆余堂现在的人参柜台说，他14岁进胡庆余堂的时候，那个地方就是卖人参的，卖了那么多年，没有移过售卖人参的柜台位置。

自胡庆余堂并入正大青春宝集团后，这种制药的境界，一直由青春宝人传承。20世纪80年代末的一天下午，安徽某药材公司一辆满载中药材的卡车驶入胡庆余堂制药厂的原药仓库。这车装了1500公斤五灵脂和其他药材，送货人催仓库负责人许兴垣签字收货，同时将一叠"大团结"塞进他的抽屉。许兴垣严肃地说："我们从来不搞这一套，钱必须拿回去。"那送货人说了声"小意思"后转身就走。许兴垣带着五灵脂样品请本厂和省里有关部门检验。化验证明，这些所谓的五灵脂是一种飞鼠屎，不能药用。许兴垣拒收假货，使厂里避免了2万多元的经济损失。他还将送货人拒不收回的1000元人民币上缴厂部，这家公司被胡庆余堂列入"黑名单"。

1990年7月底，二车间工人赶制价格昂贵的急救药安宫牛黄丸。当首批2000颗包装完毕时，发现多出了一颗丸药。工人们重新打开一箱箱完整的包装，一盒盒检查，一颗颗称量，终于找出了那颗"空心汤团"，却辛苦了一上午。

胡庆余堂至今流传着许多精心制药的逸闻。叶本珊是在胡庆余堂工作了40多年的嫡传弟子，对药材的产地、路脚了如指掌，一见便能识别。1988年，他退休了，厂领导亲顾"茅庐"请他重新"出山"，叶本珊不为其他单位的高薪聘请所动，便回厂继续工作。老药工、副主任药师沈光怿被全厂昵称"光怿师傅"，他既懂医又懂药。1991年，他主持改良辟瘟丹工艺，当年就创产值207万元，获利53万元，光怿师傅还收了多名科技人员为徒，传承技艺。张永浩是公司留用老药工中年龄最大的一位，张永浩既能炼丹，又能泛丸药，是胡庆余堂泛小丸药的前辈，他双手可同时握10颗像苋菜子般大小的六神丸，一把刀可切出薄如蝉翼的药片，令同行目瞪口呆、赞不绝口。叶悦庭曾坐镇药品检测部门，任何危害于药品质量的蛛丝马迹都过不了他的关，上述2000多颗安宫牛黄丸经包装后多出一颗丸药的事，就是他一眼发现的。叶悦庭在质检时，带上老花镜，还要带着放大镜。同事们就编出顺口溜："天不怕，地不怕，就怕五只'眼'来捉我。"

在进货中，我们绝不以价格衡量，在中药饮片采购时一直实行招标盲选，这是胡庆余堂延续了148年的采办制度。对参加招标的企业，我们先派质检人员到工厂实地查看。招标时，把企业名称全部隐掉，由质量管理小组成员集体打分，评出质量最好的药材，再交采购部洽谈进货，并将样品分成 3 份，分别留存采购部、质管部和仓库，使这 3 份样品起到比对作用。供应商为了中标，先把好的饮片挑来做样品，如我方质检发现第一次进货与样品不符，就严重警告，该退的就退。第二次送过来的货，还是与原样品不符，直接将送货单位剔出招标体系，列入黑名单。这样查验完后，每个季度还要对中标单位的供应情况、送来的饮片与样品的符合度，进行汇总，如果偏差率较大，坚决剔除。

胡庆余堂开创之初，去产地直接采购各种道地药材。如去山东濮县采购驴皮、金银花，去淮河流域采购淮山药、生地黄、黄芪，去川贵采购当归、党参，去关外采购人参、鹿茸等。当今，虽然物业配送、供应商的服务相当快捷，但对那些高档、贵重的参茸类滋补品，厂方一直坚持亲赴产地采购。

2008 年，随着燕窝销售额猛增，胡庆余堂国药号通过多种渠道赴东南亚各国进行燕窝质量考察，发现"血燕"问题最为严重。2011 年 8 月，胡庆余堂国药号主动停售"血燕"，仅留下少数几个符合质检要求的白燕。"血燕"事发后，杭州市食品药品监督管理局专门抽检了各商家销售的白燕，胡庆余堂国药号销售的白燕，品质名列第一，这一事件，轰动海内外。

对药品价格、计量，国家做出了严格规定，要求明码实价，标价内容真实，货签对位，标示醒目，合规计量。胡庆余堂的明码标价与别的药店有区别。以冬虫夏草为例，胡庆余堂国药号任何一档冬虫夏草的规格，都详细标出，比如 5000 条、3300 条、2500 条、2000 条、1600 条、1400 条一公斤的冬虫夏草，都标清楚。但在别的药店，冬虫夏草就标"特一等""王中王""一级"，存在着欺诈消费者的可能。

1994 年开始，胡庆余堂就经营国药号连锁店，第一家连锁店为浣纱分号，统一装修、进货、标价，唯独经营者"外包"，虽然有质量监控员巡视，但总有机可钻，"外包"的承包人就利用胡庆余堂的包装偷偷地换上以次充好的人参出售，来赚取高额利润。后被发现，提前解除合同，停止一切联营。事后，胡庆余堂一直坚守不做"加盟"、只做"直营"。当今，在全国的胡庆余堂国药号 30 多家分号、150 多家庆余堂专柜，都是胡庆余堂直营。

中成药制作十分注重炮制，而炮制技能恰是中药的精华所在。坊间早有"炮制不严而药性不准"之说。炮制分为：修制（纯净、粉碎、切制）、水制（润、漂、水飞）、火制（炙、烫、煅、煨）、水火共制（煮、蒸、炖）等，胡庆余堂历来讲究遵古炮制，凡学徒进门头 3 年，必先过"炮制"这一关。如麻黄要去节、莲子要去心、肉桂要刮皮、五倍子要去毛等，已列为制作规矩。

胡庆余堂初创期间，收集了散落在民间的验方、秘方，研制成胡庆余堂特有的中成药。为了使口传的技能得以保护和传承，当时的员工用毛笔将这些"中药处方和工艺"手写成文，尊为"堂簿"。1960年，由胡庆余堂起草将中成药的传统处方和炮制工艺汇编成册，以浙江省卫生厅的名义出版，作为全省中药行业的制药规范。

图1-16　清光绪十六年（1890）重立《胡庆余堂细料配方集》《凡方汇集》（堂簿）
/ 胡庆余堂供图

　　吊蜡壳、泛丸药、切药材等中药制剂的传统技能，经过一代代技艺精湛的药工之手，在胡庆余堂的特定空间中，一脉相承地延续下来。

　　根据2022年4月7日，徐敏月采访73岁高龄的胡庆余堂手工泛丸传承人丁光明的记录：1966年，年仅17岁的丁光明进入胡庆余堂做学徒。迈出做药第一步，正是因为他做人踏实。做药如做人，他刚开始就是打杂，一干两年多。制药师傅们做药，他只能看，却不能上手。于是他晚上偷偷练习，两年后，终于能跟着师傅上手了。丁光明做人诚恳、踏实、专注，才有机会跟着师傅操作。50多年来，他一直坚守"采办务真，修制务精"的制药理念。"采办务真"说的是入药的药材一定要真材实料，选择道地药材。丁光明介绍，每一种药材都有不同的产地，不一样的产地药性就不一样。浙江道地药材很多，但其中"浙八味"就因质量好备受推崇。要做出好药，选好药材很关键。有了好药材，还要有好的制药工艺。丁光明曾跟随王利川、张永浩、沈光释三位师傅学习细料、大料、大颗丸和微丸的制作。这十年，他学的不仅是做药，还有做人。丁光明说："记得刚开始学习制药不久，师傅让我熬制作为黏合剂的阿胶。熬胶需要不停搅拌，火候掌握很重要。那一次熬胶就过了火候，有点糊味。虽然东西不是很多，却还是难免被师傅骂了一顿。最后，那锅胶也只好倒掉了。这件小事对我教训很大。"经过长达十年的磨炼，他才掌握了三位师傅的业务专长，真正出师了。丁光明说："这么多年，我也一直坚持不好的不要，不对的不要，要以精益求精来要求自己。如果真的出现差错，情愿浪费，也不能糊弄人。"他说："六神丸难做，一公斤药有 40 万颗，每 30 颗药装一瓶。"他还提到另外一种较大的丸药，每公斤只做 333 颗。他总结道："做药，不论大小丸，颗颗都要是良心药。"做诚心药的前提是把好药材源头质量关。以膏方中最常见的饴糖为例，他说："饴糖都是杂粮做的，有玉米糖、高粱糖等。最基础的饴糖，对膏方的药效有不可忽视的影响。如果碰到影响药效的不好的饴糖，必须退掉。"每次，他在制作药丸之前，都会亲自查看药材，并监督炮制过程。他说："自己看到药材好，做药更放心。"

丁光明泛丸，从不缩短工时，也从不以次充好，他不仅严格要求自己，还总是会把自己的经验分享给同行。来自上海的制药师问丁光明，为什么制作的牛黄清心丸会开裂？在详细询问了制作过程后，丁光明把秘诀告诉了对方：不管多晚，需要当天做好，制作中不能隔夜。他说："手工泛丸都需要很长的制作时间，这期间不仅要一直站着，还要不停地依靠臂力来回旋转药匾。制作水泛丸，需要不断加水湿润、撒粉、滚圆。如果隔夜，里面的和外面的干燥程度不一样，容易开裂。这样的药肯定不合格。"他说："顾客的健康第一位。我把技艺传授给大家，就有更多的制药师能把药丸做得更好，就会有更多消费者获益。技艺不应该分杭州的制药厂，还是上海的制药厂。让更多制药师在形剂与药粉泛制过程中掌握适度，做出更多好药丸，才是真正为顾客着想，为病人服务。"

丁光明教徒弟，首先要求做人。他说："如果做人有偏差，我是不会同意收徒的。做好了人再学技术，他的发展才不会差。我们做药，顾客看不到，但我们要对得起买家，要凭良心做好它。不管是做上千次还是上万次，每一次都要认真对待。"周新彪已经跟丁光明学了三年的手工泛丸。他说："师傅经常跟我们说的一句话是'修合无人见，存心有天知'。意思是就算没有人监管，也不能违背良心，不要见利忘义。我们制作药丸时，别人看不到，我们要把这个事情踏踏实实做好。这事关系到人命，容不得半点差错。"这是丁光明对己对徒的要求。周新彪记得，有一次，他们接受了一个顾客的委托，需要手工制作一批浓缩丸。他在提取浓缩液的时候，由于没有掌握好火候，让锅底略微有点焦了。丁光明看到后，让他立刻把这锅浓缩液倒掉，然后自掏腰包，重新根据顾客的方子配了一份药。周新彪说："我们平时制作会有不合格的药丸，如大小不达标、不匀整。但是，丁师傅做的药丸就没有出现过这种情况。他的泛丸技艺太精湛了。我们不合格的药丸，他会要求我们重做。"丁光明不仅把手工泛丸技艺传给徒弟们，也把从师傅那里传承下来的诚信精神传承给徒弟们。

胡庆余堂传承了南宋太平惠民和剂局方，并保存了一批民间的古方、秘方。企业至今仍有身怀绝技、熟练掌握中药制作的老药工，这是企业的宝贵财富。正是胡庆余堂长期坚守采办务真和修制务精的宗旨，使企业经久不衰，金字招牌更加耀眼。

五、阳俸和阴俸制度

胡雪岩对有贡献的员工给予"功劳股"，并设立"阳俸"和"阴俸"制度，阳俸制是指给对企业有过贡献，因年老或生病无法工作的职工，照常发薪直至身亡，类似于现代企业的员工病退及退休养老制度。阴俸是这些职工死后，还可以让其家属按照其工龄长短来领取生活补助费。如有十年工龄，可以发阴俸五年，每年按本人薪俸的百分之五十发给。工龄越长，发放的阴俸就越多，类似于现代的企业抚恤金制度。现今，胡庆余堂博物馆内依然陈列着保留下来的清光绪十年（1884）《本堂阴俸定章》及清光绪二十八年（1902）《庆余堂红股合同》，如下图所示。这一制度的执行，极大地调动了员工的工作热情，大多数人都不愿意离开企业，一直到老。由于实行了这种阴俸和阳俸制度，胡庆余堂的职工解除了后顾之忧，鞠躬尽瘁企业事业，凝聚了大量身怀绝技、熟练掌握中药手工技艺的老药工，使悬壶济世、福泽黎民的使命得以绵延 148 年。

图 1-17　清光绪二十八年（1902）胡庆余堂红股合同 / 胡庆余堂供图

六、破产隔离制度

正如王伯英、王增武《胡雪岩的家族财富管理案例》一文所述，胡雪岩通过所有权转移实现破产隔离，以"招牌股"延续胡庆余堂品牌。1883年，时任刑部尚书的文煜在阜康钱庄存款达50万～60万两，是胡雪岩的最大债权人。1884年，胡雪岩将胡庆余堂抵押给文煜，仅留红股10份。文煜接办后，除提取现金及利润外，经营方针等照旧，胡庆余堂照常经营。1899年，文、胡两家又订了一份契约，商定从胡庆余堂红股180股内，提出8股分润胡雪岩以往创业酬薪，再加胡雪岩原有的红股共计18股，定为"雪记招牌股"。胡庆余堂抵给文煜实际上是"债转股"的过程，两者由债权债务关系转变成股权关系，文煜保留了胡氏的"雪记招牌股"，以"无形资产"抵股不但为谈判顺利增加了筹码，更为胡庆余堂品牌的延续作了铺垫。将胡庆余堂"债转股"给文煜正是胡雪岩的高明之处，通过所有权的转移规避了破产的债务清偿，此种做法本质上与现代家族信托通过所有权转移实现破产隔离的做法如出一辙。148年来，胡庆余堂的所有权和资本结构几经变更，但其"招牌"和企业宗旨赓续百年。

七、顾客乃养命之源

在胡庆余堂长廊右壁悬挂38块丸药牌子，标明主治功能，使顾客对各药的用途一目了然。胡雪岩坚持"顾客是养生之父母"的原则，顾客不满意的药品，一律投入香炉付之一炬，重新再配，使顾客深感胡庆余堂药品质量可靠。

每年初一、十五日，远近香客赶庙烧香，纷纷涌入杭州城，胡庆余堂便将药品降价出售。暑热天流行病多发，胡庆余堂便免费供应清凉解毒的中草药汤和各种痧药。遇急诊病人，即使隆冬寒夜也接待不误。半夜三更常有病人敲门求药，值夜班的药工见是气管炎、哮喘病的，便现熬鲜竹沥，劈开新鲜的淡竹，在炭炉上文火烘烤，待竹沥慢慢渗出，再用草纸滤过，当场让病人喝下。熬一剂竹沥一般要两个小时，药工们急人所难，在所不辞。药店营业时，营业员需站立服务，面向顾客，双手按柜，态度和蔼，笑面相迎，语气亲切，百问百答，视顾客为"衣食父母"，服务周到，规矩繁多。

一位远道而来的香客在胡庆余堂买了一盒"胡氏辟瘟丹"，看后微露不满神色。胡雪岩当即趋前查看，表示此药确有欠缺之处，再三致歉后，让店员另换新药。刚巧这天此药已售完，胡雪岩考虑香客远道而来，便留他住下，并保证3天内把新药赶制出来。第三天，他履行了诺言，亲自把新配置的"胡氏辟瘟丹"送到香客手中。

此后，该香客逢人便讲胡庆余堂服务周到、胡雪岩待客厚道。

胡雪岩集几十年经商经验，建立的一套严格的管理办法和行之有效的经营措施，是乃仁术、真不二价、顾客乃养命之源等经营理念，已逾越了中医药领域，成为人们交往的行为准则。148 年过去了，胡雪岩开创的经营之道、经营技巧以及胡庆余堂百余年沉淀的深遂中药文化，已成为保护、继承、发展、传播祖国五千年中药文化精粹的内涵，这就是胡庆余堂的企业价值观、精神文化的核心和经久不衰的根本原因。

第二章　文化传播

　　走进杭州历史文化街区清河坊街，第一眼就能看到一座徽派风格建筑——胡庆余堂国药号。在中国虽然有数以万计的中药号，但最有名的被大家公认的只有"两家半"——北京的同仁堂算一家，杭州的胡庆余堂算一家，广东的陈李济算半家。历经148年沧桑，公认的这"两家半"中，同仁堂和陈李济的药房、作坊等古建筑已被全部拆除，只有胡庆余堂完整保留了清代古建筑，这是全国原址保护最完好的清末工商型古建筑群，系徽派建筑风格之典范。整个建筑形制宛如一只仙鹤，栖居于吴山脚下，寓示"长寿"。恢宏的建筑，辉煌的大厅，精湛的雕刻，以及它特立独行的经营格局至今风貌犹存。1988年胡庆余堂古建筑群被国务院定为全国重点文物保护单位，从而成为了中华医药宝库中的活化石和历史见证，也使胡庆余堂这一国家非物质文化遗产流传至今，焕发出勃勃生机。胡庆余堂斥巨资在原古建筑群基础上创建中药博物馆，自正式开馆以来，接待了数百万中外游人。

　　一种文化发展所在的地域，在很大程度上能看出这一文化的命脉所在，而建筑的完好保存，足以体现其文化的形式感。148年已逝，胡庆余堂古建筑群亦已成为保护、继承、发展、传播祖国五千年中药文化精萃的重要场所，是杭州人文历史文化不可或缺的重要组成部分。

　　胡雪岩当年富可敌国，从丝绸、客栈、钱庄，到军队粮械、漕运，无不涉猎。但站在148年后的今天回眸，其他产业都没了，只剩下胡庆余堂这百年老店。这个当时想用来做善事的药铺，反而比那些赚钱的生意存活得更久。"与人为善，予己为善"，是胡庆余堂人血液里传承百年的基因，也是支撑胡庆余堂百年基业的根源，是企业文化经久不衰的缘由。

第一节　企业建筑

　　一个国家、一个城市、一所大学、一个企业的建筑风格，一定程度上折射出其文化素养。胡庆余堂恢宏的建筑，洋溢着企业的璀璨文化，身临该清代建筑，能感受到胡庆余堂中医药文化的魅力。它采用了"前店堂后作坊"的布局形式，为清代末期中药坊兼门市的典型。这种独特的布局满足了问诊、经营、生产及管理的需要。店堂中悬挂着不少匾、联、药牌，营造了药局特有的环境气氛和文化空间。

一、建筑风格

（一）外部建筑风采

胡庆余堂古建筑始建于清同治十三年（1874），由北京尹芝、杭州魏实甫具体负责设计施工，耗时4年，于清光绪四年（1878）落成，是一座集清末江南建筑技艺和装饰魅力的土木结构药号。胡庆余堂选址清末杭城最热闹的清河坊街大井巷、吴山（即城隍山）脚下。胡庆余堂就在这闹市区购买8亩地，建造了一幢富有江南园林特色的营业场所。它是国内保存最完好的清末工商型古建筑群，系徽派建筑风格的庭园式药店典范，整个古建筑群宛如一只仙鹤，栖居于吴山脚下，寓示"长寿"。但如按土地原有格局简单营造胡庆余堂，从当时的"风水堪舆"角度来看，地形像只"里高外低"的畚箕，有泄财之嫌。再从店铺格局来分析，一目了然的"畚箕

图2-1　杭州清河坊街上的胡庆余堂全景／张永胜供图

形"店堂也容易给人以浅显外露的感觉。为此，胡雪岩特邀京、杭两地著名建筑师尹芝、魏实甫等人，亲临实地精心策划。依照常识店铺应"坐北朝南"，阳光充裕；要沿街开门，可与顾客直接见面。但因该地块处于河坊街南侧，沿街开店恰为"坐南朝北"的阴店。于是，设计者根据胡雪岩"贾而好儒"的性情，设计出商业性古建筑图纸，胡雪岩很满意。整个建筑依地形而设计，南面依山，三面合围起封火高墙，营造出庭院深窈之感。店正门开在东面的大井巷上，顾客进门，先步入一条曲径长廊，右面挂了36块中药匾额，走尽长廊，右侧一座富丽堂皇的营业大厅正"坐北朝南"地突显出来，使你感受到"曲径通幽"的意趣。

图 2-2　1964 年 6 月杭州清河坊街上的胡庆余堂封火墙 / 胡庆余堂供图

　　沿着清河坊街由西向东渐行，一座高达 12 米、长达 60 米的"神农式"封火墙巍然屹立。当年，胡雪岩请书法名家在这片粉色的墙面上，用黑漆书写了"胡庆余堂国药号"招牌字，每个字高 5 米、宽 4 米，足有 20 平方米见方，为当年全国最大的店招。后来这七个字因年久而剥蚀，一直到 1964 年 6 月胡庆余堂 90 周年厂庆，43 岁书法家章其炎重写"胡庆

图 2-3　1999 年杭州清河坊街上的胡庆余堂封火墙 / 胡庆余堂供图

余堂制药厂"字号。记得章其炎用竹竿捆绑木炭直接在大墙上拟稿，令人叹为观止。改革开放后，1995 年 7 月，年逾花甲的章其炎先生又重新将"制""厂"两字改写为"国"和"号"，恢复了"胡庆余堂国药号"七个楷体大字。1998 年，曾改为红色。工厂改制为公司后，恢复原黑色。

图 2-4　胡庆余堂徽派建筑群 / 胡庆余堂供图

　　为了达到"内外和谐"的整体效果，章其炎之子章国明在国药号内的南墙上也书写了"胡庆余堂"四个榜书，每个字达 15 平方米。这两行大字，将整个建筑群突显得大气而幽雅，幽雅中又不失"广而告之"的商业诉求，给人以一种强大的视觉冲击力。因此，胡庆余堂是一座将商业实用性和艺术欣赏性融为一体的晚清木结构古建筑。按儒家的理念，其设计外朴内雅、外敛内秀，极具建筑艺术价值，其建造灵魂是清河坊街上的中医药文化的精髓，它对空间的合理应用炉火纯青，是清末巨大商业建筑空间组合排布方式的典范，给当今中医药企业的建筑布局留下了范式。

从高墙向东转南便进入大井巷，这就是胡庆余堂的正门。药店正门不设在建筑群的中轴线上，而是按照风水"巽位入口"门向东边。大门是青石库门，门额上长条的青石贴面，看上去既像官帽，又像"高"字形；青砖角叠的门楼，门楣上嵌有"庆余堂"匾额，楷字鎏金。胡庆余堂正门虽开在边上，显得很低调，然而却在门面上暗示顾客，这是一家有官府背景的金字招牌店。这种用建筑语言来体现"亦儒亦商"人文思想的做派，令人肃然起敬。

图 2-5　胡庆余堂正门顶部堂匾／朱德明摄

（二）内部建筑风采

进入胡庆余堂，厅正中耸立着一块一人多高的楠木单扇屏风，镶嵌着"进内交易"四个大字，全部镏金，字字凹进，远看个个凸出。如果说整个建筑形状宛如"仙鹤"，那么门庭就是"鹤首"。

图 2-6　胡庆余堂前廊"进内交易"匾／朱德明摄

　　过"鹤首"门庭拐角拾级而上，转入"鹤颈"长廊，右壁悬挂着 36 块丸药匾，它们是四川白银耳、关东鹿茸、外科六神丸、十全大补丸、大补全鹿丸、八仙长寿丸、胡氏辟瘟丹、六味地黄丸、安宫牛黄丸、杞菊地黄丸、人参再造丸、明目地黄丸、小儿回春丹、济生归脾丸、妇科白凤丹、萸连左金丸、直指香连丸、诸葛行军散、八宝红灵丹、精制猴枣散、梅花点舌丹、神香苏合丸、百益镇惊丸、局方牛黄清心丸、圣济大活络丹、万氏牛黄清心丸、太乙紫金锭、石斛夜光丸、纯阳正气丸、香砂六君丸、女科八珍丸、局方黑锡丹、喉症锡类散、立马回疔丹、琥珀多寐丸、局方紫雪丹等药匾。

图 2-7　"鹤颈"长廊悬挂的 36 块丸药匾 / 胡庆余堂供图

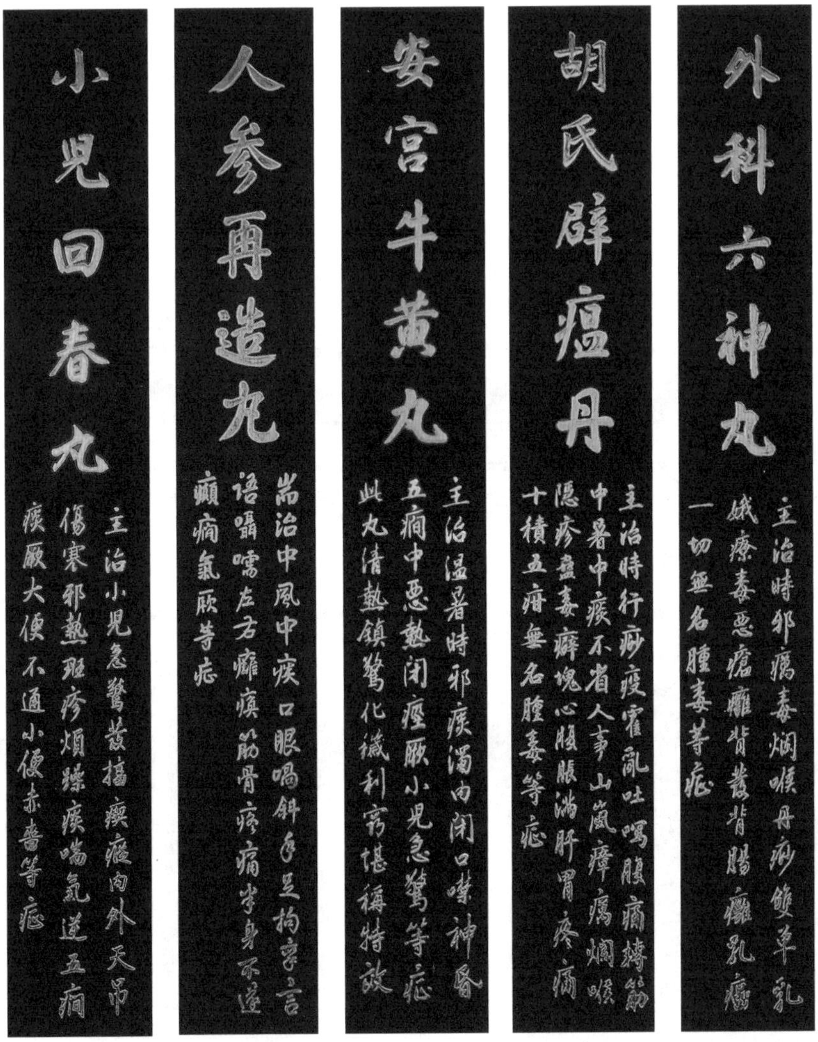

小儿回春丸
主治小儿急惊散搐癫痫肉外天吊
伤寒邪热斑疹烦躁痰喘气逆五痫
痰厥大便不通小便赤番等症

人参再造丸
尚治中风中痰口眼喝斜手足拘挛言
语謇嗫嘴左右瘫痪筋骨疼痛半身不遂
巅痫气厥等症

安宫牛黄丸
主治温暑时邪痰涎内闭口噤神昏
五痫中恶热闭痉厥小儿急惊等症
此丸清热镇惊化藏利窍堪称特效

胡氏辟瘟丹
主治时行疫疠霍乱吐呀腹痛搏筋
中暑中痧不省人事山岚瘴气烟瘴
隐疹盘毒痹恶心腹满肝胃疼痛
十积五痞无名肿毒等症

外科六神丸
主治时邪瘟毒喉丹痧颈草乳
娥喉毒恶疮痈背瘩肠痈乳瘤
一切无名肿毒等症

图 2-8 "鹤颈"长廊悬挂的部分药匾 / 胡庆余堂供图

　　长廊左侧一排红漆"美人靠"，可供顾客小憩。廊外有修竹凝翠，叠石玲珑，一泓细泉环绕，恰似幽静的后花园。再往前迎面就是八角石洞门，门洞上雕出"高入云"字样。"高入云"意蕴中国道教养生文化，道教和中医药息息相关，长生不老、羽化成仙为道教的至高境界，这里意味着中药的养身保健功效。

　　长廊尽处，是一座造型别致的四角亭，亭角悬挂着古色古香、精巧雅致的宫灯，镶有精美的东阳木雕。从神农尝百草、白娘子盗仙草、桐君老祖白猿献蟠桃，到朱丹溪、李时珍的故事，图案精致，栩栩如生，内容切题，意味隽永。厅旁连接天井，那里有曲桥喷泉，金鱼戏水。看这些景致，使人浮想联翩，仿佛到了"登高入云"的仙景。

　　过"鹤颈"的四角亭，左转径直便是二进空间中药博物馆，右转便是一进空间营业大厅。药店正门，上端卧挂"药局"横匾，穿过门楼，就是朝南的营业大厅。"药局"门楼的背面，面对着营业大厅，四个"是乃仁术"的大字跃然在目，开宗明义地道出胡庆余堂药局的经营宗旨，就是一个"仁"字。

图 2-9　药局门楼背面 / 胡庆余堂供图

营业大厅前设天井，二层楼阁三面合围。底楼二侧门户洞开，两边各有一个宽大的曲尺形红木柜台。架棚顶盖玻璃，透光明亮，厅内金碧辉煌，四周雕梁画栋，陈设琳琅满目，真可与故宫的偏殿相媲美。大厅两旁高大的红木柜台，左侧为配方、参茸柜，右侧为成药柜，里壁为"百眼橱"，其格斗内存满各种药材饮片，上面陈列着各种色泽殊异的锡瓶和锃锃发亮的锡罐。正厅前金柱间的额枋上挂"真不二价"匾，厅堂正中设一只烟雾袅绕的铜香炉。此香炉一般不用，因为它焚烧的并非香火而是药材，如果顾客认为药味不合，经验证后可投入炉中焚毁，以示店家保真的决心。大厅中堂正面，两侧挂落中设有一屏壁，屏上高悬"庆余堂"堂名。匾下是福禄寿三星图像。屏前摆放清式红木条案，并置紫檀木的八仙桌和太师椅。屏壁两侧，有3幅抱匾，外层是"庆云在霄甘露被野，余粮访禹本草师农"；中层是"饮和食德，俾羔而康"；内层是"益寿延年长生集庆，兼收并蓄待用有余"，有异曲同工之妙，巧妙地将"庆余"两字嵌在对句首尾。

天井的两侧和前后都有楼房。东侧楼下用作切药，西侧楼下开辟门市，前面一幢是营业大厅，后面一幢楼下是经理和账房的办公室。第一进的西边是第二进，这两进之间，隔着一条长长的通道，被称为"长生弄"，两边筑有很高的封火墙。第二进前面是面宽五间的会客厅。天井两侧有偏屋，天井后面又有一幢楼房，楼下用作货房和细料房等。再后面还有几间楼房，楼下用作堆货和炼药。这两座建筑用材选择银杏、樟木

图 2-10 营业大厅楹联 / 胡庆余堂供图

等优质木材，至今没有霉朽现象。格扇门和窗子的摇梗、梗臼、插闩等，都用黄铜制作。梁枋上雕刻凤鸟和花卉，牛腿上雕刻动物图案或人物故事，格扇门的裙板上雕刻博古或吉祥图案，楼上檐间装饰着一排花灯状的垂莲柱，外观富丽堂皇，显示出大药号的排场。

胡庆余堂建筑面积4000多平方米，由东西并列的"三进"建筑组成，头进是营业大厅，二进是制药工场，三进是药材仓房。这种前店后坊、产销结合的组建格局，有利于顾客问诊购药。

从东边进大门起则为一进，一进建筑主要格局为前、后两厅，呈南北轴线对称布置。前为营业大厅，后为会客及账房。胡庆余堂在营业大厅的天井等处，大胆地采用了当时在国内传统建筑中很少使用的玻璃天棚，无疑是中国传统木改为结构与西方玻璃材料完美结合的近代建筑技术变革。

图 2-11　营业大厅的玻璃天棚 / 胡庆余堂供图

图 2-12　堆塑"白娘子盗仙草"／胡庆余堂供图

图 2-13　木雕"和合二仙"／胡庆余堂供图

胡庆余堂在建造时，不仅大量采用铁糙、银杏、楠木、紫檀、香樟等名贵原木，还普遍运用了木雕、石雕、砖雕、堆雕以及贴金、灯饰等工艺，使得整个药店宛如一座艺术宫殿。

营业正厅的梁枋上几乎都是有关中医药人物浮雕，修身养性活动场景，人物形神兼备，表现出不同的气质和神态。人物故事两侧雕有博古图、梅瓶、如意、书卷等，表达了"平安如意"的祈福。正厅正面梁枋上则直接刻有描金的"福禄寿"三字。正厅明间望柱上，饰有金狮戏绣球，狮子为透雕镏金，太狮身上有少狮嬉戏，狮身雄健，金睛灵转，给人们活灵活现的感觉。正厅两侧山墙的木壁上挂有彩绘贴金木雕"和合二仙"的吉祥牌，采用了高浮雕、浅浮雕相结合的技法。二仙形象丰满，神态逼真。一仙正在熬丹制药，炉上蒸汽缭绕，炉旁梅花鹿嬉戏。另一仙正在施药济人，仙鹤含丹而临，寓意吉祥而降。

营业大厅的楼宇为东西北三面布局，正厅三开间面南为营业大堂，按传统药店的布局，两侧厢房也设柜台，与大堂高柜相围，增加了营业面积的纵深度，更添大厅的恢宏。从正厅中堂屏壁两侧入内为后厅，后厅建筑为三开间，东次间为信房（即人事管理），西次间为账房，正中间为

图2-14 "戒欺"厅堂 / 胡庆余堂供图

"耕心草堂",意寓"耕心制药"。它是经理、协理、总账、银盘、进货等高级职员办公、议事、会客的场所。"耕心草堂"曾是清末名士康有为到过的地方,至今墙上还悬挂着他的书法"披林听鸟,酌酒和风"。

面对着"耕心草堂"的是胡雪岩亲手书写的"戒欺"匾。"戒欺"是胡庆余堂的经营宗旨,凡胡庆余堂入门学徒必须先在"戒欺"匾下席地三拜,奉为堂规。胡庆余堂建筑中的院落天井发挥着通风、透光、排水的作用。

在一进后厅西侧墙间辟一门洞,进入夹道,连接第二进建筑,夹道南端月洞门可通外界。夹道中间设一斜线楼梯,由此可通第一、二进建筑的二层,楼道上方架玻璃天棚,采用了玻璃材料,其顶棚的最顶端仍沿用了传统的卷棚式顶,这证明了西方建筑技艺与建筑材料被设计师采用,中西建筑法式开始融通。

第二进建筑呈南北走向，左右对称布局。南房为药材整炮工场，北房为成药制作工场。前后二进建筑呈四面环接的四合院布置，底层设回廊相通，内接一个矩形天井，合围建筑均为五开间二层楼。后厅明间高悬"怡云仙馆"匾，明轩后辟一小花园，东西两侧配有厢房，靠封火墙一边筑有花坛，配以石草，环境清闲宁静。第二进与第三进之间以夹道相隔，设门可互通。

第三进建筑设为药材库地，结构简朴结实，没有任何雕饰，梁枋粗壮，且整个楼上是一个通间，便于药材搬运，又增加实用面积。在三进主楼旁边还有鹿房、熔料房、磨药房、晒药房、膏房、舂药房，粗料房及十二间养鹿房，是药材原料的筛选、粗加工区。它又可细分为分为四个片区。

制药原料区：其中包括鹿房等制药原料的饲养区和采集、购买的制药原料的存放区。

提取加工区：提取制药原料区鹿茸之类的制药原料等，并做相应的处理。

原料粗加工区：对提取的原料进行粗加工。

初级药材库：粗加工后的药材存入库房，进入第二进的中成药加工区，制中成药。

第三进厂房陈旧，有300名药工进行手工作坊式生产，环境较为脏乱，又曾设有养鹿房，仓库内的绿皮药材被虫蛀、鼠啃，每年损失5000元以上，生产区状况差，20世纪60—70年代被拆除。

图 2-15　20世纪60年代，第三进院落药工翻晒　　　图 2-16　20世纪60年代，第三进院落
　　　　药材／胡庆余堂供图　　　　　　　　　　　　　　　药工煎药／胡庆余堂供图

图 2-17　蕴含"九九归一"的古建筑屋面 / 胡庆余堂供图

胡庆余堂古建筑四周造起青砖封火墙，墙顶两端节节攀高的马头墙，阻隔视野，显外不显内，以避"泄财"之嫌。高墙内侧与斜面屋脊衔接，内接大小不一的天井，呈"斗漏状"，以使雨水内流，有"九九归一"之意。这种典型的徽派风格，其安全性就是避免"外火"的引入，起到了一个阻隔的屏障作用。

胡庆余堂建筑里，每进楼房中都设前后天井，左右有廊屋相连，呈环形之状。天井内，平时放置七石缸若干，以储存天然雨水，既可供日常用水，也可作消防用水。并挖有多口深井，掀开雕有金钱孔的石盖，可见到清澈的井水。井口旁边置铜水笼头、水枪，此水枪为晚清时期的灭火工具。将铜质水枪下接进水管汲取井水，靠人力"收拉"套管，利用管内的空气被"压缩"之原理，笼头喷出剧烈的水柱，用于灭火，便捷有效。

胡庆余堂建筑群内点缀着数量可观、品位上乘的楹联、匾额。这些楹联、匾额，不仅是胡庆余堂建筑艺术的有机组成，为建筑群落增加几分典雅色彩，而且承载着国药文化特有的深刻的内涵，包含着中国传统书法、文学、哲学的精粹，也反映了店铺主人的品位和追求，突显了胡庆余堂的经营宗旨和理念。它们是胡庆余堂"根脉"和"魂灵"的载体，也是人们解读和传承国药文化的亮点。

图 2-18　浙江中医药博物馆浙江医史馆胡庆余堂药店场景 / 朱德明设计

　　胡庆余堂古建筑群为全国重点文物保护单位，胡庆余堂商标为中国驰名商标，胡庆余堂中药文化列入首批国家级非物质文化遗产名录，胡庆余堂国药号团队为全国工人先锋号，胡庆余堂中药博物馆为全国中医药文化示范宣传教育基地。

二、博物馆及纪念馆

（一）中药博物馆

　　1987 年，胡庆余堂在古建筑群内创办了中国首家中药主题博物馆。中药博物馆以胡庆余堂古建筑为依托，秉"原址保护、原状陈列"原则，创办了胡庆余堂中药博物馆。它是国家二级博物馆，在胡庆余堂古建筑群的基础上创建而成，也是杭州五大专题博物馆之一，其他四大博物馆分别为中国丝绸博物馆、中国茶叶博物馆、南宋官窑博物馆和浙江中医药博物馆。已故原西泠印社社长启功题写了"胡庆余堂中药博物馆"匾额，展现了中国医药宝库的精华和胡庆余堂古建筑的风貌。

图 2-19　胡庆余堂中药博物馆／张永胜供图

中药博物馆建筑面积4000多平方米，分别由陈列展厅、中药手工作坊厅、养生保健门诊、名医馆、营业厅和药膳餐厅六部分组成。走进展厅，首先看到的是墙上的一幅大型木雕，这便是宋代张择端的《清明上河图》。右壁上是当代著名书法家沙孟海老先生八十一岁时题写的楹联："名山足灵药，盛世多寿人。"馆内展示了中国中药的起源、发展和胡庆余堂的史料，它集中药业行头物产之大成，储器瓶罐甏坛箱、药具秤臼刀锅铲、成药膏丹丸散酒，一应俱全，展示了大量的中药传统制药器具及上万种中药植物、动物、矿物标本，有国内罕见的1.8米高、3.6米长的犀牛实物标本。其中堪称珍品的如7000年前浙江河姆渡文化时期、西汉长沙马王堆汉墓、宋代泉州湾沉船等出土的药材等。它还陈列着新石器时期河姆渡文化的原始药物、河南出土的商代药物、中国最早的药物学专著《神农本草经》、湖南长沙马王堆汉墓出土的《养生方》等。展览介绍了神农氏、扁鹊、华佗、葛洪、李时珍等的中医人物，还介绍了"胡庆余堂"百年老店的流金岁月，从胡雪岩的创业，到清朝光绪皇帝赐予他黄马褂、一品顶戴等事迹。置身陈列展厅，就能从大量的中药文物中了解中国医药学的发展历史和胡庆余堂的轶闻趣事，在观赏到胡庆余堂现存的各种珍贵的制药文物的同时，领略胡庆余堂国药号全国著名中成药厂的风采。

胡庆余堂中药博物馆现存有十分珍贵的中药文化遗物，这些中药文物承载着胡庆余堂的创业历程、折射出中药文化遗产的历史光泽。

图2-20　2022年1月，胡庆余堂中药博物馆雪景／张永胜供图

1. 中药贮藏器皿

图 2-21　清代胡庆余堂马兰头露壶 / 胡庆余堂藏

2. 制药工具及用具

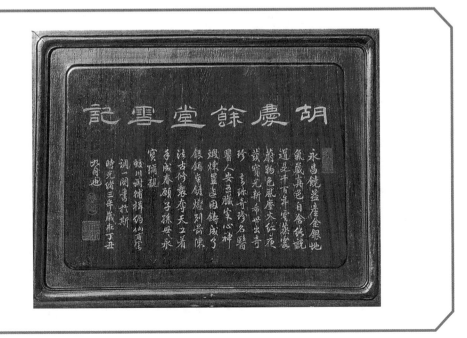

图 2-22　清代胡庆余堂金铲、银锅（国家一级文物）藏盒 / 胡庆余堂藏

图 2-23　清代胡庆余堂金铲、银锅（国家
一级文物）真品 / 胡庆余堂藏

图 2-24　清代胡庆余堂金铲、银锅（国家
一级文物）仿品 / 胡庆余堂藏

3. 广告、仿单、发票

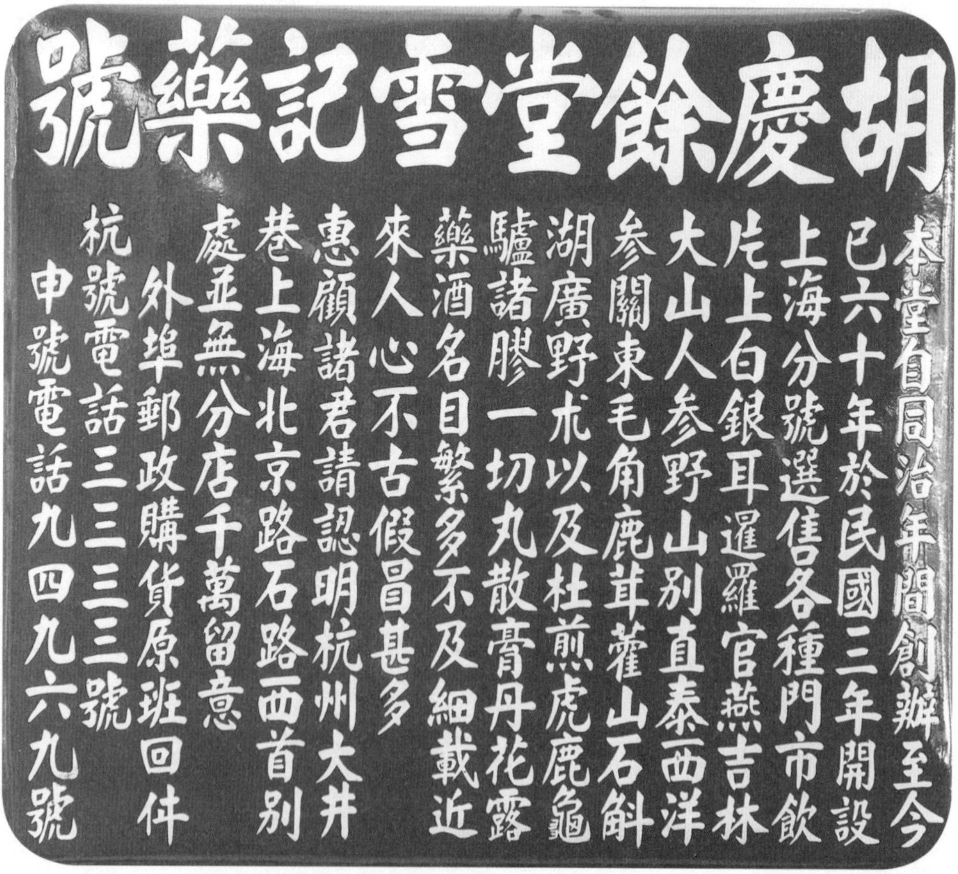

胡慶餘堂雪記藥號

本堂自同治年間創辦至今
已六十年於民國三年開設
上海分號選售各種門市飲
片上白銀耳暹羅官燕吉林
大山人參野山別直泰西洋
參關東毛角鹿茸蘿山石斛
湖廣野尤以及杜煎虎鹿龜
驢諸膠一切丸散膏丹花露
藥酒名目繁多不及細載近
來人心不古假冒甚多
惠顧諸君請認明杭州大井
巷上海北京路石路西首別
處並無分店千萬留意
外埠郵政購貨原班回件
杭號電話三三三三號
申號電話九四九六九號

图 2-25　清代胡庆余堂雪记药号搪瓷质路牌广告 / 朱德明摄

图 2-26　胡庆余堂药号上海分号仿单／胡庆余堂供图

图 2-27　1940 年胡庆余堂上海分号账册／朱德明摄

图 2-28　1940 年胡庆余堂上海分号账册"结彩盈丰"／朱德明摄

4. 药材标本

中药主要由植物药、矿物药、动物药三大部分组成，皆源于大自然。随着人类社会的进展，人类栖息地的不断扩张以及滥用自然资源，人类已开始自食恶果，一些药用野生动植物濒临灭绝。因而，野生物种变家种家养、代用品研究及中药材人工合成等三大举措，已列为中药持续发展的研究方向。博物馆内展示的本草标本（浸渍、蜡叶）、矿物标本，特别是濒危动物标本，为一种行将逝去的中药文化，提供了一次历史解读，因它们大多系国家保护动物，已停止药用。

图 2-29　象牙、鹿标本 / 朱德明摄

犀牛：重达 4 吨，高 1.8 米高，长 3.6 米。为国家一级保护动物，产于亚洲、非洲热带森林。犀牛角有解毒、镇静、强心等作用。为保护濒危动物，国家规定 1993 年 5 月起停止药用。此系我国最大的犀牛标本，为中药博物馆镇馆之宝。

图 2-30　犀牛标本 / 朱德明摄

虎骨： 猫科动物虎的骨骼。具有祛风通络、强筋健骨之功效。虎骨酒用于风湿痹痛、脚膝酸软。昔日，民间常将虎骨粉用于外伤止血。老虎系国家一级保护动物。

图 2-31 虎骨标本 / 胡庆余堂供图

象牙： 为象科动物亚洲象的牙齿。大象为国家一级保护动物，象牙具有清热镇惊、解毒生肌之功效，治痫病惊悸、骨蒸痰热、痈肿疮毒、痔漏。可外用：磨汁涂或研末调敷。

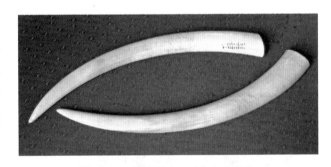

图 2-32 象牙标本 / 胡庆余堂供图

羚羊角： 为牛科动物赛加羚羊等的角，具有祛风止痛、利尿消肿之作用，对神昏痉厥、癫痫发狂、头痛眩晕、目赤翳障有显效。羚羊系国家保护动物。

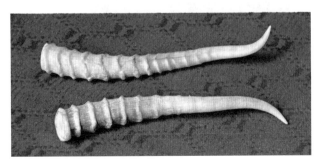

图 2-33 羚羊角标本 / 胡庆余堂供图

穿山甲：为鲮鲤科动物鲮鲤的鳞甲，具有通经下乳、消肿排脓、搜风通络之功效，治痈疽疮肿、风寒湿痹、月经停闭、乳汁不通，外用止血。穿山甲系国家保护动物。

图2-34　穿山甲标本 / 胡庆余堂供图

猕猴骨：为猴科动物猕猴的骨骼，具有祛风湿、通经络之功效，治风寒湿痹、四肢麻木、关节疼痛。

马宝：为马科动物马胃肠道中的结石，有镇惊化痰、清热解毒之功效，治疗癫癫狂、痰热内盛、神志昏迷、吐血衄血、恶疮肿毒。

猴枣：为猴的结石，生于咽喉和肠两个部位，具有豁痰定喘、治小儿惊痫之功效。猴枣散为儿科良药。

图2-36　马宝标本 / 胡庆余堂供图

图2-35　猕猴骨标本 / 胡庆余堂供图

图2-37　猴枣标本 / 胡庆余堂供图

麝香：为鹿科动物雄麝脐部香腺分泌物。具有通络、开窍、散结、辟秽之功效。治中风、痰厥惊痫、跌打损伤、痈疽肿毒。为诸多名药的必备原料。每只麝只可产10克麝香，极为珍贵。麝为国家一级保护动物。

图 2-38　麝鹿标本 / 胡庆余堂供图

图 2-39　麝香标本 / 胡庆余堂供图

2021 年 11 月开始，胡庆余堂面向海内外征集该堂文物和老物件，略有收获，但远未达到征集的预期目标，还需努力。

图 2-40　2021 年 11 月胡庆余堂举行传统中医药老物件征集活动 / 胡庆余堂供图

5. 中药手工作坊

在手工作坊厅，老药工进行精彩的手工中药材切片表演。

图 2-41　中药手工作坊 / 胡庆余堂供图

中藥手工作坊

图 2-42 老药工进行精彩的手工中药材切片表演 / 胡庆余堂供图

图 2-43 外国友人参观胡庆余堂中药博物馆 / 胡庆余堂供图

6. 营业厅及药膳厅

营业厅是胡庆余堂对外营业的一个窗口，也是中药博物馆向参观者提供的选购药物的场所。参观者在这里可以选购到来自全国各地的地道中药材，以及胡庆余堂出品的各种优质中成药产品及全国各大中药厂的名、特、优产品。

药膳餐厅是中药博物馆的一个有机组成部分。它取中药之功能、中菜之风味，将闻名世界的中国菜与中医药科学地结合起来，使人们在品尝佳肴中领略防病强身、延年益寿之妙趣。药膳厅原设在"胡庆余堂"大门对面，也是栋雕梁画栋的二层建筑。楼上的餐厅陈设高雅，有深浓的翰墨之气。只要坐在临窗的餐桌，对面的"庆余堂"三个烫金大字就映入了食客们的眼帘中。胡庆余堂药膳之妙，正在于有药效而无药味，化苦涩为甘美。药膳馆承袭了部分胡雪岩大宅里的私房菜。胡家的私房菜声名远赫，由专业厨师和中药调养师通力合作而成，其药膳自成体系。

药膳馆结合了胡庆余堂百年老店特有的中医优势，集胡式私房菜、宫廷秘方与皇宫御膳为一体，以此为基础研发出配方严格、设计巧妙的系列药膳，如今该药膳已是国内三大药膳"名门"之一，蜚声海内外。

图 2-44　1984 年，赵朴初为胡庆余堂药膳题字／胡庆余堂供图

胡庆余堂药膳馆，最早开设于大井巷 95 号，2008 年搬迁到南山路，面朝西湖。2021 年 11 月 30 日，胡庆余堂药膳馆最终落户于杭州市上城区中山南路 98 号。店门口的两副对联都是由滋补药名组成，包厢都以中药材命名，柜台上摆放着的十全大补酒是胡雪岩当年请胡庆余堂老药工专门给他配制的滋阴潜阳的私家酒。胡庆余堂药膳馆从 20 世纪 80 年代的营养厅到 90 年代的药膳厅再到现在的药膳馆，40 年的餐馆，三代人的回忆，数易

1985年8月17日 星期六

胡庆余堂首开营养厅

胡庆余堂营养厅日前在杭州河坊街开张，它成为我省第一家保健营养厅。

胡庆余堂创建于清同治十三年，至今已有一百多年历史，以制造传统中成药闻名，滋补营养更是该厂一大特色。昔日庆余堂老板胡雪岩每到夏季都要熬煮一些保健药茶供应市民，深得好评。今日胡庆余堂开设的营养厅，以供应滋补性饮料为主，有人参精露、银耳冻、朝姆可乐、花粉蜜汁等品种，营养丰富，口感舒适，吊人胃口。据悉，胡庆余堂正在筹建另一家保健性餐馆——药膳厅，不久也将开张迎宾。

本报记者

图 2-45 1985 年 8 月 17 日，胡庆余堂营养厅开张广告 / 胡庆余堂供图

其址，不变的是药食同源的初心和"三师合一"的匠心。

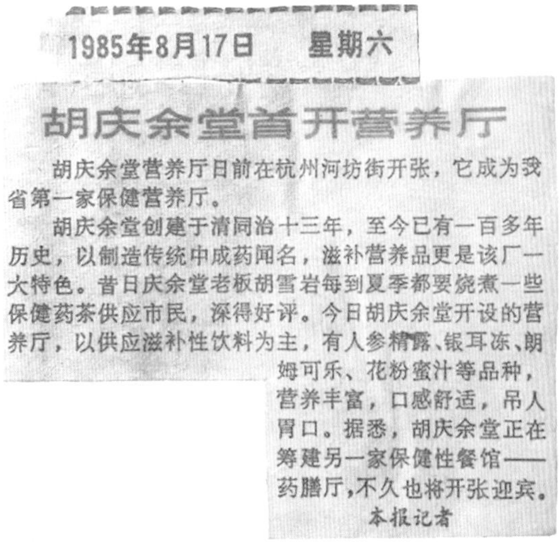

胡庆余堂药膳馆至今仍奉行着"三师合一"的原则，即医师设计、药师配药、厨师掌勺，三者合力来促成每一道药膳。由于带着一个"药"字，初闻药膳两字，难免让人心生抵触，但真正的药膳，寓药于食，寓性于味，融药物功效与食物美味于一体。药膳选取入食的药材一般以植物性原料居多，采用不同的炮制、加工方法及分离提取法，去除异味，方可入菜。

图 2-46 1985 年 8 月 17 日，胡庆余堂营养厅开张 / 胡庆余堂供图

图 2-47 20 世纪 90 年代，胡庆余堂药膳馆 / 胡庆余堂供图

图 2-48 2008 年, 杭州南山路上的药膳馆 / 朱德明摄

图 2-49 杭州中山南路上的胡庆余堂药膳馆 / 水色明摄

图 2-50　杭州胡庆余堂药膳餐饮有限公司药膳 "江南鱼米之香" / 朱德明摄

图 2-51　杭州胡庆余堂药膳餐饮有限公司药膳 "蟹王" / 朱德明摄

图 2-52　杭州胡庆余堂药酒 / 朱德明摄

图 2-53　2019 年 9 月杭州胡庆余堂被评为"浙江特色药膳发源地" / 胡庆余堂供图

图 2-54　安徽省绩溪县胡雪岩纪念馆 / 朱德明供图

（二）胡雪岩纪念馆

胡雪岩纪念馆位于安徽省绩溪县城，占地约 1000 平方米，包括两个庭院，原址为建于明代的文昌殿。纪念馆用大量的图片、书籍和实物再现了胡雪岩沉浮于商界宦海的一生。纪念馆收集了近千件胡雪岩生前使用过的各种工具和生活用品，目前已经整理展出 100 多件。纪念馆还专门仿照胡庆余堂国药号开辟了"药局"，杭州提供上千种中成药，并聘请中医专家坐堂，为参观者提供服务。

（三）重修保和堂

保和堂是一家有着近千年历史的中药铺，无偿为附近的穷苦百姓看医问药，在清河坊一带享有较高的声誉。南宋时期，希宜赟（后称奚宜、许宜、许仙）早年父母亡故，与姐姐住在今杭州上城区清波门东侧荷花池头，14 岁时到城隍山下保和堂药铺当学徒，因刻苦耐劳，深受店主青睐。某日，两位年轻女子（白娘子、小青）前来买药，许仙一见似曾在西湖断桥相识，便答道我店虽小，药材却齐全。白娘子说："我一买宴罢客何为？"许仙答曰："宴罢酒醋客，当归。""当归需几钱？且慢，我二买黑夜不迷途。"许仙答曰："这是味熟地，本店很多。""我三买艳阳牡丹妹。"许仙答曰："芍药红，芍药已到货。""我四买出征去万里。"许仙答曰："万里边疆是远志。""我五买百年美貂裘。"许仙答曰："百年貂裘是陈皮。""我六买八月花吐蕊。"许仙答曰："秋花朵朵点桂枝。""我七买蝴蝶穿花飞。"许仙答曰："香附蝴蝶双双归。"白娘子对许仙对答如流十分佩服，没几天借故还伞，再约许仙会晤涌金门。

后许仙娶了白娘子，辞退保和堂，前往镇江开药铺，行医售药，不久白娘子身孕。镇江金山寺法海立志铲除蛇妖，拆散了这桩婚姻。不过，保和堂虽失许仙，但因白娘子的故事而闻名遐迩，生意兴隆，在河坊街一带成为一家中医药名店。农历五月五日端午节是我国民间古老的传统节日，这天中午 12 时，杭州民间有给孩童吃蛤蟆的风俗，据说可以消火代凉，夏天不生痱子和疮疖，这一民间预防疾病的医俗相传也与《白蛇传》有关。

随着清河坊街上的胡庆余堂日益兴旺，保和堂逐渐走向衰败。2001 年 12 月 28 日，胡庆余堂出资将千年药铺保和堂修复一新，重新开业，在门前竖一尊许仙铜像，重启"许仙与白娘子"美丽传说的缘起。胡庆余堂重修保和堂，带来了不可小觑的经济效益。"十三五"期间，在完善了"胡庆余堂"商标的日

图 2-55　杭州清河坊街上的保和堂
/ 胡庆余堂供图

常管理同时，胡庆余堂集团又发掘并启动了"保和堂""种德堂"以及"白娘子与许仙"等子商标的运营。2019 年 10 月 1 日，河坊街保和堂药店基于"保和堂"和"白娘子与许仙"双品牌，定位年轻消费群体，以文创和健康产品切入，装修后以崭新面貌重新开业。目前，保和堂主要出售一些自制的药酒，药茶，使许仙与白娘子的传奇爱情故事重新流传民间，也使这一传统医药非物质文化遗产重现光彩，胡庆余堂做了件弘扬中医药文化的善事。

第二节　企业文化

胡庆余堂自创建以降，十分重视慈善事业，如出巨资修建公共交通设施、赈济受灾民众、向贫民义诊赠药，等等。这些义举，延续至今，赢得了社会的广泛赞誉。

一、社会善举

（一）慈善义举

"积善之家，必有余庆；积不善之家，必有余殃"，胡庆余堂营业大厅门楣上刻着四个大字——是乃仁术，这是胡庆余堂创始人胡雪岩的开店宗旨，也是胡雪岩取名庆余堂的根本缘由，意思是药业是普济众生、行善积德的事业，"做企业要先学会做人，商人要多积善德，学做事要先学会做人"。从清咸丰十年（1860）至光绪十一年（1885）年间，胡雪岩做了创办义渡、参与义赈、经理义冢、购回海外流失文物、修复寺庙、综理善堂等善事。继他之后，胡庆余堂继承祖训，慈善义举频繁。148年来，胡庆余堂继承和发扬着胡庆余堂当年的优良传统，始终把行善积德、济众博施放在首位。

1. 兴办钱江义渡

胡雪岩功成名就之后，为杭城百姓做了许多义举。胡雪岩发起兴办钱江义渡，更是惠及百姓、流芳百世的善举。当时，杭州钱塘江上还没有一座桥梁，绍兴、金华等上八府一带百姓进入杭州城都要从西兴乘小船过江，到望江门上岸。江上风浪大，容易出险。清同治三年（1864）起，胡雪岩依靠自己的社会声誉和经济实力，报经省巡抚批准，历时5年筹措，独资捐助白银十万两，在江干三廊庙和萧山西兴长河之间建造码头，打造数艘方头平底大船，开设钱江义

图 2-56　浙江第一码头（钱江义渡原址）
/ 胡庆余堂供图

渡，免费为过江行人摆渡，极大地方便了往返于钱江两岸的民众，在杭州城内获得一片赞誉之声。这一义渡开始遭到一些船老大的反对，他们聚众闹事，因为义渡一办，他们无法敲诈民众，官府为此特发通告对肇事者严惩不贷。杭州知府段光清在《镜湖自传年谱》中记载"胡在钱江义渡的捐款簿上首写捐银十万两"，并说此事"至少能使受益五十年至一百年"。清光绪八年（1882），应宝时撰的《铸钱塘江义渡碑记》总结了钱江义渡的情况："钱江义渡古未之有，同治三年，粤匪初退之后杭绅胡光墉时方主善后事，垂念钱塘江中，渡船以多得钱为利，人众载重，又不论潮涨风大，黑夜贪渡，往往至倾覆，虽悯之无法可拯也。"义渡兴办以来，钱江两岸未发生有覆舟死亡事件，方便了上八府与下三府的联系，并设船，为候渡乘客提供方便，后人立碑为记。

2. 捐款赈灾

胡雪岩极其热心于慈善事业，乐善施好，在全盛时期开创的胡庆余堂将救死扶伤的对象范围扩大到全天下人。在胡雪岩的主持下，胡庆余堂推出了十四大类成药，并免费赠送辟瘟丹、痧药等民众必备的太平药。至清光绪四年（1878），除了胡雪岩捐运给西征军的药材外，他向各地捐赠的赈灾款已达 20 万两白银。

胡雪岩还多次向河北、陕西、河南、山西等涝旱地区捐款赈灾，将胡庆余堂历年积攒的利润，悉数资助公益事业。由于这些善举，他在江浙一带赢得了"胡大善人"的名声。他有一句话常挂在嘴边："要想做善事，手中先有钱。"至今杭城还留存不少记载着胡雪岩捐献的碑刻。

清同治十年（1871）夏秋，由于暴雨导致河北发生特大水灾。胡雪岩立即助赈，他除了办运浙江赈米 30000 石协助灾区外，还奉母命，捐制棉衣 10000 件，经李鸿章奏旨嘉奖后，胡雪岩又添制棉衣 5000 件。他又奉母命另捐购办牛具籽种银 10000 两。清同治十一年（1872），甘肃省遭遇风雪冻灾，胡雪岩母亲正过七十大寿，她吩咐家人，将她的私房钱捐献，加制厚棉衣 2 万件，胡雪岩之妾螺蛳太太又加捐厚棉裤 8000 条。清光绪三年（1877），陕西省旱灾，他拟捐银 2 万两、白米 15000 石，后因远途运输困难，将白米 15000 石折成 3 万两银共捐银 5 万两。其后又捐输江苏沭阳县赈务制钱 3 万串；捐输山东白银 2 万两、白米 5000 石、制钱 3100 串、新棉衣 3 万件；捐输河南银 15000 两。为此左宗棠向皇帝递上《请赏道光胡光墉母匾额折》，历数胡雪岩和他母亲对各地的捐款、捐米、捐衣赈灾救济的事况，获慈禧太后亲赐胡母"淑德彰闻"匾额及"正一品夫人"的封诰。胡雪岩的义行也得到了李鸿章的极大表彰，李鸿章在上奏朝廷后，清廷颁给他"乐善好施"旌奖。翌年，京师和河北等地又发生了特大水灾，较之去年有过甚而无不及。胡雪岩委办运浙江赈米，采办闽米，运送上海，装载赴津。他又捐足制钱 10000 串。

清光绪七年（1881）夏，江苏沿海发生巨大风潮，暴雨造成近海等地重灾，民众淹毙者达 10000 多名。灾区急需棉衣、药品和粮盐。胡雪岩请杨殿臣、潘二江等前往灾区救灾。翌年夏，安徽突发洪灾，胡雪岩捐赠 10000 件棉衣。

清光绪二年至五年（1876—1879），华北地区发生了一场特大旱灾，山西、陕西、河南、河北、山东等省及苏北、陇东和川北等地有 1000 多万人饿死、2000 多万灾民逃往外地。胡雪岩就自捐 8400 石小麦、4700 件棉衣，又先后捐输江苏沭阳县赈务制钱 30000 串。

胡雪岩还常在寒冬之际对贫民或乞丐施行冬赈。清同治十二年（1873）冬天，杭城极寒，不少乞丐、贫民冻死街头。十一月十八、十九、二十等日，胡雪岩实施冬赈，望仙桥元宝街胡雪岩宅前"群乞拥挤，几如堵墙"，每人被赠予 1 件棉衣和一些钱财。

振抚局是杭州平定太平天国起义军后成立的第一个善后救济机构，也是善后救济的总机关，地处佑圣观巷。振抚局初期，为拯救众多难民，左宗棠又令胡雪岩购买米粮，并访明罹难者的家属，施以赈济。随后在振抚局下又立即分设难民局，分散四地，从事施粥、给钱、收养妇女婴孩等慈善救济事项。

图 2-57 2003 年 7 月 2 日，胡庆余堂捐赠"慈善就医卡"／胡庆余堂供图

2020 年，胡庆余堂与浙江省血液中心合作，联合举办"胡庆余堂爱心献血周活动"。同时，集团捐赠了零售价值 64.4 万元、共 3500 份的爱心礼包，赠送给无偿献血的爱心人士，以表达对无偿献血爱心人士的敬意。

3. 施药

作为拥有百年历史的胡庆余堂，其所做出的决策，总带有它特定的历史烙印和文化基因。胡雪岩深知，要行善天下，非他一人可为。为此，他语重心长地道，"余存心济世"，"惟愿诸君心余之心"。他的言传身教使得员工们同心同德，长年累月地施药积善。清末，战乱频繁，江南一带瘟疫盛行，胡庆余堂免费开仓放药、济世救民，被传为美谈。

胡庆余堂在创立之初，做了大量的公益事业。如与平民老百姓结善缘，为进京赶考的考生无偿送药，为报效祖国，不计利润地为官兵送去"诸葛行军散"等药物，这些善举是胡余庆堂最好的广告。

4. 义诊

清光绪五年（1879）春，胡雪岩请求向次淹医士到上海施诊，并在《申报》上刊发 4 天广告，通知凡是求诊者可到抛球场后马路胡公馆内诊治，门诊费只收 14 文，邀诊费为 28 文，贫者不取分文。翌年，胡雪岩再次邀请向次淹医士为其医治内眷，治愈后，向次淹便由杭州回上海，胡雪岩便在《申报》上刊登广告，呼吁民众前往向氏诊所就医。

2003 年，胡庆余堂联合浙江省慈善总会共同设立浙江省慈善总会门诊部，长期开展送医下乡活动，举办义诊，为困难群众送医解难，对低保特困人群给予免挂号费、低价配药的优惠，凡浙江地区的特困低保人群，均可凭有关证件到浙江省慈善总会领取"慈善爱心诊疗本"，有了该"爱心本"，到胡庆余堂名医馆就诊时，除可减免挂号费，购药时还可再减免费用。针对老弱病残等特殊人群，胡庆余堂还提供免费送药上门等优质便民服务，把温暖送给贫困的人，缓解因病致贫的困境。

5. 瘗葬尸骸

左宗棠进军浙江，平定太平天国起义军时，胡雪岩便成了湘军的后勤总管，主持杭州城解围后的善后事宜及浙江全省的钱粮、军饷。胡雪岩开办粥厂，接济流民。战争过后，田野里到处都是尸骸。胡雪岩带队收殓了 10 万具被遗弃的尸骸。

6. 文物回流

清光绪年间，胡雪岩曾两次东渡日本，每见中国流失在日本的文物，便高价购回，使其重归故里。

7.支持佛事

胡雪岩曾到日本，以较廉的价格购得各寺庙 50 口铜钟，运往杭州。胡雪岩请人在钟的纵带上镌以双线阳文"钱塘弟子胡光墉敬助"，分赠各地寺庙。如今，五云山的真际寺、西湖岳王庙、湖州铁佛寺等均留存着"钱塘弟子胡光墉敬助"的铜钟。清光绪七年（1881），胡雪岩正室夫人陆氏出资铸造一口铜钟，捐赠给万松岭地藏殿，钟身四周刻有"法轮常转，皇图永固，常道遐昌，佛日增辉"字样，落款是"钱塘信女庆余堂胡门陆氏重建"。

昔日吴山火警瞭望台下，曾空悬一口特大铜钟，重约 20 吨。此钟不仅铜质优良，并浇铸入部分银子，故而钟声洪亮，扬遍杭城。如遇火警，瞭望人员击钟报警，先是乱击数十下后略停片刻，待市民注意后，再以火警发生地在上、中、下城区，分击"一、二、三"下。此钟为当时必不可少的火警通报设备，这一特大铜钟也由胡雪岩出巨资铸成。

图 2-58 此钟原系日本纪州法轮山福生寺旧钟，铸造于明和四年（1767）。清光绪年间，胡雪岩东游日本购此钟，赠送给岳王庙，现存岳王庙内 / 胡庆余堂供图

（二）匡扶正义

胡雪岩还为清末"四大奇案"之一的杨乃武、小白菜案慷慨解囊。这件事让胡雪岩知道后，他四处奔走，专门拜访回老家办理丧事的翰林院编修夏同善，向他诉说杨乃武的冤情，要他回京后向同僚进言，重审此案。清同治十三年（1874），胡雪岩出资白银 200 两，由杨乃武的胞姐杨菊贞陪同杨之妻、子两人，经过一个多月的长途跋涉，再次来到北京，拜见了夏同善，送上控诉状，又遍访在京的浙江籍大小官员 30 余人，接着向刑部、都察院投诉。夏同善不忘胡雪岩重托，多次访问户部尚

书、都察院左都御史翁同龢，恳求他去查阅浙江审理该案的全部卷宗。后在翁同龢等人的努力下，慈禧、慈安两宫皇太后亲下谕旨，重理此案。但由于办案人员一拖再拖，案子悬而未决，慈禧太后指派浙江学政胡瑞澜以钦差大臣的身份赴杭复审。科班出身、不懂刑律的胡瑞澜滥施酷刑，维持原判。直到清光绪元年（1875），夏同善等浙籍京官联名上书奏明此案不明，只恐浙江将无人肯读书进取，一致要求提京复查。清廷下旨刑部，于清光绪二年（1876），将葛品连棺木移往京师，当众验明死者实系病亡。至此，这一历时 3 年多的大案才真相大白，杨乃武和小白菜的冤情才得以彻底昭雪。胡雪岩匡扶正义，救人于水火之中，立下了汗马功劳，并借此案使他的义声善名更加深入人心。

（三）抗击疫情

清光绪五年（1879），江苏发生疫疠，紧接着疠气迅速传入上海，其病故之由多为吊脚痧症。胡雪岩令胡庆余堂在北市抛球场后街陕甘采运粮台处无偿施送雷公散，极见奏效。

从清光绪元年（1875）开始，胡庆余堂便雇人身穿"胡庆余堂国药号"号衣，到车站、码头等地向游客分送痧药，根据记载他在三年时间内，光送药品一项花银多达 10 多万两。

清光绪七年（1881）夏，杭州传染一种怪病，最初微觉腹痛，旋即便昏然倒地、口不能言而死。胡雪岩在得知后，不惜工本地研制新药，方中所用药味一律照方配齐，并作一包，还配有外用的陈艾一撮、膏药一张，无论贫贱皆可到伏虎庙免费领取。此药雷公散对小儿急慢惊风及霍乱吐泻等病证特别有效。

2003 年春夏之交，一场突如其来的"非典"疫情袭击杭州，由于胡庆余堂中成药质量好，市民争抢各类抗"非典"预防药，在胡庆余堂门前，数百人排起了长队；因事出突然，一时供货紧缺，以致人心恐慌，情形危急。正在外地出差的胡庆余堂董事长冯根生得知危情，星夜赶到现场办公。当了解到公司抗"非典"药一天就出药 3 万余帖，而配方急需的金银花中药材供应价飞涨，从每公斤 20 元涨到 280 多元，若不涨价药店难以支撑。这位掌门人当即拍板，向市民做出承诺：哪怕原料涨 100 倍，也决不提价一分。在整个"非典"期间，胡庆余堂的"非典"药不但没有一天断货，更没有一次提价，还带头向抗击"非典"第一线的各界人员赠送药物，贴补了 50 万元。胡庆余堂在"非典"期间的行为，不仅是企业使命的延续，更是实现了对企业文化的期待。胡庆余堂人自豪地说，胡庆余堂创建初期，江浙一带流行瘟疫，胡雪岩曾经免费开仓送药，济世救民，这就是传承百年的医者仁心。

图 2-59　2003 年"非典"时期，胡庆余堂各连锁店排起长长的购药队伍 / 胡庆余堂供图

2008 年 5 月 12 日下午 2 点 28 分，四川省发生里氏 8.0 级强烈地震，震中位于阿坝州汶川县。地震造成伤亡惨重，无数房屋垮塌。正大青春宝集团在杭州市政府组织的捐赠仪式上捐款 50 万元人民币，员工又自动自发捐款 50 万余元人民币，同时，还捐赠药品阿奇霉素、清热灵、辟瘟丹等。

2020 年新春跨年之际，新型冠状病毒感染的肺炎疫情，牵动着亿万人的心。在这场没有硝烟的抗击疫情阻击战中，胡庆余堂集团旗下各产业链所属单位组织员工积极行动，弘扬"是乃仁术"的企业精神。通过捐赠抗疫急需物资、为社会抗疫工作提供有效支持和服务，积极发挥医药行业企业骨干的作用。截至 2 月 12 日，为抗击疫情，捐赠抗疫药品、健康食品、防疫用品等防控物资价值 331.0125 万元。具体捐赠情况：中药汤剂，安宫牛黄丸、辟瘟香囊、西洋参、人参阿胶浆、灵芝孢子粉等药品及提高免疫力的健康食品价值 18.4392 万元；生脉注射液、生脉饮口服液、清热灵颗粒、青春宝抗衰老片等药品价值 218.5283 万元；消毒酒精、防护服、护目镜、口罩等防御用品价值 94.045 万元。上述物品分批次分别捐赠给武汉市金银潭医院、浏阳市人民医院、宜昌市第三人民医院、杭州市邵逸夫医院、金华康复医院、乐清市人民医院、温岭市第一人民医院、台州恩泽医疗中心、嘉兴第二医院、潜江中心医院、十堰市人民医院、郧阳区人民医院、襄阳中心医院、宜昌市秭归人民医院、宜昌第三人民医院、浙江医院、杭州市西溪医院、浙江省肿瘤医院等 20 家医院，以及武汉市 712 社区、杭州市清波街道、仙居县人民政府、浙江省高速交警杭州支队、义乌市公安局、义乌市疾控中心、庆元县松源街道等奋战在抗疫第一线的机构人员。

此外，积极响应杭州市疫情防控指挥部号召，为杭州市抗疫工作提供有效支持，集团下属新成立的杭州萧山宝苑医院被确定为"杭州市疑似病例备用隔离观察医院"。接通知后，医院第一时间和住院病人进行情况说明，协商补偿，完成对住院病人的劝退工作，并根据传染病医院要求进行了改造，投入大量资金。

煎药中心一直坚持生产，保证疫情防控中药处方煎药供应。杭州胡庆余堂药业有限公司作为杭州市第一批复工生产的白名单企业，于2月10日复工，企业加班生产安宫牛黄丸、强力枇杷露等产品，为抗击疫情提供保障。

2月17日由浙江省中医药管理局和浙江省医疗保障局联合印发了《关于普通人群使用中药预防疫病推荐方的通知》，明确了普通人群和年老体弱者适用的中医药预防推荐方。该方由六位中药组成：生黄芪9克、生白术9克、防风6克、金银花9克、广藿香9克、生甘草6克（以上剂量为成人用量）。建议服用5～7天。自此方推出以来，每天咨询购买的顾客络绎不绝，华侨顾客买来预防方捐赠给国外的朋友。为了方便大家服用和邮寄，胡庆余堂推出了预防方的颗粒剂包装，深受广大群众的青睐。该预防方颗粒剂零售价格仅为13.95元/帖。

浙江中药预防方充分体现了中医药"简便验廉"的独特优势。同时明确了疫情期间可将此方临时性纳入我省职工医保个人账户支付范围（包含煎药包、自煎药包）。

为了充分地发挥中医药作用，增强普通人群抗疫病能力，助力浙江省复工复产，胡庆余堂国药号根据浙江省普通人群预防疫病的推荐方，提供如下服务：坚决不涨价、按照原价格供应预防用药，并提供代煎、代送业务。

图 2-60　2022 年 4 月 19 日，胡庆余堂助力抗疫／胡庆余堂供图

在新冠肺炎疫情防控中，杭州胡庆余堂集团及所属企业勇担社会责任，充分发挥企业行业优势，通过捐赠抗疫急需物资、为社会抗疫工作提供有效支持和服务，积极发挥医药行业企业骨干的作用。为抗击疫情，捐赠抗疫药品、健康食品、防疫用品等防控物资价值 400 多万元。

（四）传统节日惠民

2014 年 1 月 17 日，农历十二月初八的"腊八节"已有千年历史，节日喝上一碗热气腾腾的腊八粥，已成为杭城老百姓的重要习俗，为了传承一年一度的腊八节，唤起大家对传统节日的关注，回馈市民对江南药王的厚爱，在食料价格不断上涨的情况下，胡庆余堂国药号依然举办免费向广大市民派送数千份腊八粥的活动，与百姓共度佳节。为了举办好这次活动，胡庆余堂国药号一个月前便张罗腊八粥的食料，由胡庆余堂名医馆的医师开具方子、药师精选地道药材，直到腊八节前一天晚上，负责药膳的工作人员忙着把腊八粥的配料用不锈钢大盘子盛出，红色的枸杞、白色的米仁……另一边大厨们则忙着将豆角类的清蒸，米仁类的浸泡，一道道工序有序展开。胡庆余堂国药号精心熬制的腊八粥与众不同，采取独家配方熬制，腊八粥里除了常规的原料外，还专门从东北空运过来一批鲜人参，人参加入腊八粥，口感甘

图 2-61　2021 年 6 月 13 日，市民在胡庆余堂大堂参与制作香囊 / 胡庆余堂供图

甜，不会发腻，有很好的滋补功效。不过，加了名贵药材，熬制起来就要多花些时间。腊八节前夕开熬，不停地搅拌防止食料沉底结锅，通过一个晚上的熬制，出锅的腊八粥不仅香稠，而且还带有一丝药香，更具营养，能滋补养身。腊八节早晨 4 点，便有市民拿着锅碗来领腊八粥。为了方便游客领取，胡庆余堂国药号还专门配备了一次性环保碗和勺子，受到广大民众的好评。

图 2-62　2020 年 12 月 8 日，胡庆余堂腊八粥派发活动 / 胡庆余堂供图

二、中药文化进社会

（一）举办文化节

胡庆余堂至今已举办 16 届中药文化节，普及相关知识，每届中药文化节内容丰富、形式多样、社会影响大。中药文化节中的传统项目主要有吊蜡丸、手工熬膏、手工泛丸、铁船磨粉、手工切片、手工炒阿胶珠等。同时，中药博物馆举办多项临时展览，如手把手教市民包药，提供中药材真伪鉴别讲解，展示奇特野山参标本、精品阿胶、制药工具等，让游客、市民有更多机会，更直观、更近距离地了解传统中医药文化。胡庆余堂还通过网络直播形式，线上、线下同步展示中药文化，让传统中药文化走进千家万户。

图 2-63　胡庆余堂中药文化节 / 胡庆余堂供图

（二）进中小学课堂

2016 年 2 月，国务院印发《中医药发展战略规划纲要（2016—2030 年）》，提出推动中医药进校园、进社区、进乡村、进家庭，将中医药基础知识纳入中小学传统文化、生理卫生课程，同时充分发挥社会组织作用，形成全社会"信中医、爱中医、用中医"的浓厚氛围和共同发展中医药的良好格局。

胡庆余堂贯彻执行纲要提出的要求，传承和弘扬胡庆余堂中药文化，推进"中医药文化进校园"，携手中小学组织开展中医药知识讲座、中医经典诵读、知识竞赛、辨识本草、中草药标本小制作等活动。利用胡庆余堂中药博物馆、标本馆、国医馆、中医药文化科普基地开展体验式学习、游学活动，使胡庆余堂中医药更加贴近学生的学习和生活，让中小学生从书本上和实践体验中了解中医药的功效、作用和价值，进一步增强自豪感，坚定文化自信自觉。

2020 年端午节，国药号参与举办"中华优秀传统文化进校园"和"小小药剂师"活动，弘扬传统中医药文化。

图 2-64　2021 年 4 月，小学生体验胡庆余堂中药文化 / 胡庆余堂供图

图 2-65　2021 年 11 月 11 日，中学生体验中药炮制技艺 / 胡庆余堂供图

图 2-66　2021 年 6 月 14 日端午节，胡庆余堂药师给儿童点雄黄 / 胡庆余堂供图

　　胡庆余堂的耕心、戒欺、是乃仁术等独特儒学企业文化体系和经营理念，是其经久不衰、传承创新的源泉，也是浙江文化、文脉和精神的有机组成部分。148 年间，这些企业精神文化代代相传、垂范后世，树立了一块百年不倒的金字招牌。

图 2-67　2022 年 7 月 15 日，"少年中国行"大型社会实践活动 / 胡庆余堂供图

第三节　合作共赢

　　胡雪岩常说："天下的饭，一个人是吃不完的，只有联络同行，要他们跟着自己走。"胡雪岩与竞争对手讲合作、求双赢的思想，最终有利于实现各自的目的。胡雪岩不仅结交政界朋友，也结交科技界、中医药界、艺术界、宗教界及商界等各界社会朋友，这使他在后来的商业活动中每每遇到困难都能左右逢源，化险为夷。只有与各种公众保持融洽的关系，才能为企业营造一个良好的营销环境。胡雪岩在处理与政府及各种社会关系时充分体现了关系营销学。胡庆余堂几代人坚持与科技界、中医药界、艺术界、宗教界及商界等各界社会朋友往来，全国各领域著名人物前来传经送宝，互相交流文化，企业从中海纳百川，汲取精华，加强了企业文化建设，提升了企业精神文明。以下是部分著名人物在企业留下的足迹。

一、科技界

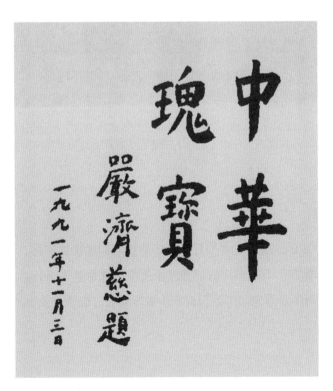

图 2-68　1991 年 11 月 3 日，中国现代物理学开拓者之一严济慈题词 / 胡庆余堂供图

二、教育界

2021 年 11 月 4 日，共同富裕——首届"胡庆余堂冯根生奖学金"颁奖仪式在浙江中医药大学滨文校区 23 号楼 101 会议室举行。胡庆余堂药业捐资 400 万元用于奖励该校中医学、中药学直博班、何任班、远志班的优秀同学。胡庆余堂一直以来秉持是乃仁术理念，发扬企业社会责任感，努力为"健康中国"建设和人民健康生活做出积极贡献，此次奖学金的设立，为中医药教育事业的发展和优秀人才培养贡献了力量。

图 2-69　2021 年 11 月 4 日，浙江中医药大学校长陈忠（左二）接受杭州胡庆余堂药业有限公司党委书记金强（左三）捐赠的"胡庆余堂冯根生奖学金"/ 胡庆余堂供图

三、演艺界

1980 年 4 月 8 日，刚成立 4 个月的上海静安越剧团来杭演出，著名越剧表演艺术家戚雅仙、毕春芳、丁兆丰、魏兰芳、潘笑笑、陈金莲等一行 6 人到位于清河坊街居仁里 9 号的胡庆余堂老药工孙国良家中做客聚餐，敬重孙国良的炮制技艺。

图 2-70　1980 年 4 月 8 日，上海静安越剧团著名演员与老药工孙国良聚餐 / 胡庆余堂供图

图 2-71　1984 年，胡庆余堂 110 周年庆典，著名越剧表演艺术家尹桂芳登台表演 / 胡庆余堂供图

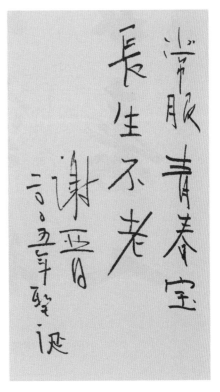

图 2-72　2005 年 12 月，著名导演谢晋题词 / 胡庆余堂供图

四、美术界

图 2-73　书法泰斗沙孟海题词／胡庆余堂供图

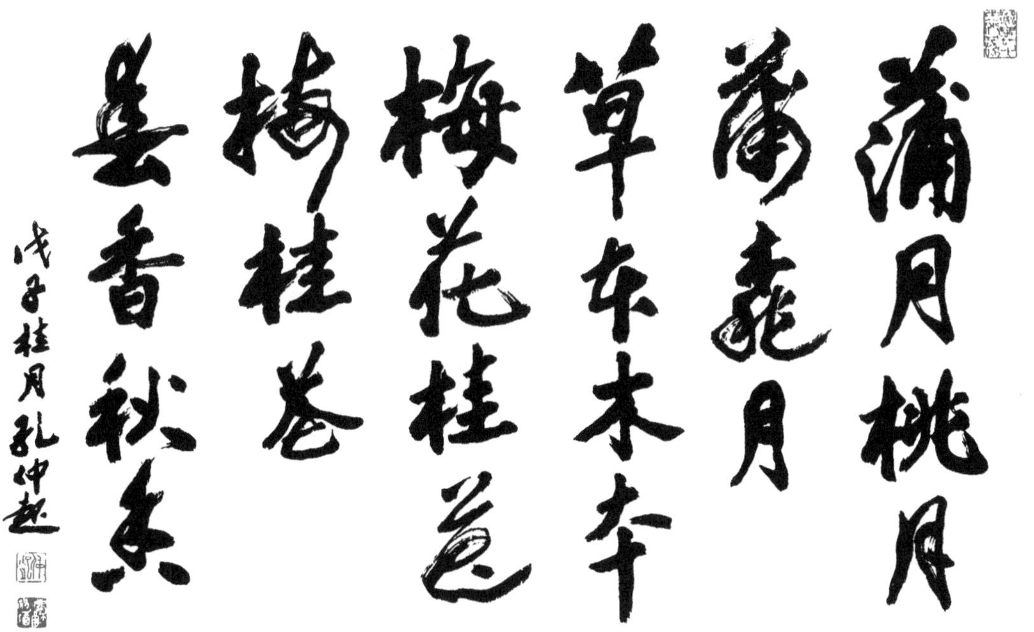

蒲月桃月
蓄龙月
草车末本
梅花桂芒
姜香秋枣

梅桂卷

戊子桂月孔仲起

图 2-74　中国美术学院资深教授孔仲起题词 / 胡庆余堂供图

图 2-75　中国美术学院资深教授吴山明绘制 / 胡庆余堂供图

图 2-76　原浙江省书法家协会副主席、西泠印社资深社员、中国美术出版界资深编审
俞建华（笔名驾沧）题词 / 胡庆余堂供图

五、邮政界

图 2-77　中国邮政首次为中药企业发行特种邮票《中医药堂邮票》/ 胡庆余堂供图

第三章 企业荣誉

　　胡雪岩开创的经营之道、经营技巧以及胡庆余堂百余年沉淀的深邃中药文化，被社会各界高度认可。企业建立了以文化战略上"定向"、发展蓝图上"定位"、工作决策上"定项"、领导班子内"定人"、员工职责上"定责"、资金投入上"定额"为内容的保障机制，加强企业品牌建设。2002年，胡庆余堂以其百年来的优质产品上榜中国驰名商标。2003年，"胡庆余堂"被认定为浙江省首届知名商号。2006年，胡庆余堂中药文化入围首批国家级非物质文化遗产名录、国药号也被商务部认定为首批中华老字号，党和国家许多领导人亲临胡庆余堂中药博物馆，并挥毫题词，殷情勉励。这些来之不易的荣誉，提升了该企业的影响力。胡庆余堂在众多老字号中能够生存并不断发展，很大程度缘于很好解决了今日品牌对历史元素的继承和融合，并不断融入符合时代发展的商业元素。

第一节　产品荣誉

一、改革开放前产品获奖

图 3–1　清光绪年间胡庆余堂纯黑
驴皮胶 / 胡庆余堂供图

图 3–2　清光绪年间胡庆余堂一斤装的
驴皮胶 / 胡庆余堂供图

1929 年 6 月 6 日，在西湖博览会上药学部陈列 200 多家厂店出品的 3000 多种药品，胡庆余堂陈列的茯苓、象贝母、泽泻、玄参、麦冬、鹿角胶、龟甲胶和虎骨胶等，修制清洁，可称上品，均获得特等奖。胡庆余堂炮制的安宫牛黄丸、十全大补丸、大活络丸、乌鸡白凤丸、人参再造丸、六神丸、全鹿丸、辟瘟丹、紫雪丹等一大批产品销往海内外。

图 3-3　1929 年 6 月 6 日西湖博览会开幕典礼 / 朱德明供图

1961 年秋，公私合营胡庆余堂制药厂腰痛片，全鹿片被批准为中成药出口产品。

二、改革开放后产品获奖

1979 年 6 月，安宫牛黄丸获得浙江省 1979 年医药优质产品称号。

1980 年 8 月 6 日，浙江省医药公司进行八个中成药品种的全省质量评比，石斛夜光丸、牛黄解毒片被评为第一名。9 月，古医牌腰痛片获得浙江省 1980 年优质产品。1981 年 12 月，腰痛片被评为 1981 年国家中医药管理局优质产品，复方抗结核片被评为 1981 年浙江省优质产品。1982 年 8 月 23 日，在浙江省医药公司中成药品种质量

图 3-4　胡庆余堂安宫牛黄丸
/ 胡庆余堂供图

评比中，六味地黄丸被评为第一名。骨刺片，获得浙江省 1982 年度优质产品称号。1984 年 12 月 25 日，古医牌腰痛片获 1984 年浙江省优质产品称号。1985 年古医牌人参口服液被评为 1985 年度国家中医药管理局优质产品。五味子冲剂被评为浙江省 1985 年度优质产品。1986 年 12 月 20 日，古医牌益视冲剂被评为浙江省优质产品。1987 年 11 月 10 日，古医牌骨刺片被评为浙江省优质产品。1988 年 9 月，古医牌参参口服液在全国首届中成药健康杯评选中获金杯奖、古医牌纯真珍珠粉获银杯奖。10 月，参参口服液获 1988 年度浙江省优秀"四新"产品一等奖。11 月，古医牌人参精口服液获国家质量银质奖。12 月 20 日，古医牌人参精口服液、被评为浙江省优质产品。古医牌石斛夜光丸被评为浙江省优质产品及被国家质量奖审评委员会授予中华人民共和国国家质量优质奖。1989 年 12 月 20 日，古医牌参参口服液被评为浙江省优质产品。12 月，古医牌腰痛片被评为国家中医药管理局优质产品。

1990 年 11 月 30 日，古医牌杞菊地黄口服液、古医牌五味子冲剂获浙江省优质产品。1991 年 4 月，矽肺片参展第二届北京国际博览会并获银奖。11 月 30 日，古医牌羚角降压片、古医牌牛黄解毒片获浙江省优秀产品奖。1997 年 10 月 30 日，取得浙江省著名商标。1999 年 1 月 14 日，胃复春片为 1998 年度杭州名牌产品。

2000 年 8 月，胡庆余堂胃复春被认定为浙江名牌产品。2001 年 3 月 6 日，"胡庆余堂"被评为浙江省著名商标。8 月，胡庆余堂胃复春被认定为浙江名牌产品。2002 年 3 月 12 日，国家商标局认定"胡庆余堂"商标为驰名商标。2003 年，"胡庆余堂"被认定为浙江省首届知名商号。9 月，胡庆余堂胃复春被认定为浙江名牌产品。2004 年 9 月，胡庆余堂牌铁皮枫斗晶被杭州市消费者协会授予"杭州市首届消费者协会推荐商品"（2004—2006）荣誉称号。2006 年 1 月，胡庆余堂牌铁皮枫斗晶被浙江省消费者协会评为推荐商品。9 月，胡庆余堂牌胃复春认定为浙江名牌产品。10 月，胡庆余堂牌蜂胶胶囊被授予 2006 年上海保健品行业名优产品。10 月，胡庆余堂牌强力片被授予 2006 年上海保健品行业名优产品。胡庆余堂牌铁皮枫斗晶被授予 2006 年上海保健品行业名优产品。2009 年 11 月 9 日，胃复春片、复方丹参片、强力枇杷露评为 2009 年度浙江省医药制剂重点品种。

2015 年，杭州胡庆余堂药业有限公司拥有国家批准生产的药品 184 个、保健食品 9 个，拥有发明专利多项。公司生产的胃复春获得"浙江制造精品"称号，胃复春、强力枇杷露获评为首批"浙产名药"，安宫牛黄丸获得杭州市名牌产品称号。2016 年 9 月，胃复春片被评为浙江省优秀工业产品。2017 年 9 月，强力枇杷露、安宫牛黄丸、无比山药丸、沉香曲被评为浙江省优秀工业产品。2018 年，杭州胡庆余堂药业有限公司取得 ISO9001 质量体系认证证书，公司生产的药品及保健食品均通过国家药品 GMP（药品生产质量管理规范）认证及浙江省保健食品 GMP 认证。2020 年，杭州胡庆余堂药业有限公司生产的安宫牛黄丸、胃复春胶囊、阿胶、沉香化气胶囊荣获浙江省优秀工业产品奖。

第二节　科研荣誉

一、21 世纪前产品获奖

1978 年，千里光片获得 1978 年全国医药卫生科学大会奖，菊花冠心片获得浙江省科技成果三等奖。1979 年 6 月，山茶子油胶丸、泽泻降脂片分别获得浙江省 1979 年科技成果三等奖。复方抗结核片获得浙江省 1979 年科技成果二等奖。

1980 年 9 月，香葵油栓、香葵油胶丸，获得杭州市 1980 年科技成果一等奖。古医牌腰痛片获得浙江省 1980 年优质产品。香葵油栓胶丸，被评为浙江省 1980 年科技成果二等奖。1981 年 12 月，腰痛片被评为 1981 年国家医药管理总局优质产品。人参抗癌片获得浙江省 1981 年科技成果三等奖。复方抗结核片被评为 1981 年浙江省优质产品。健儿膏、健血冲剂获得杭州市 1981 年优秀科技成果三等奖。1982 年 8 月，香葵油胶丸，获得 1982 年国家医药管理总局科技成果三等奖。1984 年 12 月 25 日，益视冲剂获得浙江省 1984 年科技成果四等奖。

1990 年 9 月，"抗矽片"的研究被浙江省人民政府授予 1989 年度浙江省科学技术进步二等奖。11 月 "抗矽片"的研究获杭州市科学技术进步一等奖。12 月，"抗矽片"的研究获 1990 年度国家中医药管理局中医药科学技术进步三等奖。1995 年 6 月，胃复春片、金果饮咽喉片被授予 1994 年杭州市优秀新产品、新技术一等奖。1998 年 12 月 30 日，杭州胡庆余堂制药厂与浙江省中医药研究院联合研究的科研项目《胃复春片防治胃癌前期状态和病变的研究》成果，通过了由浙江省中医药管理局组织的专家小组鉴定。1999 年 12 月 26 日，神香苏合丸获 1998 年度杭州市优秀新产品新技术一等奖。12 月，胃复春片防治胃癌前期状态和病变的研究获浙江省科技进步三等奖。

二、21 世纪后产品获奖

2000 年 2 月，"胃复春片研究及产业化"项目被浙江省中医药管理局评为科学进步三等奖。

第三节 社会荣誉

一、历年荣誉

胡庆余堂自从开设以来，虽数易其主，几经变迁，但店堂牌子未改，产品一直深受民众喜爱，不仅畅销全国，而且远销东南亚和美洲等地，在国际上享有盛誉。

1959年，胡庆余堂制药厂制丸小组，被浙江省人民政府授予浙江省先进集体。

1986年，杭州第二中药厂被浙江省人民政府授予浙江省省级先进集体。1988年，胡庆余堂制药厂被浙江省人民政府授予浙江省省级先进集体。9月16日，胡庆余堂制药厂被杭州市人民政府授予杭州市级先进企业证书。1989年，杭州第二中药厂青春宝灌封小组被评为全国医药系统先进班组。9月，胡庆余堂制药厂被浙江省人民政府授予先进企业名册。10月，胡庆余堂制药厂被评为国家二级企业。

1995年，正大青春宝药业有限公司被评为第一届全国中药行业优秀企业。

1996年10月10日，胡庆余堂被浙江省计划经济委员会列为"五个一批"重点骨干企业。1997年6月4日，胡雪岩墓列为杭州市文物保护点。1998年5月12日，国家中医药管理局公布1997年度全国中成药工业国有重点企业（五十强），杭州胡庆余堂制药厂被列为其中。

2000年，杭州胡庆余堂药业有限公司被评为浙江省医药工业优秀企业。

2004年7月，杭州胡庆余堂药业有限公司被认定为杭州市高新技术企业。10月，杭州胡庆余堂药业有限公司被授予浙江省行业放心消费品牌，被评为浙江省行业放心消费十佳企业、浙江省行业诚信满意十佳优秀企业。2005年1月，杭州胡庆余堂药业有限公司被浙江省消费者协会授予浙江省第六届消费者信得过单位。2005年，成为浙江省老字号企业协会会长单位。2007年2月，被授予2006年度中国诚信优秀诚信企业。11月，被授予2007年度浙江省食品（保健食品）龙头企业称号。12月，被评为2002—2006年度3A信用等级企业。2008年3月1日，2007年监督等级评定AA级。12月5日，被评为杭州市第三批食品（保健品、化妆品）安全信用优秀单位。26日，被评为浙江省高新技术企业（第四批）。2009年1月，被评为浙江省保健食品行业诚信企业。6月，被评为杭州十大特色潜力行业200强。

2010 年 11 月 20 日，"胡庆余堂特种邮票"首发式在吴山广场举行，由杭州市人民政府、浙江省邮政公司、杭州市邮政局、胡庆余堂联合主办。邮票收集了同仁堂、陈李济、雷允上、胡庆余堂四家著名的中药企业。2013 年 12 月 30 日，杭州胡庆余堂药业有限公司获杭州市安全生产监督管理局的安全生产标准化三级企业（其他工程）证书。2015 年，荣获浙江省守合同重信用 3A 级企业、余杭区政府质量奖、杭州市五一劳动奖状等荣誉。杭州胡庆余堂药业有限公司研发中心被浙江省科技厅认定为浙江省胡庆余堂中药现代化研究院，技术中心被认定为杭州市企业技术中心。2016 年 2 月，杭州胡庆余堂药业有限公司荣获 2015 年度浙江省保健品行业诚信企业称号。2017 年，通过"国二级"安全生产标准化评审。2018 年，胡庆余堂牌安宫牛黄丸被杭州市名牌战略推进委员会评为"杭州市名牌产品"。

2020 年，杭州胡庆余堂药业有限公司成为中华中医药学会一般团体会员单位。8 月 14 日，中华中医药学会为弘扬"敬佑生命、救死扶伤、甘于奉献、大爱无疆"的崇高精神，发挥典型示范作用，通报表扬了 46 个抗疫集体与 207 位抗疫个人，杭州胡庆余堂药业有限公司荣登抗疫集体名单，被评为抗疫先进集体、定点扶贫优秀单位。2020 年，杭州胡庆余堂国药号有限公司被评为浙江省守合同重信用企业 3A 级企业。杭州胡庆余堂天然食品有限公司被评为国家高新技术企业。正大青春宝药业有限公司被评为浙江省高新技术企业。正大青春宝药业有限公司被评为长三角营业保健行业抗击新冠肺炎疫情突出贡献企业。浙江方格药业有限公司为浙江省农业龙头企业。2021 年 1 月 15 日，中共浙江省委、浙江省人民政府印发《关于表彰新一轮浙江省示范文明城市（县城、城区）、文明村镇、文明单位、文明家庭、文明校园的通报》，杭州胡庆余堂集团有限公司获评浙江省文明单位。党建引领，筑牢文明之基；道德修炼，夯实文明之魂。秉承胡雪岩的"戒欺"等祖训的诚信制药的精神，公司坚持走百年传统中药特色与现代科技相结合之路，挖掘中医药学宝库，积极开发具有自主知识产权的中药新药，弘扬百年老店精神。胡庆余堂通过党建工作的扎实推进，开展形式丰富多彩的技能比武、劳动竞赛、文体活动，激发广大职工干事创业的工作热情，大力进行职工职业道德教育和公民道德教育，积极营造"爱国守法，明礼诚信，团结友善，勤俭自强，敬业奉献"的氛围。6 月，杭州胡庆余堂集团有限公司党委被中共杭州市委评为"杭州市先进基层党组织"。

胡庆余堂从百年前的"前店后坊"发展为现如今，已完成了以药材种植、饮片加工、药材批发、药酒生产、成药制造、美妆研发、药店连锁、中医门诊、专科医院、健康管理、科研服务、药膳保健及养生旅游等为主业的全套中医药产业格局。与其他企业不同，胡庆余堂不仅是在做大规模，更是在做大企业的品牌内涵和文化张力。经济数值只能反映企业的当前状态，而创造的价值却可以穿越岁月，永留后世。衣钵重转，薪火再续，在秉承"戒欺"等精神文化遗产的基础上，胡庆余堂正在续写新的传奇。

二、全国重点文物保护单位

1988 年 1 月，胡庆余堂以国内仅存的、保护最完好的晚清工商业性古建筑被国务院定为第三批全国重点文物保护单位。截至 1988 年，杭州仅有六和塔、飞来峰石像、岳飞庙及白塔四家获此殊荣。

图 3-5　1988 年 1 月，胡庆余堂古建筑被国务院定为第三批全国重点文物保护单位 / 朱德明摄

胡庆余堂作为具有历史风貌、人文特征和观赏价值的全国唯一一家双国宝单位，已成为杭州重要的旅游景点、省市爱国主义教育基地、青少年活动中心以及广大群众养生保健的好去处。

三、国家非物质文化遗产

2006 年，"胡庆余堂中药文化"被列入第一批国家级非物质文化遗产名录。"江南药王"胡庆余堂国药号已成为国家级非物质文化遗产代表性名录保护单位。

图 3-6　2006 年 6 月，"胡庆余堂中药文化"列入第一批国家非物质文化遗产
代表名录／胡庆余堂供图

图 3-7　2020 年 7 月 25 日，"国家英雄"称号获得者、中国工程院院士、抗击新冠
肺炎疫情中医药界代表张伯礼（前排左 11）与本书作者朱德明教授（第三
排左 6）等合影／朱德明供图

　　浙江省中药产业发展坚持中医药基础理论引领和现代化发展方向，建立了以省
级中药科研机构为核心，以中药企业为主体，以高等院校和中药创新平台为支撑的
多学科、多领域、多层次的协同创新机制。加强中药研发、种植、生产、流通关键

核心技术攻关，开展中药材道地性、资源保护与供给、规范化种植研究，从源头上提高中药材质量，推动了中医药产业高质量地发展，开展了中药商业"互联网＋"模式创新研究，构建中药现代化物流体系，依托中药高新技术产业基地或园区、药都或药谷，集聚高能级要素，引导产业集群创新，使中药产业从小型产业成长为战略性产业。

浙江省在打造"浙产好药"方面成绩显著：

一是加强了"浙产好药"的调查与研发。全省启动了第四次全国中药资源普查和种质资源保护，对39个县（市、区）进行中药资源摸底调查，比第三次普查数据多319种，目前共发现中药资源2704种。加快珍稀濒危中药材种植养殖基地、中药材良种繁育基地的建设，推进了中药材新品种选育和技术创新，强化浙产道地药材评价技术研究，推动重大新药创制。

二是推进中药材产业集聚发展。省政府把中药材列入十大历史经典产业，推进中药材种植标准化、优质化、品牌化发展，打造一批"道地药园"。浙江省基本形成了以"浙八味"为主的传统道地药材和"新浙八味"特色药材两大优势产业区。"桐乡杭白菊""瑞安温郁金""天台乌药"等一批产品获得国家原产地保护。

三是积极推进了以浙产特色中药材为主要原料的保健食品、健康饮品、化妆品、特殊医学用途配方食品的开发和生产，做大做强了铁皮石斛类、灵芝类、蜂产品类、珍珠粉类、保健酒类等区域特色优势产业，鼓励海洋动物、海洋植物等资源保健产品开发和生产，形成了一批市场竞争力强、保健功能佳、具有浙江特色的知名品牌和拳头产品。

四是加强品牌宣传。2019年，浙江中医药学会与相关医药行业组织开展"浙产名药"中成药评选和饮片评选，召开了"浙产名药"助力乡村振兴发展大会。浙江省开展了两届"浙江十大药膳"评选活动，培育了浙江药膳市场。

截至2019年，浙江省有GMP资质的中成药生产企业共113家、中药饮片生产企业68家。全省中药材种植面积80.2万亩，总产量26.2万吨，农业总产值63.8亿元，亩均产值9323.5元。2019年度中药产业工业总产值227.6亿元，中成药及中药饮片加工总产值201.3亿元。

具有148年璀璨历史的胡庆余堂，在浙江药业现代化进程中仍光彩夺目，贡献非凡。因此，我们在本篇中要厘清胡庆余堂品牌的历史成因、经久不衰的典范借鉴这两大问题，从而诠释胡庆余堂为何能成为金字招牌，给今人以榜样，给现实以借鉴。

下篇　百年基业

益寿引年长生集庆，兼收并蓄待用有余

第四章 清末时期——从创建到破产

胡雪岩是中国近代著名的红顶商人，19世纪70—80年代的中国商界名人，政治家，中国近代史上洋务运动的先驱人物之一，他对清末社会产生过重大影响，在中国近代史上占有重要地位。清同治十三年（1894），在杭州皇城根儿的吴山脚下，胡雪岩斥巨资开设了胡庆余堂药局，从地域意义上说，继承了南宋《太平惠民和剂局方》。胡庆余堂经过148年的发展，在广泛收集验方、秘方的基础上，开发出一系列富有地域特色的"胡氏中成药"，而更重要的是，形成了一套独特的"胡庆余堂中药文化"体系，148年来代代相传，垂范后世。树立了一块百年不倒的金字招牌，被誉为"江南药王"。1988年，胡庆余堂被列为国家重点文物保护单位。2006年6月，胡庆余堂中药文化被列入我国首批公布的国家级非物质文化遗产名录，受到国家保护。

第一节 胡雪岩

一、生平简介

胡光墉（1823—1885），字雪岩，幼名顺官，安徽徽州绩溪县十都湖里村人［一说浙江省仁和县（今浙江省杭州市）人］。胡雪岩从小聪颖好学，在父亲的教诲下，他很快粗通《千字文》《百家姓》。胡雪岩12岁失去父亲，挑起养育全家的重担，后来迫于生计，由亲戚推荐，告别母亲，赴杭州的信和钱庄当学徒。胡雪岩在好友柳成祥、谭则仁等人的帮助下，开了一家米行，养活家口，渡过了难关。某日，他在杭州一家茶楼偶遇"候补浙江盐大使"王有龄。王有龄心想北上"投供"加捐，苦于无钱。胡雪岩认定王有龄仕途有望，把刚收到的500两银票擅自借给王有龄，两人结拜为兄。胡雪岩回店后写了张借条，被钱庄老板按规矩赶出钱庄。王有龄北上后，在户部侍郎何桂清的推荐下，荣获浙江海运局坐办的实职。他牢记胡雪岩，请

图4-1　青年胡雪岩／胡庆余堂供图

图4-2　穿戴官服的胡雪岩／
胡庆余堂供图

他到海运局工作，协助筹办解运漕粮。胡雪岩利用浙江海运局借支20万两白银，开办了"阜康银号"，走出了白手起家做生意的第一步。后他又开办了胡庆余堂中药店，入浙江巡抚幕，为清军筹运饷械。1866年，他协助左宗棠创办福州船政局，在左宗棠调任陕甘总督后，主持上海采运局局务，为左宗棠大借外债，筹供军饷和订购军火，又依仗湘军权势，在各省设立阜康银号20多处，资金达2000万两白银，拥有田地上万亩，并经营中药、丝茶业务，操纵江浙商业，官居二品，赏穿黄马褂。清光绪九年（1883），因受各地官僚竞相提款、敲诈勒索，其产业资金周转失灵，加受外商排挤，而被迫贱卖，资产去半。胡雪岩死前被抄家，留下的资料甚少。众多产业中仅有胡庆余堂留存于世。胡雪岩一生跌宕起伏，最终一贫如洗。

胡雪岩是中国近代著名红顶商人，19世纪70—80年代的中国商界名人，政治家，徽商代表人物，中国近代史上洋务运动的先驱人物之一，协助左宗棠加强海防，并协办福州船政局，积极引进西方先进机器设备和技术，力助左宗棠开发大西北，收复新疆。他还推行慈善事业，从日本购回中国流失海外的文物。他创立"胡庆余堂雪记国药号"金字招牌，并树立了"诚信""戒欺"的商界榜样，是中国近代社会推行慈善事业的楷模，为国为民做了一系列善事，因而赢得了"江南药王"美誉。

胡雪岩功成名就的重要原因是他能放眼世界，审时度势，适应中外冲突与交融世态，探究清末经济走势，融入官场，目光敏锐，性情温和，胸襟宽阔，敢于风险投资，不断学习，行事果断，诚信经商，善于用人，体恤民情。胡雪岩说："一个人最大的本事，就是用人的本事。"他秉持"用人之长，容人之短，不求完人，但求能人"的用人观。左宗棠奏折曰："道员胡光墉，素敢任事，不避嫌怨。从前在浙历办军粮、军火，实为缓急可恃。臣入浙以后，委任益专，卒得其力。实属深明大义不得多的之员。"

他被称为中国封建社会最后一个传奇商人、富可敌国的"红顶商人"。人称"为官须看《曾国藩》，为商必读《胡雪岩》"。他对清末社会产生过重大影响，在中国近代史上占有重要地位。

二、家族谱系

胡雪岩的父亲胡鹿泉，号芝田，为乡贤名士。家有几亩田地，胡鹿泉隐居不仕，过着自给自足的乡野生活。胡雪岩在家中排行老三，共有 5 兄弟，2 个哥哥名不见经传，3 个弟弟为胡月桥、胡秋槎、胡鹤年。清道光十五年（1835），胡雪岩 12 岁那年，父亲胡鹿泉病逝。

胡雪岩生前妻妾众多，胡雪岩有三子五女，长子胡楚三 19 岁便早殁，次子胡缄三育有两子，三子胡品三育有四子。胡雪岩的小儿子胡品三喜爱丹青，颇为超脱，妻子朱太夫人书香门第，诗画文字俱佳。胡萼卿是胡品三的长子，在孙辈中年岁最大，是胡雪岩的长孙，他资质聪颖，中了前清的举人，后留学日本，加入了同盟会。胡雪岩的第五代孙女胡筱梅曾获得时任上海市市长陈毅签发的"上海市第一届优秀教师""上海市第一届三八红旗手"称号。胡雪岩临终前曾对儿子们说：白老虎可怕。意即白花花的银两害人，经商是最有风险的事情。胡雪岩的直系后代有 200 多人，分布在 7 个国家，几乎不经商，主要从事科学研究和教育工作。

图 4-3　1940 年，胡雪岩曾孙胡亚光一家在上海 / 胡庆余堂供图

三、钱庄生涯

清咸丰七年（1857），英国人在沪上开设了麦加利银行，开启中国现代银行业。之前，中国金融业被山西帮、宁绍帮两大集团掌控，山西帮所开金融机构称"票号"，宁绍帮称"钱庄"。在清同治至光绪初年，全国最大的一家金融机构，是胡雪岩创设的阜康钱庄。

图4-4 胡雪岩继承钱庄 / 胡庆余堂供图

清道光十六年（1836），13岁的胡雪岩就孤身外出闯荡，先后在杭州杂粮行、金华火腿商行当过小伙计，到杭州信和钱庄当学徒。从扫地、倒尿壶等杂役干起，三年师满后，就因勤劳、踏实成了钱庄正式的伙计。

清道光二十二年（1842），19岁的胡雪岩被杭州阜康钱庄于掌柜收为学徒，于掌柜没有后代，把办事灵活的胡雪岩当亲生儿子看待。于掌柜弥留之际，把钱庄悉数托付给胡雪岩。这所价值5000两银子的钱庄归于胡雪岩，是其经商所获的第一桶金。

阜康钱庄的最初本钱来自王有龄的海运局，实际资金2万。后来阜康钱庄就代理了浙江省公库，发展迅猛。胡雪岩又相继介入了蚕丝、典当、药店等行业，而钱庄是他资金的来源。阜康钱庄是胡雪岩的金融平台，也是其核心产业。与一般钱庄不同的是阜康钱庄拥有两大特殊资金来源：一是数额庞大的委托理财。二是巨额公款，包括"西征借款"及其他公款存款。

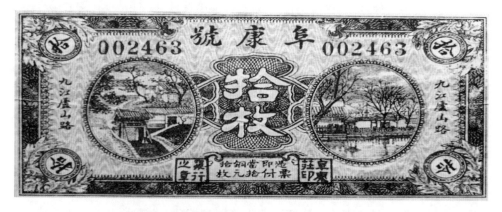

图4-5 阜康钱庄银票 胡雪岩旧居藏 / 朱德明摄

四、政府扶持

胡雪岩公关意识鲜明。他与官场、洋场、商场的关系都很好。他说："要想市面做得大，自然要把关系拉得紧。"胡雪岩从交结王有龄开始，到与江苏学台何桂清（后任两江总督）结交，再依靠左宗棠为后台，在官场上，胡雪岩游刃有余。通过古应春，胡雪岩与英、德、法等外国商人的关系也很热络。在商界，他以讲究信用著称，与一些钱庄搞"联号"。胡雪岩还与"漕帮"关系密切，情同兄弟，"漕帮"的头面人物都称他"小爷叔"。有了"漕帮"这层特殊关系，运输、劳力等问题就迎刃而解。他说："我的市面要摆到京里，摆到外国，人家办不到的，我办得到，才算本事。"胡雪岩善于运作资金。他说："所谓'调度'，调就是调动，度就是预算，预算什么时候有款子进来，预先拿它调动一下，这样就走在别人前面了。"他把蚕丝做抵押，取得资金，再做另一笔生意。到时蚕丝卖出，另一笔生意已赚了钱。

清道光二十八年（1848），26岁的胡雪岩结识候补浙江盐大使王有龄。清咸丰元年（1851），王有龄奉旨署理湖州知府一职，不久后调任杭州知府。在王有龄任湖州知府期间，胡雪岩开始代理湖州公库，在湖州办丝行，用湖州公库的现银扶助农民养蚕，再就地收购湖丝运往杭州、上海，脱手变现，再解交浙江省藩库，从中不需要付任何利息。接着，他说服浙江巡抚黄宗汉入股开办药店，在各路运粮人员中安排承接供药业务，推动药店快速发展。

清咸丰十年（1860），胡雪岩37岁时，王有龄升任浙江巡抚，其感恩图报，鼎力相助胡氏的阜康钱庄。之后，随着王有龄的不断高升，胡雪岩的生意也越做越大。除钱庄外，还开起了许多的店铺。清咸丰十年（1860）的庚申之变，成为胡雪岩大发展的起点。

在庚申之变中，胡雪岩处变不惊，联合军界，大量的募兵经费存于胡氏的钱庄中，后又被王有龄委以办粮械、综理漕运等重任，几乎掌握了浙江一半以上的战时财经。

清咸丰十一年（1861）十一月，太平军第四次攻占杭州，时年38岁的胡雪岩受王有龄之托到上海购运军火、粮食接济清军受阻。12月，杭州城破，王有龄因丧失城池而自缢身亡，胡氏顿失依靠。便通过浙江布政司使蒋益澧等人，投靠新任浙江巡抚左宗棠。

清同治元年（1862），胡雪岩获得新任闽浙总督左宗棠的信赖，被委任为总管，主持杭州城解围后的善后事宜及浙江全省的钱粮、军饷，使阜康钱庄大获其利，由此走上官商之路。胡雪岩成为左宗棠的股肱，左宗棠也成了胡雪岩安身立命的靠山。

胡雪岩常往来于宁波、上海等洋人聚集的通商口岸。他在经办粮台转运、接济军需物资之余，还抓住与外国人交往的机会，为左宗棠训练军队约千余人，全部是用洋枪洋炮装备的常捷军。这支军队曾与清军联合进攻过宁波、奉化、绍兴等地。

清同治三年（1864），自清军攻取浙江后，许多官员将财产存寄在胡雪岩的钱庄中。他以此为资本，从事贸易活动，在各市镇设立商号，利润颇丰，短短几年，家产已超过千万。

太平军灭亡后，胡雪岩的银号开进杭州，专门为左宗棠筹办军饷和军火。依靠湘军的权势，他在各省设立阜康银号20多处，同时兼营药材、丝茶，开办了至今仍在营业的胡庆余堂中药店，操纵江浙商业，资金最高达二千万两以上，成为杭州首富。

清同治五年（1866）八月十七日，左宗棠调任陕甘总督，受命"剿办"西北回民起义，胡雪岩则被委以"上海采办转运局委员"一职，专管西征大军的后勤供应。西征期间，胡雪岩为左氏筹借巨额洋款以济军事，朝廷嘉许赏胡雪岩二品红顶、黄马褂，使其成为显赫一时的红顶商人。左宗棠对胡雪岩的信任始终不减，视如心腹；胡雪岩则依仗与左氏的宾主关系，在扩大胡庆余堂中药店规模的同时，又在东南各省开设泰来钱庄与阜康票号，分号遍布大江南北，吸引了为数众多的官商以巨资托存于胡氏庄号，时人称赞胡雪岩为"活财神"，盛极一时。

清同治五年（1866），胡雪岩协助左宗棠在福州开办福州船政局，成立中国史上第一家新式造船厂。就在船厂动工不久，西北事起，朝廷突然下令左宗棠调任陕甘总督。左宗棠赴任之前，一面向朝廷推荐江西巡府沈葆桢任船政大臣，一面又竭力推荐胡雪岩协助料理船政的具体事务。

清同治八年（1869）秋，船厂的第一艘轮船"万年清"号下水成功。这艘轮船从马尾试航，一直行驶到天津港，当人们首次看到中国制造的轮船时，万众欢腾，洋人也深感惊奇。

清同治十年（1871）初，"镇海"号兵轮又下水成功，远在边陲的左宗棠得知，特致函胡雪岩："闽局各事日见精进，轮船无须外国匠师，此是好消息……阁下创议之功伟矣。见在学徒匠日见精进，美不胜收，驾驶之人亦易选择，去海之害，收海之利，此吾中国一大转机，由贫弱而富强，实基于此。"

清同治十一年（1872），阜康钱庄支店达20多处，遍布大江南北，资金2000万余两，田地万亩。由于胡雪岩辅助左宗棠有功，曾授江西候补道，赐穿黄马褂，成为典型的官商。

清光绪元年（1875）五月，清政府任命左宗棠为钦差大臣，督办新疆军务。出关粮运经费，每年约计白银 200 多万两，加上西征军官兵的饷银，每年共需经费 800 多万两白银。左宗棠委托胡雪岩筹款，胡雪岩旗下的阜康钱庄又恰好与英国渣打银行有生意往来，于是胡雪岩亲自出面，向其借款。胡雪岩以江苏、浙江、广东海关收入为担保，为西征筹得第一笔借款 200 万两，开中国政府商借外债的先例。此后更是如法炮制，依靠自己在上海滩生意场上的商业信誉，先后四次出面向汇丰银行等英国财团借得总计白银 1595 万两，解决了西征的经费问题。胡雪岩还送给西征将士胡氏辟瘟丹、诸葛行军散、八宝红灵丹等大批药材，免去了将士们水土不服之虞。左宗棠赞曰："雪岩之功，实一时无两。"清光绪三年（1877），胡雪岩帮左宗棠创建兰州织呢总局，是中国近代史上最早的一所官办轻工企业。

左宗棠评价胡雪岩曰："转运输将毫无贻误，其经手购买外洋火器必详察良莠利钝，伺其价值平减，广为收购……现在陆续运解来甘者大小尚存数十尊，后膛马步枪亦数千杆，各营军迅利无前，关陇新疆速定，虽曰兵精，亦由利器，则胡光墉之功，实有不可没者。"在左宗棠西征大军资金和粮食短缺时，胡雪岩挺身而出，不辞劳苦担负起筹借洋款的重任，协助左宗棠守住新疆，表现了崇高的爱国情怀。清光绪四年（1878）新疆平定，左氏载誉回京，朝廷论功行赏，于清光绪四年（1878）四月十四日，与陕西巡抚谭钟麟联衔出奏，赞胡氏功绩"实与前敌将领无殊"，请朝廷赏胡光墉黄马褂。同年五月三十日，清廷以江西候补道胡光墉捐输巨款，历年购买西征军火劳绩，赏穿黄马褂，并以军功赏加布政使，衔从二品文官，赐头品顶戴，胡雪岩从一个江西候补道而擢升按察使、布政使直至头品顶戴，并总办"四省公库"，成为著名的"红顶商人"。

清光绪七年（1881），胡雪岩因协助左宗棠平叛阿古伯叛乱、收复新疆有功，被授予布政使衔（三品），紫禁城骑马，赏穿黄马褂，官帽上可带二品红色顶戴。胡雪岩虽身蛰洋务运动时期，通过资助和交友王有龄、黄宗汉、何桂清、左宗棠等朝廷重臣和地方官吏，为他们出谋划策，出资出力，把他们的功名利益与自己拴在一起。浙江巡抚王有龄、两江总督何桂清的升迁需要胡雪岩；朝廷重臣左宗棠的平定新疆阿古柏叛乱仰仗胡雪岩。胡雪岩赚钱，一类是借助政商关系的特殊生意，如为政府采购军火、机器，筹措外资贷款等；另一类则是正常生意，如钱庄、当铺、生丝、药局等，但最终常态经商败在政商交结上。

五、创办药号

清同治十三年（1874），胡雪岩筹备胡庆余堂药号，它是前店后场的作坊型企业，地处杭州历史文化街区清河坊街，古建筑占地 8 亩，面积 4000 平米，耗白银

图 4-6 清末杭州胡庆余堂 / 朱德明供图

30 万两。清光绪二年（1876）于杭州涌金门外购地 12 余亩，建成胡庆余堂雪记药号第一胶务处（现中国美术学院院址），后又购地 10 余亩建成第二胶务处。

清光绪三年（1877），在大井巷内建造胡庆余堂雪记药号铺房，清光绪四年（1878），55 岁的胡雪岩成立"胡庆余堂"药号，正式营业。胡庆余堂在尚未开始营业前就在《申报》上做广告。1878 年春，利润成倍。清光绪五年（1879），胡庆余堂资本达到 280 万两银子，与北京同仁堂南北相辉映，有"北有同仁堂，南有庆余堂"之称。而胡雪岩也因不耻下问、勇于探索，以一个钱庄出身、不熟悉药业的身份在中国药业史上留下了光彩夺目的一笔。

六、破产倒闭

清光绪八年（1882），胡雪岩在上海开办蚕丝厂，耗银 2000 万两，随着生丝价格日跌，胡氏企图垄断丝茧贸易，却引起外商联合抵制。胡雪岩先高价尽收国内新丝数百万担，占据上风。但欧洲意大利生丝突告丰收，中法战争爆发，金融危机突然爆发，胡雪岩回天无力。清光绪九年（1883）夏，他被迫贱卖生丝，亏耗 1000 万两，家资去半，周转不灵。在危难之时，清廷既没有扶助，又不敢对洋人稍加抑制，而清代官吏却趁火打劫。当时上海海关有一笔由胡雪岩担保的借款到期，听说胡雪岩经营生丝失利，经济困难，上海海关竟拒付本息，外商就向胡氏索债，胡氏周转不灵的风声四起，京沪各地官吏竞相提款，引起了全国金融风潮。

1883 年中法战争爆发，后战争扩大到福建和台湾，造成东南沿海商人的巨大恐慌，许多人被迫廉价变卖家产，包括先前高价囤积的蚕丝，并且纷纷到钱庄提取现款。消息传到北京，清光绪九年（1883）十一月，顺天府尹毕道远等上《阜康商号关闭现将号伙讯究各折片》，告知朝廷京城阜康银号倒闭的消息。12 月 5 日当晚，北京分部门口"取银之人拥挤不断"，第二天就倒闭了。接着，上海、杭州、宁波、福州、镇江及湖北、湖南各地的阜康各字号全部倒闭。6 日，清廷下旨让时为闽浙总督的何璟、浙江巡抚刘秉璋密查胡雪岩资产，以备抵债。经过将近一个月的查访，清廷大概获知胡雪岩欠款及资产情形，谕旨中"亏欠公项及各处存款为数甚巨"，"有典当二十余处，分设各省；买丝若干包，值银数百万两"，这是查访结果。

由于胡雪岩无法还清朝廷官吏的巨额存款，官吏纷纷请求追缴。清光绪九年（1883）十一月二十八日，清廷根据御史奏劾，下谕旨："该商号江西候补道胡光墉着先革职，即着左宗棠饬提该员严行追究，勒令将亏欠各地公私款项赶紧逐一清理，倘敢延缓不交，即行从严治罪。"清廷将胡雪岩革职，迅速展开对胡氏阜康破产案的清查追缴，案件范围仅限于尽量追收胡氏庄号破产亏欠的公私款项。

浙江巡抚刘秉璋接到清廷谕旨后，亲自带队到胡雪岩家贴封条，并命候补州县29人接收胡氏在浙江的各分号。

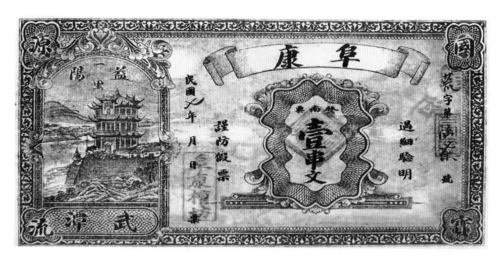

图 4-7　阜康钱庄银票　胡雪岩旧居藏 / 朱德明摄

虽然阜康票号倒闭了，但清廷官员并未罢休，最典型的当属文煜。文煜在阜康中寄以巨金。清光绪十年（1884）为归还清廷皇族、光绪皇帝的叔父、刑部尚书协办大学士文煜的存款，胡雪岩将胡庆余堂抵给文煜。清光绪十年正月初七日（1884年2月3日），清廷下旨催促左宗棠加紧清理。左宗棠确实曾派人去查封杭州胡雪岩的当铺、商号等，并向清廷奏报。

清光绪十一年七月二十七日（1885年9月5日），左宗棠在福州病逝，胡雪岩更失去靠山，十一月十二日户部尚书阎敬铭又奏请："一面速将已革道员胡光墉拿交刑部严定拟治罪，一面将胡光墉家属押追着落，扫数完缴。"当时奉旨"依议"，可胡雪岩在圣旨传到之前的当月初一，在贫恨交加中郁郁而终，于杭州病逝，享年63岁。

胡雪岩一生辉煌，富甲天下，但最后一败涂地，囊空如洗。死后为避寻仇祸端，连丧葬都不敢张扬，最终陪伴他的唯有七尺桐棺（梧桐板所制的劣质棺材），一灯如豆。等浙江巡抚院奉旨督促仁和、钱塘两县前去查看时，只见桐棺七尺停放在堂，灵帏圣地光如豆。经逐一细点，只剩桌椅、板凳、箱橱各项木器，别无银钱细软贵重之物，查问家属胡乃钧称："所有家产前已变抵公私各款，现今人亡财尽，无产可封。"胡庆余堂的全部财产及在元宝街的整座旧居抵债给最大的债权人刑部尚书、协办大学士文煜。文煜仅以50万两的存款，从胡雪岩手中获取数百万价值的胡庆余堂和占地10亩、价值数十万两的豪宅胡雪岩旧居，获得极丰。

文煜接办胡庆余堂后，聘张筱浦、许奎圃为驻店代表，委任王文联为经理，其经营方针照旧不变。文煜通过杭州知府在胡庆余堂大门张贴告示，严禁债主上门索债。1883 年 12 月 19 日《申报》刊登相关信息：“倘有阜康各案，一概不得向该堂理论。故生意仍见热闹。”

清光绪二十五年（1899），文煜后人志静轩与胡雪岩后人胡品三订立契约，正式将胡家在元宝街的老屋归为文家物业，文家从胡庆余堂分 18 股红利，作为胡家后人的生活费。而胡雪岩被清廷查封的贵重家当，也从官员手中流入到民间，一代巨商最终陨落。

第二节　胡雪岩旧居

一、创建

胡雪岩旧居，建于清同治十一年（1872），地处杭州市河坊街、大井巷历史文化保护区东部的元宝街 18 号，此处有一条宽 100 多米的狭窄石板小巷，呈东西走向，两头低中间高，呈元宝状，相传是杭州藏宝之地，又与胡庆余堂隔街相望，相距步行只需 8 分钟，宜于上下班。元宝街周边是轮船码头，水陆交错，又镶嵌着明代建成的许广和药号、朱养心药室及众多药材行，胡雪岩选中这块依山傍水、交通发达、办公居住相近、中医药行业林立的风水宝地建造豪宅，目光深邃。而且胡雪岩旧居与胡庆余堂药店完工时间接近，旧居和药店是同一工程、同批施工人员。由当时国内最负盛名的湖北籍园林建筑设计师尹芝设计。高高的封火墙下，并不显眼的石库门就是胡宅的大门，设在宅院主轴线的东南方，藏而不露，符合风水学说，预兆仕途发达。漆黑的大门，厚重严实。门环上两只铜狮头栩栩如生，狮子被奉为神兽，象征威严和财运。旧居施工 3 年，于 1875 年竣工，一座富有中国传统建筑特色又颇具西方建筑风格的江南园林宅第现世，整个建筑南北长、东西宽，占地面积 10.8 亩，建筑面积 5815 平方米。

图 4-8　杭州市上城区元宝街 / 朱德明摄

图 4-9 全国重点文物保护单位胡雪岩旧居 / 朱德明摄

旧居无论是从建筑还是从室内家具的陈设，用料之考究，堪称清末中国巨商第一豪宅，媲美帝皇宫殿。经浙江省林业厅及国家级专家对原有老建筑的木料取样化验鉴定，发现原有建筑均以银杏木、楠木、酸枝木、紫檀木、南洋杉、中国榉木等名贵材料构造。清同治年间，正值胡雪岩事业的巅峰时期，据传旧居芝园内的假山施工，用银达 10 多万两，旧居总造价在 50 万两白银以上。浙江巡抚到胡家豪宅，也需在大门外下轿。

二、布局

胡雪岩有正房和十二位姨太太（即东楼十二钗），旧居建筑设计也相应配套有十三座楼和一个芝园，分左、右两边，右边是全家起居饮食的地方，左边是园林休闲区，符合了全家日常的衣食起居要求。胡雪岩旧居采用了中国江南传统宅第的对称布局：中轴区为待客厅堂，由轿厅、正厅（百狮楼）、四面厅组成；右边是居室庭院，以"载福堂"等四堂二院一厅等建筑组成，并配有厨房、下房、地窖等功能性设施，由楠木厅、鸳鸯厅、清雅堂、和乐堂、颐夏院、融冬院组成，供成群妻妾居住；左边以芝园为主题，由三堂三院一厢等建筑构成，其间有回廊相连，曲池相通。整个旧居布局紧凑，构思精巧，居室与园林交错，亭、台、楼、阁，高低错落，典雅相宜。更有碑廊、红军石栏、小桥、水亭。古宅内有芝园、十三楼等亭台楼阁。芝园怪石嶙峋、巧夺天工，其中的假山为国内现存最大的人工溶洞。进入旧居，那回旋的明廊暗弄、亭台楼阁、朱扉紫牖、精雕门楼、庭院井溪、峭壁假山、小桥流水，使人置身仙境；而百狮楼、锁春院、怡夏院、洗秋院、融冬院、延碧堂、载福堂、和乐堂、清雅堂千姿百态；砖雕、石雕、木雕、堆塑、书画无不精美绝伦。旧居内还有董其昌、郑板桥、唐伯虎、文征明等名家的书法石刻，轿厅内的两顶做工考究的红木官轿价值连城。而厅内梁架用银杏木制成，芝园假山上的"御风堂"是当时杭城的最高建筑。和乐堂柱子用南洋杉、栏杆为紫檀木、格窗用花梨木等制成，每间房都有精美的砖雕门洞，刻画着神仙、动植物等形象。楠木厅的梁柱、窗棂、雕饰均用名贵的楠木制成，堪称奇楼。胡雪岩旧居大到亭台楼阁，小到木雕石刻，用料和工艺都极为奢华讲究，尤其是庭院假山建造得别致细腻，"厅事间四壁皆设尊罍，略无空隙，皆秦汉物，每值于金，以碗沙捣细涂墙，扣之有棱，可以百年不朽"。整座旧居内种植了 32 科 43 属 52 种植物，以乔木、灌木为主，将江南园林的建造法式发挥到了极致。

图 4-10　清同治帝"勉善成荣"轿厅御书匾 / 朱德明摄

图 4-11 "修德延贤" 门楼 / 朱德明摄

图 4-12 御风楼 / 朱德明摄

图 4-13 延碧堂 / 朱德明摄

三、破损

胡雪岩去世后，旧居几易其主，历经沧桑。1903 年，胡家以 10 万两白银将胡雪岩旧居抵债给刑部尚书协办大学士文煜，文煜又卖给了浙江兴业银行的老板蒋抑卮。蒋抑卮将楠木厅的楠木拆下，运到杭州羊坝头的兴业银行，做了柜台。1911 年后，浙江军政府没收了这处房产，军阀进驻胡雪岩旧居，旧居内很多优质木材雕刻而成的精美建筑构件遭盗卖。

1958 年，蒋家后人将胡雪岩旧居租给青年中学。青年中学迁出后，旧居又由杭州市文化局管理，供杭州艺术专科学校使用，后又接连成为杭州话剧团、曲艺团、歌舞团等工作场地。20 世纪 70 年代，旧居的轿厅、正厅和芝园成了杭州刀具厂办公场地。不久，文艺团体陆续搬出，成了这些单位的家属居所，和乐堂和清雅堂拥挤着 135 户居民。至 20 世纪末，胡雪岩旧居已破败不堪，建筑、文物严重损毁，原建筑仅剩约 50%。

图 4-14　20 世纪末，胡雪岩旧居建筑之一 / 朱德明摄于胡雪岩旧居陈列厅

图 4-15　20 世纪末，胡雪岩旧居建筑之二 / 朱德明摄于胡雪岩旧居陈列厅

四、修复

1999 年初，杭州市政府决定重修胡雪岩旧居，总投资 6 亿元人民币，由杭州市园林文物局文物保护所主持了复原性修复工作。杭州籍著名建筑师沈理源在 1920 年测绘的胡雪岩旧居平面图和中国建筑历史研究所早期的相关图照，成为修复的依据。相关人员敲出了被封死的圆洞门，凿出了被封存的砖雕，挖出了被填平的池塘，撬出了被泥掩的青石板。罗哲文、杨鸿勋、郭黛姮等国内著名文物建筑专家全面考古发掘，地面都打开，测绘设计。胡雪岩旧居的修复是严格遵循"修旧如旧"原则，按原貌、原结构、原营造法式、原雕塑工艺、原使用材料重展 120 多前的辉煌。

图 4-16　1999 年芝园等考古场地 / 朱德明摄于胡雪岩旧居陈列厅

2001 年 1 月 20 日，胡雪岩旧居经过测绘、考古、设计和维修，500 多名工人历经 16 个月的昼夜奋战，面貌一新的胡雪岩旧居对外开放。

值得一提的是在旧居修复决策时，原中国建筑史学会理事长杨鸿勋坚持原状修复。在旧居修复基本竣工时，原国家文物局罗哲文给予高度评价，认为胡雪岩旧居的修复，为"中国文物建筑维修的典范"。

第三节　胡雪岩墓地

一、废弃

胡雪岩祖父胡国梁、周太太夫妇之墓在杭州市西湖区龙井村戚家岭陈大头山西坡，该墓依傍山林建造，墓前竖立石人、石马，牌坊及华表精美。1964年该墓被毁，20世纪90年代初期，又被盗墓，变成一无所有、杂草丛生的空墓，仅剩一块残碑。墓碑用料为太湖石，宽2.6米、高1.1米、上厚0.3米、下厚0.38米，现陈列于胡雪岩旧居。

二、探寻

1992年4月26日，胡雪岩墓地所在地由原胡庆余堂干过炒药、配方、切胶、制丸等工种的老职工赵玉城寻得。赵玉城在鹭鸶岭上的一座面向西北、野草丛生、只外露两个洞穴的荒坟前，发现了一块断碑，长120cm、宽70cm、厚60cm。碑文显示：向兼子午、丙午，分金大夫晋封荣。考雪岩府君晋封一品夫。太夫人、晋封夫人显，合葬之。这34字碑文与胡氏家谱文字相符，证实这一墓穴正是胡雪岩与夫人陆氏、章氏之墓。后赵玉城将胡雪岩墓残碑运回胡庆余堂制药厂，作为重建胡雪岩墓依据，却被原胡庆余堂领导丢弃在乌龙庙仓库里，后又被搞基建的土建队当废石砸碎，损毁了一件有关清末杭州商业及杭州中医药的极其珍贵的文物。

三、重建

胡雪岩父母胡鹿泉夫妇合葬之墓在杭州市西湖区闲林埠留下镇黄泥坞附近的荆山岭上。胡雪岩墓则位于浙江省杭州市西湖区转塘街道中村（原泗乡）杨家门鹭鸶岭，由胡雪岩后代在1905年3月修建，后被毁。

中国青春宝集团董事长冯根生接管了濒临破产的胡庆余堂后，向全体员工训戒："胡庆余堂职工不能忘记自己的老祖宗，不能不尊重自己的老祖宗！"随在杭州市政府大力支持下，1997年4月4日清明节，修葺一新的胡雪岩墓在鹭鸶岭重展雄风，中国青春宝集团杭州胡庆余堂制药厂盖立《胡公祭》《重修胡公墓碑记》等，赵玉城撰写碑文，原浙江省书法家协会主席郭仲选书写碑记，后墓地成为杭州市重点文物保护单位。

图 4-17　胡雪岩墓／朱德明摄

第四节　胡庆余堂

一、创建时的中医药氛围

胡庆余堂的开创与胡雪岩深受杭州悠久中医药文化的熏陶、身处乱世而兴济世救人之念有着密切的关系。

（一）陶冶杭州中医药文化

自古迄 1840 年，杭州医药的发展，其实是一部杭州中医药起源与发展史。距今8000 ～ 7000 年的萧山跨湖桥遗址出土了中药材和草药罐，开启了杭州中医药发展征途。相传黄帝时大臣、药学家桐君结庐于桐庐县东山隈桐树下采药行医，后有《桐君采药录》和《药性》。东晋葛洪在杭州葛岭、灵隐等处炼丹制药，至今留有炼丹遗迹。南北朝南齐时，杭州名医云集，出现了"武林为医薮，大作推钱塘"的盛景。宋室南迁临安（今杭州），北方名医相随来杭，名医荟萃，推动了杭州中医药学腾飞。明清时期，杭州中医流派纷呈，中药店堂众多，百药云集。杭州籍中医药名家众多，有徐道度、裴宗元、沈括、王介、陈沂、沈好问、严防御、嵇清、吴恕、罗知悌、陶华、楼英、张遂辰、陈元赟、戴笠、卢复、卢之颐、陆沂、赵学敏、胡文焕、高世栻、张锡驹、吴尚先、吴仪洛、魏之琇等，在全国中医药学家中占据重要地位。中医药名著有《太平惠民和剂局方》《苏沈内翰良方》《梦溪笔谈》《履巉岩本草》《串雅内编》《串雅外编》《本草纲目拾遗》《遵生八笺》《本草乘雅半偈》等，在中医药学理论发展史上举足轻重。杭州药材极其丰富，品种繁多、质量上乘，有

图4-18 清代胡庆余堂药罐 / 朱德明摄

"杭十八"等道地药材。杭州中医药发展的总体水平，在南宋之前比较落后，南宋开始逐渐跃居全国前茅，明清时期成为中医药发展最发达的市区之一。清河坊街是杭州最著名的历史街区，南宋御街穿行而过，因周边曾为历代商业文化中心，又依傍吴山、西湖，地理优越，从南宋到明清时期，这一带已形成了一条"药铺"长廊，有南宋的保和堂、明朝的许广和药号、朱养心膏药店，这些药店继承了宋代《太平惠民和剂局方》的行业规范和中药炮制技艺，使杭州成为中医药最繁荣的地区之一。胡雪岩深受杭州悠久中医药文化的熏陶，在清河坊大井巷创建了胡庆余堂。清河坊街及周遭先后出现了清末杭城"六大家"，即胡庆余堂、叶种德堂、方回春堂、张同泰、万承志堂、泰山堂药店。因此，一条清河坊街，与其称谓"清河坊历史文化特色街"，还不如改称"清河坊中医药一条街"。因街上主要以中医药店堂古建筑撑起门面，群堂争辉。

（二）优越的地域方位

胡庆余堂坐落于杭州市上城区大井巷北口，石库大门坐西朝东，它南依吴山北麓，自大井巷可登道上山，向南移步连中山中路、鼓楼一带，通达南星桥和浙江第一码头。向北紧接河坊街，沿街西行直达西湖。当时钱江渡船码头设在望江门外江边，东南各地农村居民来杭进香，大井巷是上城隍山的必经之路。吴山是当时城内寺观最集中地区，庙宇林立，香火缭绕，每年春季各地香客云集，热闹非凡，大批来自下三府（杭嘉湖一带）及上八府（宁绍金地区）香客，除到灵隐寺、昭庆寺等大寺庙烧香拜佛外，主要的佛事都在吴山各寺观内举办，清河坊街上一带商铺林立，车水马龙。因此，胡雪岩将胡庆余堂建在大井巷口，有利于医药营销，事实也证明

了这一点。每年大批香客必到胡庆余堂采购药品日常备用，药品、滋补品营销旺盛。

（三）广施药品

在胡雪岩的主持下，胡庆余堂推出了十四大类成药，并免费赠送辟瘟丹、痧药等民家必备的太平药，在《申报》上大做广告，使胡庆余堂在尚未开始营业时就已名声远播。胡庆余堂开张的前三年，在杭州的水陆码头，活跃着一支身穿胡庆余堂号衣的队伍，他们一面大声高喊着胡庆余堂的店号，一面向上岸、下车的客商、香客奉送痧药、八宝红灵丹等太平药。使外来人一到杭州，

图4-19　明末清初杭州清河坊街上的许广和药号、叶种德堂药目/朱德明藏

就知道有一家胡庆余堂。据说，这三年仅施舍"太平药"一项，竟达十万两纹银。胡雪岩就用这一举措，撑起了胡庆余堂"悬壶济世"的幡旗。

二、药店开张

清同治十三年（1874）一月，胡雪岩在杭州直吉祥巷九头间设胡庆余堂雪记国药号筹备处，并聘请当时江苏松江县（今上海市松江区）余天成药号经理余修初负责筹建。在办店方针、择地造屋、经营特色、内部管理诸方面，创办人都做了精心筹划，之前创办人邀集各药业巨头，广泛征求意见，最后采纳了余天成药号经理余修初创办大规模企业，自制丸散膏丹到门市全面经营的主张，并聘余修初负责筹备。

胡庆余堂开张那天，胡雪岩在营业大厅的门楣上，挂上了一块特殊的匾额"药局"。过去的药业一般分为三类，向产地直接进货称作药号，做批发称谓药行，零售商呼为药店。而"药局"是指南宋官方制药机构——太平惠民和剂局。胡雪岩凭借"二品顶戴"的官衔，经清政府默认，才敢在私人药店仿官方制药机构悬挂"药局"牌匾，旨在传承南宋官方炮制药材的意蕴外，彰显其"一统中药天下"的胆略。

胡庆余堂开张之日，顾客盈门，生意兴隆。创办人胡雪岩补褂朝珠、翎顶辉煌，亲自在堂内接待顾客。当见乡民对手中中药微露不悦时，便趋前审视，当面致歉，约日调换。后乡农逢人夸奖，留下佳话。

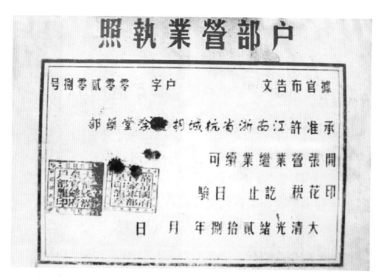

图 4-20　清光绪二十八年（1902），户部颁发的"江南浙省杭城胡庆余堂药部"208
号营业执照，并盖有"满清国府管家军部皇印龙章"和"大清朝汉皇官镌
府户部龙章" / 胡庆余堂供图

三、传承谱系

胡庆余堂虽数易其主，但传承谱系清晰，第一代胡雪岩、第二代俞绣章、第三
代孔良余、第四代冯根生、第五代丁光明、第六代刘俊。

图 4-21　1953 年 11 月 7 日，俞绣章（前排左 10）在北京参加中华全国工商联
会员代表大会浙江省代表合影 / 朱德明供图

冯根生（1934年7月—2017年7月），男，汉族，浙江杭州人。他出身于医药世家，其祖父冯云生、父亲冯芝芳均是胡庆余堂的资深药工。1949年1月19日，冯根生小学毕业才4天就去胡庆余堂当学徒，5月杭州解放，传统收徒制取消，冯根生成了胡雪岩的最后一个传承人。三年学徒生活中，冯根生将2000多种药的品相、药性、配伍、功效烂熟于心，丸、散、膏、丹的炮制驾轻就熟，撮药配制享誉杭州。1992年9月，冯根生任中国青春宝集团有限公司董事长。1996年，冯根生在胡庆余堂濒临倒闭、负债近亿元的情况下，力挽狂澜，兼并了胡庆余堂，保住了这一百年老店。他曾任正大青春宝药业有限公司总裁，副董事长，是全国"五一劳动奖章"获得者，全国劳动模范，全国医药系统劳动模范和浙江省劳动模范，是首届全国优秀企业家和中共十三大代表，并获得中国经营大师、中国企业技术经济大师、全国优秀经营管理人才、全国医药行业优秀企业家、浙江省突出贡献企业经营者等多项荣誉称号。

图4-22　学徒期间的冯根生
／胡庆余堂供图

图4-23　第四代传承人冯根生／胡庆余堂供图

图4-24　2007年6月，中华人民共和国文化部命名冯根生为国家级非物质文化遗产项目"胡庆余堂中药文化"的代表性传承人／胡庆余堂供图

冯根生指出："对于一个企业家来说，有60%把握的事，就可以去做；有70%把握的事，得抢着去做；等到事情有了100%的把握时，再去做就太晚了。""我是一味中药，但它不是名贵的中药，它是一味草药——甘草。甘草是中药中的'百搭'，心脏病用它，肠胃病用它，现在的癌症肿瘤也用它，保健营养品也用它。但这个草药不是人工栽培出来的，它采自新疆和内蒙古的大草原，它不怕风吹雨打，是在狂风暴雨中成长起来的。""枪打出头鸟，没关系，但我努力保护好心脏，心脏保护好，就可以冲，'心脏'就是'不为私'，同时，鸟可以拼命快速地往前飞，飞出了枪的射程，就活下来了。"他的这些精辟语录，体现了胡庆余堂人的志向和胸怀。

图4-25　第六代传承人刘俊／胡庆余堂供图

四、内部管理

（一）药店组织

在药店组织上，按营业范围广狭而定，胡庆余堂最大，多时190多人。组织较为复杂，管理周密，内分门市和批发两部分。销售参燕丸散膏丹等药品柜台归属门市部。职员事务分配各有专司，秩序井然。其余各家组织相仿，分经理、店员、学徒、栈司四级，内外账房及各部多不划分，由经理指挥店员、学徒、栈司从事工作。

胡庆余堂创办之初，翁宝珊担任经理、另设协理1名，共同负责药厂、门市、仓库及内外各项事况，并设总账房1名。下设总务部、丸散营业部、饮片营业部、制丹丸粗料部和细料部、切药片子部、炼拣药部、胶厂原料部、原药储藏仓库部、原细药储拣仓库部等10个部门。正副部头以下人选，由经理、协理负责。药店自制传统成药470多种，选料精良，加工考究，名闻国内。社会上流传着"两家半"，一家北京同仁堂、一家杭州胡庆余堂、半家广州敬济堂。

1884年，翁宝珊离开，文煜接管药店，聘请张筱浦、许奎辅为驻店代东，管理一切事务。另任命王文联为经理，后换为冯挺五。

施凤翔等购入药店后，清除文煜系统的人，组织机构变动，多人合伙经营。股东会设董事5名，监督企业运作。推荐查账2人，每月轮流到企业实地调查各种账册簿本，监督账务。推监理2人，监督企业管理层行为。企业设经理、副经理各1名，冯挺五任经理、魏洪范为副经理，从事职工选聘、营销、生产及资金运作。再设正、副司账，应崇椿为正司账、张信诚为副司账，分住杭州、上海两地，负责账务事项。

（二）专业技术培训

医药界历来重视专业技术培训的工作。杭州医药商业传人，在中华人民共和国成立以前实行学徒制。学徒进店（行）要有荐头人或铺保，先拜财神，后拜业师。学"栈司"名为"拜师傅"，学"文场"名为"拜先生"，以3年为学徒期。学业艰辛，生活清苦，收入微薄，一般只拿几角钱的"月规钱"或叫"剃头铜板"，除了伙食由老板供给外，生死概不负责。3年满师，才算是"三考"出身，有选择就业岗位或受聘于其他单位的自由。到药店做职工，一定要有业务技术专长。胡庆余堂胶房头儿"收老胶"（浓缩药汁）有丰富经验，浓煎一锅老胶的产量，比一般师傅要多好多斤。刀房师傅排头刀、二刀、三刀，完全讲技术高低，还包括磨刀、装刀、掌握饮泛等技术。业务采购员，要有识别药材真伪优劣的技能，如将川贝拿在手上，就能说出是四川产的还是青海、新疆产的。老师傅为保住自己的饭碗，对技艺不肯轻易传人。学徒靠勤学苦练学到技术，对关键性技术还要"偷拳头"。

（三）员工待遇

在员工待遇上，当时胡庆余堂将职工分为三档：头档称先生，二档为师傅，末档为帮工。其服饰、要求、待遇都有规定。先生穿长衫，能写会算，懂业务，会经营。大多在店堂工作，是脑力劳动者，待遇从优；师傅则穿短衣，这些人略懂医药知识，会切药、煮药、制药，实践经验丰富，大多在工场劳动，工资待遇则低于先生。第三档是帮工，是临时雇来的，他们主要从事搓丸药等劳务，计件付酬。当时药店的经理一般被称为"阿大"，进货的经理叫"阿二"，可胡庆余堂称负责采购药材的副经理为"进货阿大"。并规定"进货阿大"有三大权力：一是决定药材的收购价格，胡庆余堂要的是高档药材，进货由"进货阿大"定；二是看行情、通信息，有权决定全年收购数量；三是遇到不合格的原料有权退回。

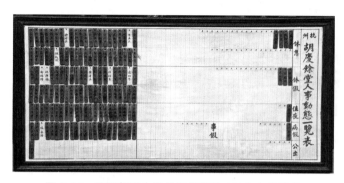

图 4-26　民国胡庆余堂员工考勤牌 / 胡庆余堂供图

对职工设"功劳股"和"阳俸""阴俸"。所谓"功劳股"就是从企业的赢利中抽出一份特别红利，奖给一些贡献较大者，是永久性的，一直拿到本人去世为止；"阳俸"即对因年老或生病无法工作的职工发给原薪养老送终；"阴俸"即职工死后，按工龄长短，发给家属一定的现金，如有 10 年工龄的职工死后，可发"阴俸"5 年，每年按本人薪俸的 50% 发给。实行这种办法，使胡庆余堂的职工专心工作、埋头苦干，也使胡庆余堂声誉日高。胡雪岩依靠几十年的经商经验，一套严格的管理办法，行之有效的经营措施，实现了他的办店宗旨，使胡庆余堂声誉远扬，其创办企业的成功经验，启迪后人。

（四）工资制度

抗战时期，职工月薪仍为 4 斗米钱，后改为钞票折价发放。抗战胜利后，物价波动，国药业职工固定工资制于 1945 年改为提成拆账制，按营业额提取一定比例作为职工工资。当时胡庆余堂提 30%，然后按职工底薪或股数（基数）进行分配。开始每月计算发给，后改为半月、10 天，最后每天拆账。1946 年起，胡庆余堂改为固定工资制。

（五）职工住宅

在职工住宅上，中华人民共和国成立前大中型药店职工多数住宿在店（行）内，除老板、经理及高级职员外，一般职工在杭不能带眷属。

（六）职工食堂

在职工食堂上，中华人民共和国成立前药店（行、房）职工伙食均由老板供给，大中型企业雇用饭司自办伙食，小型店由包饭作承包，家养店由老板娘或学徒烧制。

五、开办胶厂

杭城胶业，有胡庆余堂、蔡同德堂2家设厂专制。其他著名药铺也多兼营，当时产品以虎骨、鹿骨、龟甲、驴皮四胶为主，每年配制一次。龟甲、鹿肾、麋角、髓中、霞天、黄明、鹿角、四腿虎骨、全副虎骨、龟鹿二仙、毛角等胶销路不广，约隔一二年炮制一次，每年可产胶44946斤，产值共404800多元。

胡雪岩开药店是一种善举，为了药品的质量可不惜一切代价，他虽然不是中药行家，但善于听取行家意见。当有行家建议，可以利用西湖淡水煎制驴皮胶，因为阿胶是纯驴皮煎制的，属于荤胶之类，其性热，未经自然氧化火气太足，用淡水煎制，做成后最好再存放两年，让其慢慢退火后再出售，质量可以超越北方阿胶。胡雪岩听了行家建议，决定建造胶厂、养鹿场，利用西湖水漂洗驴皮。至今其外围墙部分仍在，墙上书写"杭州胡庆余堂雪记国药号第一胶务处"字样，总店的地址及电话号码至今仍保存在残留的外围墙上。胡庆余堂胶厂厂址，今为中国美术学院南山路校区。

图4-27　清光绪二年（1876）杭州涌金门胡庆余堂雪记药号第一胶务处
　　　　（今中国美术学院院址）/ 朱德明供图

六、著中药书籍

胡庆余堂以宋代皇家药典《太平惠民和剂局方》为基础，重金聘请浙江名医、药工，聚拢了一批贤能之士总结经验，收集各种局方、古方、名医验方和秘方，并结合临床实践经验，生产丸、散、膏、丹、曲、露、油、酒、片剂、胶等482个产品，先后著有［浙杭］《胡庆余堂丸散膏丹全集》《胡庆余堂雪记简明丸散膏丹全集》传世，形成了自身独特的中成药采购、炮制体系。

（一）《中药炮制堂簿》

胡庆余堂初创期，胡雪岩麇集了大江南北一批中药界精英，留下了很多稀缺的中药炮制技艺。为了使口头相传的技能得以保护和传承，当年的胡庆余堂药工用毛笔将这些"处方和工艺"书写成《光绪丙子季冬立胡庆余堂丸散全录》（孤本），因为文字中记载了某些炮制"绝活"不宜外传，所以一直以来被胡庆余堂奉为"堂簿"。

（二）［浙杭］《胡庆余堂丸散膏丹全集》

清光绪三年（1877）十一月编辑了一本木刻水印版的［浙杭］《胡庆余堂丸散膏丹全集》，胡庆余堂生产的各类制剂的品名、主治、功效、服用及禁忌都被载入此册，但未写制剂处方和炮制工艺，秘方和制法均记在"堂簿"上。其一，该《全集》映入眼帘的是广告篇，对药材的采购、炮制、价格及堂址进行概述。其二，胡雪岩序文："本堂未开张以前，历年施送各药，必购求上品，区区之心，谅所共鉴矣。大凡药之真伪，虽辨至丸散膏丹，尤不易。籀要之，药之真伪，视乎心之真伪而已。嗜利之徒，以伪混真，其心固不可问。不可问，即使尽心采办，不惜重资而配合，时铺友或偶涉粗忽，未能调剂得宜，等分适合，无论有心无心，撮之一经差错，主人与铺友皆无以自问其心。爰集同人，悉心拣选，精益求精，慎之又慎，莫谓人不及见，须知天理昭彰，近报己身，远报儿孙，可不儆乎，可不惧乎？所愿采办配合时，共矢此心以要，诸久远夸

图4-28　清光绪三年（1877），［浙杭］《胡庆余堂丸散膏丹全集》/朱德明藏

已尔。"序后钤印"胡光墉印"（朱）、"雪岩"（白）。其三，浙杭胡庆余堂谨识"本堂主人胡君雪岩方伯，于同治初年，匪扰省城，挈眷居宁。是时蹂躏余生，多有受邪疫者，主人虔制诸痧药，施送已及数省。每年秋夏之交，讨取填门，即远省寄书之药者亦日不暇给，如是者十余年矣。今既创立药铺，必先延师，汇集丸散，医理药性，逐渐讲明，切究延友。遍历各省，采办诸药，谓搜罗宜广，抉择宜精。所制饮片，形质宜美，气味宜佳。各种丸散，配料宜均，修合宜诚。若杜煎诸胶，虎之全副四腿，麋鹿之对角毛角，龟鳖之血版血甲，宜纯乎其纯。二年丙子（1876）先设胶厂于涌金门，夏季嘱各友斋戒虔合诸痧药，冬季煎熬诸胶，厂傍西湖，为取水计。三年丁丑（1877）于大井巷内建造铺房，四年戊寅（1878）春开张。窃思，主人存心行事，人所共知，凡我同人，惟是随地随时慎之又慎，以期共副主人济世之苦心，庶乎问心无愧焉"。序后钤印"庆余堂印"（朱）、"雪记"（白）、"胡氏"（白）。其四，凡例："本堂丸散集俱出前辈名医论定而远近购买者，不外是集中所应有。故丸散膏丹分列十门，杜煎胶露油酒四门，共十四类用，是汇成一书；是集共分十四类，补益为先，泄泻诸风火次之，妇儿眼外科又次之，胶膏露油酒又次之，分门编次校对无讹，庶不紊乱；丸散之名甚繁，是集所汇陈方，共四百有奇，当未徧采而远近。贵客所应需者，已修合，虔诚之庶，可备市用焉。"其五，总目分"内外妇儿眼"十门、"杜煎胶露油酒"四门，共十四类。十门依次为补益心肾门、脾胃泄泻门、饮食气滞门、痰火咳嗽门、诸风伤寒门、诸火暑湿门、妇科门、儿科门、眼科门、外科门。四门依次为杜煎诸胶、秘制诸膏、各种花露、各种香油药酒。共载入名贵中成药达 472 种。

"内外妇儿眼"十门，每门分列丸散膏丹若干种，每种药剂名下论述了该药的服用方法，追古发今，论述简洁。"补益心肾门"载入名贵中成药有天王补心丸、十全大补丸、八仙长寿丸、大补全鹿丸、人参养荣丸、六味地黄丸、桂附八味丸、肉桂七味丸、金匮肾气丸、陈氏八味丸、延龄广嗣丸、归芍地黄丸、河车大造丸等 85 种。"脾胃泄泻门"载入名贵中成药有补阳四君丸、益气六君丸、香砂六君丸、金水六君丸、济生四神丸、香砂平胃丸、香砂枳术丸、葠（参）术健脾丸、丁蔻（豆）养脾丸、止痛良附丸等丸散膏丹 31 种。"饮食气滞门"载入名贵中成药有沉香化痰丸、枳实导滞丸、木香顺气丸、消食化痰丸等丸散膏丹 32 种。"痰火咳嗽门"载入名贵中成药有清气化痰丸、礞石滚痰丸、竹沥达痰丸、导痰小胃丸、癫痫白金丸等丸散膏丹 18 种。"诸风伤寒门"载入名贵中成药有人参回生再造丸、清暑更衣丸、易老天麻丸、万氏清心丸、牛黄清心丸、紫雪丹等丸散膏丹 32 种。"诸火暑湿门"载入名贵中成药有清湿三妙丸、清暑香薷丸、清暑益气丸、清热三黄丸、二妙丸、

图 4-29　清代胡庆余堂大补全鹿丸
布告牌 / 朱德明摄

九制大黄丸、藿香正气丸、诸葛行军散、纯阳正气丸、辟瘟丹等丸散膏丹 45 种。"妇科门"载入名贵中成药有千金吉祥丸、调经种子丸、千金止带丸、种子济阴丸、八珍益母丸、当归养血丸等丸散膏丹 35 种。"儿科门"载入名贵中成药有牛黄抱龙丸、小儿滚痰丸、琥珀抱龙丸、育婴化痰丸、小儿回春丹、牛黄抱龙丸、犀角解毒丸、神香苏合丸等丸散膏丹 25 种。"眼科门"载入名贵中成药有进呈还睛丸、再造还明丸、明目地黄丸、杞菊地黄丸、石斛夜光丸、羊肝丸、光明水眼药等丸散膏丹 23 种。"外科门"载入名贵中成药有梅花点舌丸、外科蟾酥丸、立马回疔丸、小金丹、六神丸、伤科七厘散等丸散膏丹 43 种。其中冠于"胡氏"处方的就有数十个。如：胡氏秘制益欢散、胡氏秘制镇坎散、胡氏痧气夺命丹、胡氏神效如意保和丸等。

"杜煎胶露油酒"四门，每门分列名贵中成药若干种，每种药剂名下论述了该药的适应证和服用方法，论述简洁。杜煎胶载入的名贵胶有全副虎骨胶、四腿虎骨胶、纯黑驴皮胶、龟鹿二仙胶、鹿角胶、黄明胶、霞天胶、龟甲胶等 13 种。膏类载入的名贵膏有南潞上党参膏、真绵黄芪膏、金钗石斛膏、益母膏、桑椹膏、枇杷叶膏等 17 种。花露类载入的名贵品牌花露有鲜生地露、地骨皮露、枇杷叶露、夏枯草露等 21 种。油酒类载入名贵品牌有檀香油、丁香油、肉桂油、薄荷油、养血愈风酒、史国公酒、参桂养荣酒、虎骨木瓜酒等 12 种。续增丸散膏丹 40 种。

（三）《胡庆余堂雪记简明丸散全集》

1934 年，徐沛泉编辑的《胡庆余堂雪记简明丸散全集》，除序言外，增添了 6 张极其珍贵的杭州总店外景和营业部内景、上海分店外景和营业部内景、杭州涌金门外西湖之滨胶厂和养鹿场外景、杭州胡庆余堂人参再造丸工场内景照片。共载入名贵中成药达 482 种。《胡庆余堂雪记简明丸散全集》比《胡庆余堂丸散膏丹全集》多载入 10 味中成药，各类中成药的载入比例也有所调整，还单独对吉林大山人参、关东鹿茸、四川白银耳、人参、三七、暹罗官燕、珍珠粉、霍山石斛、肉桂、关鹿筋、滁菊花、伽俑香、天生野术等药材的产地、采购、临床疗效做了专门阐释。

《胡庆余堂雪记简明丸散全集目录》"特种名药类"载入名贵中成药有人参回生再造丸等20种。"杜煎诸胶类"载入名贵中成药有纯黑驴皮胶等13胶。"补益心肾类"载入名贵中成药有天王补心丸等78种丸散丹。"脾胃泄泻类"载入名贵中成药有补中益气丸等34种丸散釉糕。"饮食滞气类"载入名贵中成药有神效平安丸等32种丸散丹。"痰饮咳嗽类"载入名贵中成药有清气化痰丸等23种丸丹。"诸风伤寒类"载入名贵中成药有牛黄至宝丹等34种丸丹散锭。"痧药类"载入名贵中成药有胡氏辟瘟丹等16种丸

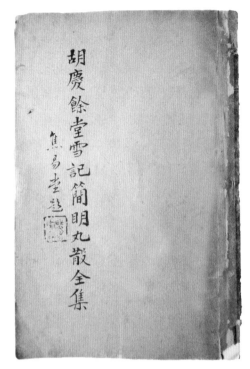

图4-30 1934年，徐沛泉编辑的《胡庆余堂雪记简明丸散全集》/ 朱德明藏

丹散锭。"诸火暑湿类"载入名贵中成药有清温二妙丸等34种丸丹散。"妇科类"载入名贵中成药有女科八珍丸等31种丸丹散。"儿科类"载入名贵中成药有琥珀抱龙丸等23种丸丹散锭药。"眼科类"载入名贵中成药有明目地黄丸等22种丸膏药。"外科类"载入名贵中成药有梅花点古丹等51种膏散丸丹药。"膏药类"载入名贵中成药有消痞狗皮膏等12膏。"膏滋类"载入名贵中成药有十全大补膏等20膏。"各种花露类"载入名贵中成药有金银花露等27露。"药酒类"载入名贵中成药有参桂养荣酒等8酒。"香油类"载入名贵中成药有薄荷油等4油。

1959年，浙江省卫生厅以杭州胡庆余堂和张同泰药店的传统炮制经验为基础，编撰了1960年版《浙江中药加工炮制规范》，共489种中成药，并颁布执行。

七、资本运作

胡庆余堂筹建时，在上海《申报》等刊登广告，招聘药堂经理。胡雪岩久仰松江县一家药号的经理余修初，知其因资金有限无法施展才能，便立即去松江登门求教。余修初曰："要成大气候，就必须以大资金投入，办药厂、药号、药行和门市一条龙；办药业须以仁术为先，不应为蝇头小利而斤斤计较。"胡雪岩当即聘用余修初

负责胡庆余堂的筹建工作。余修初的任职，与当今"职业经理人"一样，即凭能力、凭业绩，而不是凭货币资本，全面负责企业经营管理，以受薪、股票期权等为获得报酬主要方式。胡雪岩此举体现出超前的资本运作经营理念。经营了10年后，胡雪岩破产，爱新觉罗·文煜以"债转股"的形式收购了胡庆余堂。民国时期，胡庆余堂经过公开招标成为合股经营企业。中华人民共和国成立初期，成为杭州商业界第一家公私合营企业。10年后，股东履行国家赎买政策，胡庆余堂变身国有企业。改革开放后，国有企业改制为有限公司。从最初的类似职业经理人制度，到公开招标合股经营，再到企业改制，形成现代资本市场的运作方式，在胡庆余堂148年历史沿革的资本变迁过程中都有诠释。

八、药材采购

近代杭城药店在中药材采购上，各中药零售店，不论大店小店，均强调采购道地药材。在店堂门口竖有"本堂自运各省道地药材"或"采办各地道地药材"的广告牌。清光绪三年（1877）[浙杭]《胡庆余堂丸散膏丹全集·序言》述"本店自运各省道地药材，选置门市饮片，最为精美，虔修丸散膏丹，必遵古法，杜煎虎、鹿、龟、驴诸胶，秘制四时沙甑、花露，各种香油、药酒、秘方瘆药"。采办高丽参、法国进口西洋参、白官燕、外商处直接订购乳香、豆蔻、犀角、西黄等。中药材多省有产，择优进货。例如西黄芪选用山西产的，大黄选用青海的"锦纹大黄"。虽然各店自称"自行采办道地药材"，实际上除大店派员外出采办或坐庄采购部分品种外，一般都向当地药行进货，如四川的杜仲、贝母、续断、黄柏、通草、川芎，广东的藿香、陈皮、木香、赖氏红，广西的人参、三七，湖南的防己、海金沙，陕西的大黄、羚羊角、当归、黄芪，山西的甘草、远志、款冬花、秦艽等，皆由上海采办。麦冬、瓜蒌皮、大力子、玄参、白芷、延胡索产于杭州市的笕桥，干姜、黄精、茯苓产于台州，半夏产于富阳，白术产于於潜，其余竹青、菖蒲、艾叶等皆就地取材，加以制造。到上海采药适用规银，由钱庄汇划。采购本地山药则用大洋，亦由钱庄汇付。各家每年大宗进货一次。药材到埠，先须落行炼制，再由各行转销各号。

胡庆余堂"采办务真"，采购药材时从不经由药商转手，而自行到各产地去收购，坐地设庄，达到"博采兼收、力求精善"的采购目的。胡雪岩派人去产地收购各种道地药材，当年的药材都是一等品，很少出现掺假货的现象，进行药材检测时也十分严谨。在鉴别杜仲、天麻等药材时都会采用"眼睛看、双手摸、鼻子闻、嘴巴尝"的方式，老药工们都是在用身体和药材进行对话，从源头上就着手抓好药品的质量。既省去药商的中间剥削，又确保药材质量的可靠。胡庆余堂内挂着"庆余堂雪记拣选各省道地药材"竖匾，指胡庆余堂千拣万选，赴产地收购各省各府各地正宗上乘的药材。

胡庆余堂等几家最大的药店，均自向各地采购进货，但亦有部分药材如蜂蜜等有时也向药材行批购，但必须是高档正品，不收次货。

抗战后期，五昌改为五丰药行，五丰药行业务活跃，经营两广、川汉、西怀、关北、山浙等地区药材，经理俞子京，由其父俞绣章（胡庆余堂经理）赞助，分设各省坐庄收购道地药材，上等货优先供应胡庆余堂，为当时最大的药材输出行。同时，胡庆余堂总店还圈养200只鹿，每只鹿在一个狭窄的围栏内吃桑叶、喝木槽水，睡在围栏后隆起的一块木板上，脚下踏的是天竺葵的叶子。夏天鹿长出的新鹿茸，至冬天取之，成为名贵的鹿茸药材。鹿身上的其他部分也都得到了利用。

杭州许多药行向省内外购入药材后，首先邀请胡庆余堂、叶种德堂、万承志堂、张同泰药店、泰山堂、方回春堂六大药店的经理并随带拣货先生来药行议价拣货，谓之"头拣"。

九、中药炮制

胡庆余堂雪记药号，以一个熟药局为基础，重金聘请浙江名医，收集古方，总结经验，选配出丸散膏丹及胶露油酒的验方472个，精制成药，便于携带和服用。其时，战争频仍，疫疬流行，胡氏辟瘟丹、诸葛行军散、八宝红灵丹等药品备受欢迎。

（一）技术精湛

胡庆余堂遵古炮制，凡学徒进门头3年，必先过"炮制"这一关，如过不了关，就不能升为"长衫"先生（即管理者），所以在胡庆余堂老药工中就管"炮制"叫着"修制"。民国时期，军阀混战，药业受到很大摧残，

图4-31　胡庆余堂招牌/
胡庆余堂供图

杭州药店在激烈的竞争中，都以饮片质量求生存，他们不惜工本，严格炮炙、切制。如规定桔梗、前胡切顶头片，苦参、地榆切厚片，生黄芪切竹叶片，黄柏切蛾眉片，制厚朴切斜方片，象贝母切腰刀厚片，生白芍切亮光薄片，羚羊角、玳瑁为镑片，北沙参、怀牛膝为断截等，务求片型悦目，整洁无屑。既保持片型特色，又便于区别。

中华人民共和国成立前，杭州饮片生产一般前店配方、后场进行加工炮制，手工操作。随着饮片需求量的增大，杭州一些大药店开始设置专门切制饮片的"刀房"。药材加工人员根据技术高低一般分为头刀、二刀、三刀至八刀手。胡庆余堂、叶种德堂各有六七把刀，中型店三五把刀，小药店一二把刀不等。按切制技术，大店有头刀至末刀之分，片型按不同品种、切制要求确定。一般头刀师傅切名贵及难度较大的如鹿茸血片、天麻等；二刀师傅具有把一粒槟榔切成108片，附子一片能够"飞上天"的技艺；切顶头片如黄芪、当归头、前胡头，眉毛片如厚朴，方块形片如茯苓（神），天花粉、杜仲等则由三刀、四刀师傅切制；末刀专切草药料片。此外尚有薄片刀平劈橘红片、橘白片和用刨刀削呈长条形的羚羊角、犀角、鹿角、檀香片等，片型都必须符合规定要求。在制作成药上，规定操作者都要沐浴、素食。总店制药工场有300多药工从事制药工作，制药时取大井巷22号"钱塘第一井"水，使成药质量更优。

图 4-32 杭州市上城区大井巷 22 号"钱塘第一井" / 朱德明摄

（二）炮制方法

炮制方法分为五大类：火制、水制、火制、水火共制、不水火制和其他法制。

1. 火制

这一炮制方法是将药物直接或间接放置火上，使其干燥、松脆、焦黄或炭化。主要是采取炮、煨、烘、燎、煅、炼、炒等方法。

（1）炮：即将药物切成小块，置高热的铁锅中，急炒片刻，迅速取出，使表面焦黑爆裂并有部分炭化，但内部的挥发性成分仍未完全散失，如干姜制成炮姜，即以此法操作。古人谓干姜能发表散寒，而炮姜则温中祛寒，有守而不走的作用。

（2）煨：将麦粉或草纸加水润湿，裹于药物表面，稍干后埋在热灰中或置于弱火中烘烤，如肉豆蔻用麦粉和水调匀捏成皮子，裹在外面，置火中煨之，当外皮焦黑时取出，待冷剥除。如生姜用湿草纸包裹，在火中煨成焦黑后，取出剥除之。这种方法是利用麦粉和草纸吸收其一部分挥发性物质或油粉，减低药物的刺激性而缓和其作用。

（3）烘：烘与焙同是将药物置铁丝匾或竹匾中放在火上使其干燥的方法，便于粉碎和贮藏。一般烘干的温度，视药物性质不同而差异，"文火"在 $40 \sim 50$℃，如烘菊花、金银花、当归、防风等芳香性花朵和薄片。"旺火"在 60℃以上，如烘水蛭、土鳖虫、泽泻、白扁豆等动物性和不含挥发性的药物，烘的过程中，凡旺火常需翻动，文火可不必常翻，烘与焙实无多大差别。

（4）燎：即将药物之外毛用火烧去。如动物药之刺猬皮，用此法烧去其短刺毛，以免刺手；植物药之升麻、香附等，产地加工时，就用燎法将细毛烧去，使其洁净。

（5）煅：将药物直接放于炭火内烧至红透，或放于耐火的器皿中间接火煅。煅的温度一般均为 $700 \sim 800$℃之间，视药物性质不同，操作也略有区别，如龙骨、龙齿等置铁丝网上于火中煅到有爆声，其色由白变成灰色即可；石膏、花蕊石、阳起石、蛇含石、牡蛎壳等，于直接火中煅至红色；青礞石置铁罐中，由青色煅之黄色；绿矾置黄砂缸中由绿色煅之红绛色。煅法多用于矿物及贝壳类药物，其目的是使物质的组织机构变松脆，以便于粉碎和煎服。且经过煅后，部分物质起化学变化生成氧化物，同时将有机物烧尽，能使药物纯净。

（6）炼：即将药物置锅中用火煎熬，如炼蜂蜜，使水分蒸发，防止变质；又如炼制升药，系用水银、火硝及明矾，一同放入小铁锅中，以碗覆盖，在炭火炉上炼制，使其升华成为升药。

（7）炒：即将药物放入铁锅和铜锅内，以铁铲进行搅拌，在干热情况下，使药物炒成黄色或黑色或变热，在炮制法中这是最常用的操作法。由于使用的目的不同，

图 4-33　20 世纪 60 年代，胡庆余堂药工炒药 / 胡庆余堂供图

炒的方法也有差异，兹分述如下。

清炒：药物入锅内炒至黄色，以能嗅到药物散发固有的气味为度。其目的是：药物炒后某些成分可能被破坏，或者某些挥发性成分挥发了一部分，可和缓其作用，如黄芩、枳实、补骨脂、益智仁等；经炒后具有焦香的气味，可以增加芳香健胃的作用，如谷芽、麦芽、白扁豆等；此外，经炒后药物松脆绽裂，易于煎透，如种子类的紫苏子、莱菔子、牛蒡子等。常用药物中，需要炒的约有 70 种。

蜜炒：亦称蜜炙。即将蜂蜜置锅中煎之，使成淡红色的炼蜜，然后加入药物中炒。如果蜜太黏，可略散开水，炒至蜜汁全部吸入，色现焦黄为度，蜜的用量，一般是药料的 25% ～ 30%，如黄芪每斤用蜜五两，甘草、款冬花每斤用蜜四两。炒时应注意蜜的老嫩，太老则黏，不易拌匀，太嫩则水分不易干燥，影响质量，故须掌握适当程度为宜。蜜炒目的是可增加滋补（如黄芪、甘草等）、滋润（如紫菀、枇杷叶等）、矫味（如马兜铃、百部等）作用，并可除去药物不好的气味。

麦炒、蜜麦炒：先将麦皮用炼蜜拌匀入锅炒燥候用，操作时将适量麦皮放入锅内，并将药物加入，以铁铲迅速拌翻，当有烟升起，立即铲出。如要深黄色，可焖稍长时间，若仅需微黄，宜即筛去麦皮，如白术、泽泻等。麦炒目的，古人谓之可得谷气，过去因为蜜麦遇热易起浓烟，药物经烟熏即呈黄色，且色泽一致而美观，故常用此法。

盐炒：将食盐置锅中炒燥使热，将药物加入拌炒，至发胖呈微黄色为度，如枸杞子、怀牛膝等。采用此法可使受热均匀，防止焦化。但应注意火力不宜太旺，以免焦黑。又有盐水炒，如将杜仲放锅内炒至焦黑色，即将盐水洒入，继续炒燥为度，盐的用量为 3%。又如补骨脂、黄柏等也用盐水炒，盐的用量为 2%。盐炒的目的，古人谓咸味下走肾经，治腰膝之病，疗效更佳。

酒炒：是将药物置锅内加热，随炒随洒入黄酒（绍兴酒）使呈黄色，但这样操作不易均匀，现采用先将酒洒入药物中拌匀的方法，酒的用量各有不同。如白芍加2.5%（分三次洒入）；当归加2%（分三次洒入）；常山加10%（拌匀使吸入），然后晾干再炒，以免药片卷曲不平。酒炒目的是能增加发散、镇痛（如白芍）、活血（如当归）、镇吐（如常山）等作用。

醋炒：是将药物置锅内加热，随炒随洒入米醋，并均匀搅拌至焦黄色为度，如延胡索、蓬莪术、三棱等，醋的用量为2.5%。醋炒目的，古人谓有入肝、收敛、消积聚、止痛等作用。现代药理学研究发现醋炒可使所含生物碱成盐，以溶解于水，提高疗效。

土炒：现将黄土置锅中炒燥，再用药物加入拌炒呈焦黄色，如白术等。古人谓土炒能和中健脾，但事实上经土炒后药物表面肮脏，药汁沉淀如泥浆，故土炒法早已废除。

米炒：是先将粳米炒至微黄，然后将药物放入拌炒，不断翻铲，至米呈焦黄，药呈黄色微有焦点，且能嗅到药的香气为度，如党参、於术、北沙参等。米的用量一般为药物的30%，炒成后将米筛去。米炒目的，古人谓可增加健脾和中的作用。

炒焦：基本与清炒相同，其程度较清炒为深，而较炒炭为浅，炒至使药物表面呈焦黑色为度，如神曲、栀子等，其目的也和清炒相似。

炒松：将药物置锅中用文火加热，炒至质松发胖。如生地黄、熟黄地等。炒松目的，是使其黏性减弱，性质缓和，以免阻碍消化。

炒透：炒透与炒松大致相同，使药物的油脂或腊质除去一部分，则质松发脆，如没药炒去油，干漆炒至烟尽，目的是减少其刺激性和毒性。

炒炭：将药物置锅中，用武火翻炒，或文火长时间翻炒，至外面转黑，内部焦黄而黑，成为炭化物，如地榆炭、棕榈炭、侧柏炭、荆芥炭等。但炒炭必须注意"存性"，所谓"存性"就是虽炒成炭状，而仍须保全它的药性，若成灰烬，则药力全失，不合乎炒炭的要求。炒炭的目的是改变药物的固有性能。如治血分之药，炒炭可使其成为止血药物；治脾胃之药，炒炭可增加其在体内的收涩与吸着作用。

姜炒：是将药物用生姜打汁拌炒，至姜汁吸尽而呈微黄色有焦点为度。如淡竹茹、黄连等，姜的用量一般为25%，加冷开水打成汁（去渣）洒于药上拌炒。目的是增加药物的温散和镇呕作用。

蒲黄炒：先将蒲黄置锅中用文火炒热，然后加入药物拌炒，不断翻炒，至质松发胖为度，如蒲黄炒阿胶。蒲黄用量与阿胶相等，炒成后筛去蒲黄。目的是增加阿胶止血作用。

蛤粉炒：先将蛤壳粉置锅中，用文火炒热，再加入药物拌炒，不断翻动，至质松发胖为度。如蛤粉炒阿胶、鱼鳔胶等。蛤粉用量为药物的一倍，炒成后将蛤粉筛去。目的是用人工加钙质于动物胶质之中，使体积松胖，便于粉碎，并有矫味、矫嗅作用。古人谓可清肺化痰，无黏性碍胃之弊。

鳖血炒：将药物用鳖血拌匀晾干，临用时随处方上写炒则炒。如软柴胡、银柴胡、丹参等。每药一斤用鳖血4两、黄酒2两，充分拌匀，古人谓可入肝行血。

黑锡炒：制造成方"黑锡丹"时，将黑锡入锅内炭火加热熔化，投入等量硫黄拌炒，不断翻铲。如有火焰，用醋洒之，至结成砂粒状，侧于石上以去火毒，然后研细，和入余药，酒糊为丸。这样操作，古人谓是升降阴阳，治上盛下虚之证，有定喘固脱的作用。

2. 水制

这一炮制方法是使药物清洁柔软，便于加工切片，或借以降低药物的毒性和烈性，并去其腥味。水制法一般包括洗、泡、漂、浸、伏（焖）、澄、飞等。

（1）洗：洗与淘相同，即将药物用清水洗涤，洗时用手淘之，目的是洗除泥沙和杂质，如生地黄、地骨皮、地龙等；又如种子类药物每多夹有泥屑，如胡芦巴、马料豆、菟丝子等因体积小，在大容器内难捞，可盛于竹篓里，将篓放入盛于水的大缸中，用手搅淘，洗净泥屑，即可将篓提起，沥去水分，将药倾出，置竹匾上晒干即可；再如种仁类药物多含衣壳，如薏苡仁常带有红衣，可在水中略淘，即取出用手搓擦，使红色种皮擦成糊状，再用清水淘净；酸枣仁每带有核壳，因其质重，经水淘则下沉，将酸枣仁捞出，晒干拣净即可。这都是利用水来使药物洁净之法。

（2）泡：将药物以热开水浸泡，如杏仁、桃仁，泡后易于捻去外皮；干姜经泡可减弱其辛辣之味；远志、吴茱萸用甘草煎汤浸泡，可减低其苦辣烈味等。

（3）漂：将药物用清水浸洗，手续较繁，时间较长，且须常换新水。如海藻、昆布等为海产植物，采集时带有盐分；肉苁蓉、盐附子等产地多用盐卤浸渍保存；浙贝母产地用石灰拌后干燥；人中白含有秽气；龟甲、鳖甲有腥味。此类中药皆需要用清水浸漂，每日换水1～2次。其作用是使药物清洁，且可漂去碱味和腥臭，便于服用。

（4）浸：为使药物便于煎服和粉碎，多需要加工切片，但在切片前，又需要清水浸之，使其柔软，浸的时间随药物之性质有所不同，通常在切片前一日下午将药物浸于水中。根块类质硬的药物，浸的时间宜长，如大黄、甘草、白术等浸1～3小时；草药叶类略浸即可，浸后取出，使其保持湿润，而药物内部也因吸水变得柔软。又如冬季气候干燥，浸的时间可适当延长，夏季潮湿季节可适当缩短。须根据不同情况进行操作，免使药物成分遭受损失。

（5）伏（焖）：凡质较硬、体积较大的药物，如白术、泽泻、猪苓、白芍等，水浸取出后，放于甏中或陶篓等盛器内，上面盖紧焖之，约1～4天，并常洒水使其缓缓吸收，或以日光晒之，使其内外润透，软度一致，便于切片。

（6）澄：成药制造过程中，凡液体必须经过澄清，如驴皮、龟甲、鹿角等胶类，在煎成胶汁后，宜静置3～4小时，使杂质沉淀，取其上面清液过滤，然后置锅中加热浓缩，则成品清澈透明，灯光照之呈琥珀色。若不经澄清，就有云雾杂质，影响质量。又如各种药酒渗滤后也须静置5～7天使沉淀，取其上面清液，则色泽澄明，不致有絮状凝聚物，而影响质量。

（7）飞：即将药物先研成粉，然后再加水置球磨或研钵中，带水共研约7昼夜，倾出后加水搅拌，取其上浮的细粉，沥去水、晒干，下沉的粗滓，继续加水再研、再搅，反复多次，这种操作谓之飞，矿物药如朱砂、明雄黄等，皆用此法，目的是使其粉碎极细，不致伤人肠胃，更可提高疗效。

3. 水火合制

这一炮制方法是使药物由生煮熟，由坚硬变松脆，以改变药效，减低毒性和烈性，增加治疗作用，一般包括蒸、煮、熬、淬、炙等方法。

（1）蒸：将药物置木蒸具中，放于锅上（锅内盛水）加热，利用水蒸气使生药蒸熟，以改变其药效。如生地黄本为养阴凉血之品，经蒸制使呈黑色，则有滋阴补血之功；生黄精会刺激咽喉，蒸熟则有补脾胃、润心肺之功；何首乌生用能治疟通便，蒸熟则补肝养血气；生大黄能泄热峻泻，蒸熟则缓下利尿。

（2）煮：将药物放在锅内加水及辅料煮之，以减低其毒性和烈性，如川乌、草乌用25%豆腐同煮，以除去其一部分麻醉毒性；又如芫花同醋同煮，可减低其峻泻烈性。

（3）熬：将药物放在锅中加热，熬之使呈焦黄色。如水蛭须用猪脂同熬至焦黑色，以缓和其破血祛瘀的烈；象皮质坚韧，须熬之焦黄色使质松脆，便于切片和粉碎；蜂蜜宜熬炼至微黄色，蒸发其所含水分，防止变质，便于保存。

（4）淬：将药物置炭火中直接煅至通红后，即迅速投入米醋或盐水中，谓之淬。矿物类药物如磁石、赭石、自然铜等皆煅至红色投入醋中；介类如石决明等煅后淬以盐水。其目的是使物质的组织结构变脆，便于粉碎和煎服。

（5）炙：将药物用砂在锅中加热拌炒，使呈黄色，筛去砂，立即用米醋洒之。如龟甲、鳖甲、虎骨等皆采用此法。这种操作称为砂炙，又称为醋炙。其目的也是使组织变松，便于加工和煎服。

4. 不水火制法

这一炮制方法是以人工操作清除杂质及无用部分，使药物清洁。有拣、切、碾、捣、研、簸、刷、括、劈、镑等方法。

（1）拣：拣也称挑，是利用眼光看出药物中的夹杂物及非药用部分，再用手拣去或摘去，是最常用而且较简单的手工洁净药物操作法。如款冬花、菊花、鹿衔草、艾叶、侧柏叶等，均需拣去或摘去其残留的叶柄及所夹的杂物。

（2）切：凡较粗大、坚硬的药物，一般皆需进行切制，如根茎类的甘草、黄芪、防风等；根块类的大黄、木香、三棱等；树皮类的厚朴、黄柏等；全草类的藿香、柴胡、益母草等；动物类的鹿茸、象皮等。切制是最常用的操作法，目的是使药物便于称取、煎服和粉碎。

图 4-34　胡庆余堂师傅切制药材／胡庆余堂供图

（3）碾：将药物置研槽（铁船）中碾成粗粉，如酸枣仁、郁李仁、自然铜等，使煎剂时易于溶解而提高其疗效。

（4）捣：将药物置石臼或铜冲筒中捣之使碎，质较坚硬的如紫贝齿、石膏、草果仁等，壳较厚的如火麻仁、薏仁、石莲子等，皆采用此法，可使煎汤时易于溶解，增加药效。

（5）研：将药物置研槽或石磨中，研成细粉，如豆蔻、砂仁、三七、肉桂等，都是这样操作。在配方上不必煎汤而便于冲服或吞服，使药效正确，不致遭受损失。

（6）簸：将药物利用竹编的低矮筐子或簸箕，藉摇摆扬簸之力，以扬去杂质，或使轻重不同之物分开。经过簸的操作，轻物簸到外面，重物留在簸箕或竹筐近身旁处，如补骨脂、小茴香、槐花米等，扬去其杂质；扁豆衣、绿豆衣等簸取其供药用的种皮，而将种仁留下不作药用。这种操作可节约拣选的劳动力，而提高其产量。

（7）筛：将药物利用竹编的或马鬃编的筛子，筛去其中的细屑或脏物，如黄芩、枳壳等切片晒干后筛去其碎屑和纤维状物；连翘晒干擦开成二瓣后，筛去其心；青葙子筛去果皮和花瓣；车前子、菟丝子筛去泥屑等。

图 4-35　胡庆余堂师傅制丸 / 胡庆余堂供图

（8）刷：将药物利用笺帚或板刷，刷去其附着的茸毛或杂质，如枇杷叶背面及叶柄上长有极多的茸毛，会刺激咽喉引起咳嗽，所以古今一致认为要去毛，就是用笺帚反复将毛刷干净，又如陈橘皮内面常附着橘瓤的碎屑；佛手柑片折皱中也多有杂质，均须刷去。

（9）刮：利用刀及锋利的磁片或玻璃片，刮去药物表层的毛及附着物或不供药用的栓皮。如鹿茸为鹿的未骨化幼角，表面长有细绒毛，须用锋利的磁片或刀刮去之；骨碎补外表密被毛状鳞叶，宜用铜刀或竹刀刮去，方可药用。肉桂、厚朴等，皆为树皮，表面常有白色地衣斑块的附着物，古人谓须去粗皮，所以现代用刀刮去其栓皮，即古人所谓"无用者除去也"。

（10）劈：圆粒或质硬层叠的药物，须用刀劈开，如川楝子为小铃状圆粒，宜劈成二半；云母石、珍珠母为层叠而成，皆须劈成薄片，以便于汤剂之煎取。

（11）镑：将坚硬的药物，用数片钢片制成的梯状镑锉来回擦动，镑成薄片或粗末，如鹿角、羚羊角、犀角等，皆用此法操作，以便于煎服或粉碎，而提高其疗效。

5. 其他法制

这一炮制方法包括法制、霜、露、糕等，皆能使药物性质变更，而充分发挥其作用，在中药制药学上有一定的贡献。

（1）法制：以较复杂的炮制操作方法来变更药物的疗效。如天南星性质本是辛温燥烈，但经水漂浸，每10斤加川贝母3斤，研末，和牛胆100只拌匀，日晒夜露，制成胆南星后，则性质缓和，且能加强豁痰镇惊的作用；藤黄本是剧毒药，在瓷器中加入黑山羊血隔水煮二个月，则可减低其毒性，而配制成药有治伤消肿的功能；又如竹沥制半夏，青盐制陈皮等，皆是用炮制方法，使燥性药物变更为润性，以补偏除弊。

（2）霜：将含油脂的药物去壳研碎，用草纸包裹，在木榨器中榨去其油，如巴豆和续随子等，榨去油则称为霜，可减低其毒性，缓和其峻泻作用；又如瓜蒌仁、柏子仁、紫苏子等，榨去油成霜后，可缓和其滑肠泻下的作用；还可熬制成霜，如将鹿角置锅内煎煮三昼夜，至质由硬变松时，仍将煎出的液汁与鹿角同熬，至渗入为度，所得的鹿角称为鹿角霜，目的系便于熬汤和粉碎。又可凝结成霜，如将西瓜挖去瓤，用皮硝装满瓜内，放在黄沙缸中封固，置阴凉通风处，数日后即有白色如芒的结晶析出，称为西瓜霜，为治咽喉痛的要药。

（3）露：将药物置露天中，利用热胀冷缩原理，日晒夜露。晒则热胀，露则冷缩，能使药料变松，而色转白，并能除去腥气。如半夏、胆南星经露则变松脆；龟甲、鳖甲经露则色白而腥气减低。又有露剂，是利用蒸馏法来提制的，如藿香、金银花等含有挥发油或芳香性的药物，与水蒸气一同蒸馏而得的溜出液，称为露，一般多用为清暑解热的芳香饮料，亦可作治疗上的辅助药。

（4）糕：利用发酵方法来制造，如六神糕是用面粉和青蒿、野蓼汁等六种药物拌匀，做成小块，用草盖住，待生黄衣，晒干即成，为治肠胃病的常用药。又如沉香糕、建神糕等，皆是将药物研成粗粉，用面粉调糊作黏合剂，做成长方形小块，习惯上也称为糕，实际上不含发酵物，均为常用的芳香健胃药。

（三）品牌中成药炮制

胡庆余堂除了在中药炮制上有着自身独特的技艺，在中药处方和成药的研制上也功力非凡。一百多年前，胡庆余堂传承了我国第一部制药规范《太平惠民和剂局方》所载的传统处方，并在这个基础上，广泛收集散落在民间的许多验方和秘方，逐渐形成了一套针对民众疾病的完整的中药制剂体系。胡庆余堂在制剂上保留了炼丹、泛丸、吊蜡壳等传统技艺。拣切药材也十分讲究，如麻黄要去节、莲子要去心、肉桂要刮皮、五倍子要去毛，炮制大黄要九蒸九晒等。这些传统技能，经过一代代技艺精湛的药工之手，在胡庆余堂的特定空间中，一脉相承地延续了下来。

1. 局方紫雪丹

南宋和剂局方"紫雪丹"处方：麝香、羚羊角、犀角、生石膏、寒水石、生滑石、灵磁石、乌玄参、青木香、沉香、升麻、甘草（炙）、公丁香、玄明粉、马牙硝、朱砂，共计16味原料。温病三宝之一的"局方紫雪丹"（另外两种为安宫牛黄丸、牛黄至宝丹）是胡雪岩开创胡庆余堂时为继承南宋《太平惠民和剂局

图4-36　20世纪20年代，胡庆余堂第十五库人参再造丸工场，药工们正在吊蜡壳 / 朱德明供图

方》生产的一味镇惊通窍的急救药。胡雪岩着手研制，投入不少名贵药材，却疗效不佳。他毅然决定重制，召集了诸多名医，却面面相觑，无一对策。有一位老药工，欲言又止，胡雪岩见状虚心讨教，老药工怵怵而言：他祖父相传，做紫雪丹须用金铲银锅，如用铁锅铁铲熬拌，高温下其中几味药会与铁起化学反应，殃及质量。胡雪岩当场拍板，遂召金银巧匠采办黄金和白银，用1835克白银铸造了一口银锅，又用了133克黄金打成一把金铲，用这样昂贵的制药工具专门制作紫雪丹。该药品的功效是清热解毒，镇惊通窍。生产这味药，除了选料要"采办务真"之外，操作工艺上也要"修制务精"。先将其中生石膏、寒水石、生滑石、灵磁石四味，入锅加水，用武火煎煮，因矿石类所煎得汁水十分清淡，然后用这汁水再加乌玄参、青木香、升麻、公丁香、甘草等六味药材，用文火煎煮，再取出石品滤清留汁；将上项药品渣再加清水，用文武火煎成第二汁，榨净去渣，滤清留汁；将上项二次药汁，淀清去脚煮沸加入玄明粉、马牙硝二味溶化，改为用金铲银锅，以微火熬至将老，再将羚羊角、犀角二味细粉（事前锉成净粉，置于钵内研之极细）调入，俟温度稍减，将麝香末、朱砂调入锅中拌制成粉散状即成。《浙杭胡庆余堂雪记丸散全集》记载："伤寒温热之症，其形相类，其实有不同者，或烦热发斑阳狂叫走，毒瘴昏倒，痧胀切痛，一切虫毒、药毒以及小儿惊痫痧痘，火毒内闭等症，此丹能泻诸经之火，以滋肾水，则火泻而结自散也，服之而其效立见。"精心炮制的成药药效显著提高，而药的价格却保持不变，胡庆余堂的声誉因此越来越好。

2. 驴皮胶

清光绪年间，胡庆余堂纯黑驴皮胶质地纯净，色如琥珀，凝厚味淳，因制作工艺极其讲究，功效显著。胡庆余堂清光绪年间的纯黑驴皮胶，是目前国内罕见的有着近130年历史的阿胶实物标本，是胡庆余堂制膏技艺之瑰宝。清光绪三十三年（1907），杭州叶种德堂生产的纯黑驴皮胶，每块驴皮胶上面有金粉印记：杭城叶种德堂纯黑驴皮胶。这是一百多年前生产的驴皮胶，存世极少，弥足珍贵。1956年，公私合营时期，叶种德堂并入胡庆余堂，其生产纯黑驴皮胶技艺也被胡庆余堂发扬光大。

3. 胡氏秘制辟瘟丹

处方：犀角、雄黄、雌黄、羚羊角、琥珀、安息香、细辛、大黄、斑蝥、蜈蚣、麝香、冰片、巴豆霜、铜石龙子、粳米粉、糯米粉、金箔，等等，共计74味原料。其中一味铜石龙子，在灵隐天竺一带所获金背白肚者为佳，胡庆余堂每年均组织人员上山捕捉。胡庆余堂制作"辟瘟丹"时，守着一个"斋戒沐浴"的仪式和规矩。在开工前二个月，胡雪岩规定做"辟瘟丹"的药工均离开家室，睡在店堂里，请僧人道侣来店堂拜忏诵经，每天要坚持三餐吃素，一次洗澡。所谓的"斋戒沐浴"，说来似有迷信色彩，其实是为了制药卫生。"斋戒"就像是庙里的和尚一样清心寡欲，二个月内不能吃荤菜，由店方提供素斋，目的是使职工不患肠胃疾病；而"焚香祭祀"是为了烘托一种神秘色彩，更添药品之吉象。"沐浴"则要求生产辟瘟丹的药工事先必须自身洁净，以防污染药品。

4. 立马回疔丹

处方：蟾酥、轻粉、蜈蚣、乳香、腰黄、硇砂、金顶砒、白丁香、麝香、朱砂，共计10味原料。这是一味疗效显著的外科名药，具消肿拔毒之功能，外形如小小的锥钉，色红气香。立马回疔丹最主要的一味原料叫"金顶砒"。它像葛洪炼丹一样，是用砒霜和轻铅炼制而成。把两样原料放入炼丹罐中，外用桃花纸、蔴筋、泥土模成密封状，放在炭火上炼制，经过一定的时间，药中的砒霜和轻铅化成晶状体，被吸附在盖上，将这结晶体取下，再用白酒拌入蟾酥粉与另外原料细粉，以手工搓捏成一头尖、一头圆之锥状。这药的绝活是"炼丹"（即上述的炼制砒霜和轻铅），时间、盛器、火候全凭有经验的药工掌握。目前，胡庆余堂已少有人会炼制，技能已濒临失传，药品也已停产，能掌握此技能的仅有冯根生和张永浩两人。

民国时期，杭州著名中医外科专家余步卿常来胡庆余堂购买立马回疔丹。这是一味疗效显著的外科药品，形状如小小的锥钉，余步卿把病者疮毒切开后，去尽脓及毒液，将此药塞进疮口，过几天便痊愈。这药最主要的一味原料叫"金顶砒"。它是用砒霜和青铅炼制而成。制药的绝活是"炼丹"，时间、盛器、火候全凭有经验的药工掌握。改革开放后，胡庆余堂能炼制此药的，只有张永浩和冯根生。

5. 药墨八宝五胆锭

处方：水牛角浓缩粉、羚羊角、麝香蕉、冰片、珍珠、蟾酥、牛黄、朱砂、牛胆、熊胆、蛇胆、猪胆、川芎、青鱼胆、藕片、红花、小蓟、大蓟、白茅根、夏枯草、牡丹皮、丁香。以上二十二味，除水牛角浓缩粉外，取川芎、红花、藕节、大蓟、夏枯草、白茅草、丁香、牡丹皮加水煎煮三次，每次3小时，合并煎液，滤过，滤液浓缩至适量；其余羚羊角等十二味研成细粉，过筛，加入水牛角浓缩粉及川芎等九味的浓缩液混匀。

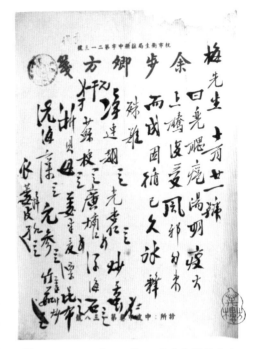

图 4-37　1948 年 11 月 21 日余步卿处方 / 朱德明藏

另取明胶 2500 克，加水蒸化后加入荸荠粉 200 克，混匀，滤过，加入上述各药以及药墨 2000 克，胶合定型，阴干，用金箔 10 克包衣，即得。此药位列中华三大奇药之首，用于消炎解毒，活血化瘀。徽墨发轫于唐末，至今逾千年。清代，徽派墨业呈四大名家，而"胡开文"字号作为后起之秀，名列四大家之首。本馆所珍藏的徽墨，即产于胡氏墨店，系"清末民初"之物。胡庆余堂的"八宝五胆锭"工艺中需用"药墨"作配料，胡庆余堂择"胡墨"投料，其用料之精细，可见一斑。

图 4-38　天然牛黄 / 胡庆余堂供图

6. 膏方制剂

早在 148 年前，胡庆余堂就在杭州的涌金门设办制膏作坊，精选道地药材，采西湖水炼制。药师选好风水宝地后，把所有用品摆开，用一两天慢慢熬制。一些贵重的药材如野山参、燕窝等，需要单独起锅另煎，其他辅料则全部放在一口锅中煎，最后再将两锅的汁水合并，一起收汁成膏，行话"拉大旗"。胡庆余堂生产膏剂名声远播，148 年来的熬制工艺秘不外传。

清末，胡庆余堂的药工上门熬膏。一般在冬至的前几天，两三户富豪一起请胡庆余堂的师傅上门一次，专门对症熬制膏方，从冬至吃至立春。那时的膏方不仅药材昂贵，制作方法也十分繁芜。老药工挑着一副扁担上门，扁担的两边分别放着药材和铜质锅子。熬膏时对柴质、水质、风向和方位，都有很高的要求。

如今，随着膏方渐渐进入寻常百姓家，每到秋末冬初，前来胡庆余堂开膏方的人越来越多，不仅是为了看病，更是为了滋补养生。胡庆余堂仍然坚守着一人一方的老工艺，真不二价的好药材，用经验丰富的老药工掌勺，仅将熬膏的工序略作改变，让操作过程更加简单便捷，方便越来越多的人吃上正宗的好膏方。

十、药材贮藏

在中药材保管上，古时通常将药材吊挂在屋内通风干燥之处，需用时才拿下配方。汉、唐时代，中药库存开始采用瓦罐、瓷瓶保管。

在储运、仓库及设施管理上，清末至民国时期，大店家栈房分工较细。小店资金缺少，备货不多，商品大多放在店堂格斗中，故有"格斗财主"之称。商店保管方法，大多采取晒、烘、焙、灰、封、窨、种 7 种。

1. 晒

清代张同泰、胡庆余堂等已构建晒台，每年"黄梅天"和"桂花蒸"，要抢太阳晒货，伏天晒药称"晒伏货"，同时还需晒容器。

2. 烘

私营药店都有烘筒，下放火盆，置潮湿药材于铁筛上，放烘筒上烘干，是梅雨天气时采取的应急措施。

3. 焙

大中型药店都有焙箱，上有出气小孔，内用铁锅覆在煤灶上，焙箱中分隔四五层栅栏，搁药匾烘干药物，至今仍沿用。

4. 灰

在缸或瓮中贮石灰，称灰缸。存放花类、动物类或冷备不常用的饮片或成药，一年春秋两季换灰，保持干燥。

5. 封

密封保管。药店对苏叶、薄荷等香气草药，产季收购，采用密封全年贮存，保香气不变。

6. 窖

窖井储存鲜芦根、鲜毛姜等新鲜药材，恰似现代的冷藏；有的要用沙拌，避免干瘪。没有窖井，则把鲜货放在能活动的地板下面窖藏。

7. 种

鲜石斛、鲜金钗、鲜石菖蒲等鲜活药材，用泥沙种植，有的药店还将鲜石斛盆栽放在柜台上，美化店堂。

8. 混合储存

动物类与樟脑、花椒一起保管；牡丹皮与泽泻放在一起，可防蛀。

1874 年，盛极一时的胡雪岩创建胡庆余堂，防火设计一目了然，防盗设计则隐蔽。抗日战争时期杭州沦陷，胡庆余堂名贵中药材一夜之间消失，就是转移进了秘密库房。对绝大部分胡庆余堂员工来说，即便工作一辈子，也不可能知道这家国药号的秘密库房到底在哪里，里面存放有哪些宝贝，那是胡庆余堂的高等机密之一。

胡庆余堂运用其雄厚资金，备货充足。当时一般国药业都以放账为主，放账期一般为 6 个月，因辗转批发，层层索取利润，故门市销售的价格与产地相差很远，且储存量少，往往不能满足市场的需要。而胡雪岩有官场作靠山，阜康钱庄为后盾，资金实力雄厚。胡庆余堂在筹建期间，即派人分赴各省及关外采办药材，购地千亩造屋，建立东、西、南 3 个药材仓库，大量贮藏药材。或来年货款，药农乐于将上品献给胡庆余堂，胡庆余堂采购到了最道地药材，一般药号望尘莫及。胡庆余堂每逢月初、月半打折出售，赢得了广大顾客的信赖。胡雪岩的资金实力为实现"采办务真、修制务精"提供了坚实的物质基础。因此，胡庆余堂能采办到最道地的药材。在门市营业上挑选最上等药材、精工切制。

十一、药匾

胡庆余堂悬挂着 36 块丸药匾，吸引了许多游客驻足解读每块药匾上的中成药主治功能，但碍于繁体字、行草书、没断句，几乎无人能释读，现解读如下，以资传播胡庆余堂中药文化：四川白银耳（功能滋阴润肺、养胃清热，适合阴亏脑弱、精衰液耗、虚劳咳嗽、肺病咯血等，为四时咸宜之滋养品）、关东鹿茸（功能大补元阳、益血生精，适合劳极羸弱、腰肾虚冷、老年阳衰畏寒、妇人崩漏带下等）、十全大补丸（专治男女诸虚百损或劳伤过甚、饮食少进或久病虚损、时发潮热、气攻骨脊、拘挛疼痛、夜梦遗精等）、大补全鹿丸（主治劳伤过度、诸虚百损、精神萎顿、面容憔悴、脊骨酸软、腰膝无力、男子精损阳痿、高年体虚畏冷，久服和颜悦色、延年益寿）、八仙长寿丸（专治少年色欲过度、精神消耗以致金水不足、咳嗽吐血、遗精耳鸣、潮热盗汗等）、人参再造丸（专治中风中痰、口眼㖞斜、手足拘挛、言语蹇嚅、左右瘫痪、筋骨疼痛、半身不遂、癫痫气厥等）、外科六神丸（主治时邪疠毒、烂喉丹痧、双单乳蛾、疔毒恶疮、痈疽发背、肠痈乳癌一切无名肿毒等）、胡氏辟瘟丹（主治时行痧疫、霍乱吐泻、腹痛转筋、中暑中痰、不省人事、山岚瘴疠、烂喉隐疹、蛊毒癣块、心腹胀满、肝胃疼痛、十积五疳、无名肿毒等）、安宫牛黄丸（主治温暑时邪、痰浊内闭、口噤神昏、五痫中恶、热闭痉厥、小儿急惊等。此丸清热镇惊，化秽利窍，堪称特效）、六味地黄丸（主治肝肾不足、头目眩晕、骨热酸痛、腰膝痿软、虚热咳嗽、自汗盗汗、亡血消渴、小便淋秘、遗精梦泄等）、杞菊地黄丸（主治肝肾不足、虚热上炎、目赤肿痛、久视昏暗、迎风流泪、畏日羞明、瞳仁散大、渐成内障等）、明目地黄丸（主治肝肾两虚、目暗内障、风热上攻、翳膜遮睛、隐涩羞明、视物不清等）、济生归脾丸（主治忧思伤脾、怔忡健忘、惊悸盗汗、神倦体瘦、食心不寐、心脾虚痛等）、妇科白凤丸（专治妇人内伤七情、虚劳成痰、脏腑损坏，经水不调、崩漏带下、劳热骨蒸、痛经血块、形神困瘦等）、茱连左金丸（主治肝阳旺盛、胸胁作痛、吞酸呕吐、筋疝痞结、噤口恶痢、食入即吐等）、直指香连丸（主治温湿内滞、肠胃不清、气阻腹痛、下痢赤白、里急后重、日久不止等）、诸葛行军散（主治暑热秽邪、山岚瘴毒、霍乱痧气、吊脚绞肠、头目昏晕、不省人事等）、八宝红灵丹（专治中暑中热、霍乱吐泻、绞肠吊脚、昏沉胀闷、四肢厥冷、六脉皆伏以及发背疔疮等）、精制猴枣散（主治小儿风痰内蕴，致成急惊壮热昏狂、咳嗽气喘、痰盛喉鸣、惊悸烦躁、客忤天吊、舌强口噤、四肢搐搦以及成人中风昏仆倒地、语言蹇濇等）、梅花点舌丹（主治一切疔疮脑疽、发背红肿、痈疖无名热毒、咽喉肿痛以及妇人乳痈乳岩）、神香苏合丸（主治小儿急惊、身热面赤、搐搦上视、牙关紧硬、痰涎潮壅、辟恶通窍、清热化痰、中风痰厥、昏迷僵仆、口眼㖞斜等症）、百益镇惊丸（主治小儿禀赋本虚、感风停食、误进凉药以及疟痢痘瘄病后元虚，致成慢惊搐搦、时作痰鸣、气促神困、睛露等危险病证）、小儿回春丸（主治小儿急惊、发搐瘛疭、内外天吊、伤寒邪热、斑疹烦躁、痰喘气逆、五痫痰厥、大便不通、小便赤涩等）、局方牛黄清心丸（主治中风拘挛、言语謇涩、健忘恍惚、痰涎壅塞、小儿风痰上壅、搐搦口噤等）、圣济大活络丹（专治顽痰恶风、热毒瘀血入于经络、一切中风瘫痪、痹证痰厥、腿膝酸痛、四肢麻木、筋脉拘挛、步履艰难、风寒入脑、头胀耳鸣、痈疽流注等）、万氏牛黄清心丸（专治痰火闭结、瘰疬癫狂、语言謇涩、恍惚眩晕、精神昏愦、不省人事、凡一切中风等症）、太乙紫金锭（主治时行瘟疫、霍乱吐泻、山岚瘴气、中风中痰，口噤神昏、四肢厥冷、筋脉挛急、以及痈疽疔毒、蛇蝎蜂毒、药食河豚、恶蕈诸毒等。孕妇忌服）、石斛夜光丸（主治肝肾两亏、目光不敛、神木渐散、瞳色清白、昏如雾露、内障黑花、视一为二、诸种目疾）、纯阳正气丸（主治四时不正之气、中暑中恶、阴寒湿浊、霍乱转筋、绞肠腹痛、胸膈满闷、呕吐泻痢、时行疫疠、山岚瘴气，水土不服等）、香砂六君丸（主治脾胃不和、痰饮内停、呕恶胀满、食不运化、气滞腹痛、肠鸣泄泻等）、女科八珍丸（主治妇人气血两亏、面黄肌瘦、精神倦怠、血虚经少、月事不调、胎产崩漏等）、局方紫雪丹（主治伤寒温热、时疫温疟，热邪内闭入于心胃、舌塞肢厥、神昏谵语、痰喘气促、小儿惊痫、痧痘毒闭。孕妇忌之）、局方黑锡丹（主治真元衰惫、上盛下虚、寒痰喘逆、奔豚上气、四肢厥冷、阳元欲脱、妇人宫寒、赤白带下等）、喉症锡类散（专治时邪疫毒、风热上攻、咽喉红肿、溃烂疼痛、双单乳蛾、牙疳龈蚀、口舌腐烂等）、立马回疔丹（专治疔疮已发，或已用针刺，或误灸失治，又或挖破溃烂以致疮毒顷刻壅肿，此走黄险症）、琥珀多寐丸（主治心血不足、肾气亏损、精神恍惚、怔忡健忘、夜不成寐等），匾牌上注明了各种中成药的主治功能，顾客进门一看就知道各式药材和成药的用途。这些药匾，都用银杏木精制而成。银杏木为珍稀木材，经久不翘、不曲、不裂，最适宜做匾牌。黑底金字的药牌，既是一种装饰，又是胡庆余堂中成药广告。

十二、提携同行

1. 余姚人寿丰药店

创建于清宣统二年（1910），由陈春澜出资银洋2万元独资经营，聘请药界傅文彬筹建，并任经理。店址位于虞宦街口（现新建路）。店堂三开间石库门面，由书法名家朱元树书写"人寿丰"金字招牌，店堂里挂有"寿命济世，人力回天""修合虽无人见，诚心自有天知"等对联及"方传百草"等横幅。分南北两只角尺形柜台，南柜经营成药及人参、鹿茸、燕窝等名贵药材，北柜经营饮片，批零兼营。营业场所陈设古朴典雅，业务覆盖面除余姚外，还辐射到慈溪、上虞等邻近诸县。人寿丰药店秉承陈春澜的办店宗旨，用药质量上乘。傅文彬、沈锦涛、罗允丰、罗宝元、罗沛然五任经理，坚持亲自进货，如天麻、杜仲等非产于云贵高原不可，大黄、枸杞不是青海、宁夏的上等规格不进，加工驴皮胶，则选用纯黑驴皮，加工好以后须保管3年方能出售，以保持陈年阿胶的特色。人寿丰药店前店营业，后场自制丸散膏丹四大类成药。由于陈氏与杭州胡庆余堂老板交往甚密，早在开业前已从胡庆余堂抄来全部成药处方与工艺，聘请药业加工高手，并规定凡店里经销的丸散膏丹必须由本店加工，以保证质量，确保人寿丰的声誉。

2. 乐清铁枫堂

宋康池，号久盛，出生于清道光五年（1825）。15岁开始以采集、收购、销售雁荡山附近的中草药为生，以铁皮石斛和金银花为主。后在大荆龙皮岙街开设"康盛草药铺"，为附近乡邻行医治病，以医治内科杂症闻名于仙溪、雁荡、大荆等地。曾为胡庆余堂常年供应雁荡山铁皮石斛、金银花等中草药。1874年胡雪岩先生在杭州创办胡庆余堂，精选各道地地药材，胡雪岩曾亲临雁荡山拜访宋康池，并建议其药铺改名为"康盛堂"。宋康池后将其两个孙子取名为再庆、再余，以胡雪岩的胡庆余堂而命名，意即让孙辈向胡庆余堂学习，再创第二个胡庆余堂。当时因野生铁皮石斛较多，不宜长时间存放，宋康池就开始将野生铁皮石斛移种和分种在仙溪镇北垟村后面大寨里的岩石上和树林里，又因铁皮石斛是取茎、叶、花为药，大量的石斛根茬被浪费，宋康池又将根茬移种在附近的岩石上和树林里，先后尝试种在沙石、岩石缝隙、地坎石缝上，以及尝试用麻绳捆绑在树上等方法。为了保证石斛的常年供应，又将石斛茎烘干、扭曲加工成枫斗。

3. 永康童德和药店

创于清咸丰元年（1851），药店位于永康县城仁政桥头（今永康市胜利街一带）。是永康最大的中药店，也是旧金华府三大著名药店之一（金华九德堂、兰溪天一堂、永康童德和）。民国初期是该店全盛时期，该店与胡庆余堂业务联系密切。

第五章　民国时期——从易主到维持

胡雪岩一生跌宕起伏，最终一贫如洗。清末民初，胡庆余堂因经营有方，管理规范，成为杭城药业六大家（胡庆余堂、万承志堂、叶种德堂、张同泰、泰山堂及方回春堂）之一。1916 年 10 月 24 日建成上海胡庆余堂国药号，制药精良，生意红火。民国中期，胡庆余堂与方回春堂、叶种德堂形成杭州药业"三足鼎立"局面。胡庆余堂从创建到兴盛，从变故到黯然，从新生到繁荣，它承载着时代的风云。尽管沧海桑田，世事多变，然而胡庆余堂的基业没有动摇，它的招牌如初，风采如故。自问世以来，其字号一直延用至今，始终秉承戒欺、真不二价的经营方针，传承了南宋《太平惠民和剂局方》，并保存了一批民间的古方、秘方，深受百姓的厚爱和信任。因此，胡庆余堂是保护、继承、发展、传播我国中药文化精萃的重要场所，是杭州人文历史不可缺少的重要组成部分。

第一节　堂务管理

一、产权更替

辛亥革命后，浙江省军政府没收了满族官员的财产。文煜的胡庆余堂资产也被军政府没收，公开拍卖。原胡庆余堂高层管理者陈楚香妻子得知拍卖底价 20 万元，纠集施凤翔等鸦片商人、丝商、银行家，勾结财政部门以 20.01 万元中标，并与浙江省军政府财政部签约合同。施凤翔等 11 个抱团中标者所投资本中，由鸦片资本转入的占资本总额 58%。实由鸦片商人团伙接办了胡庆余堂，由施凤翔等人管理企业。

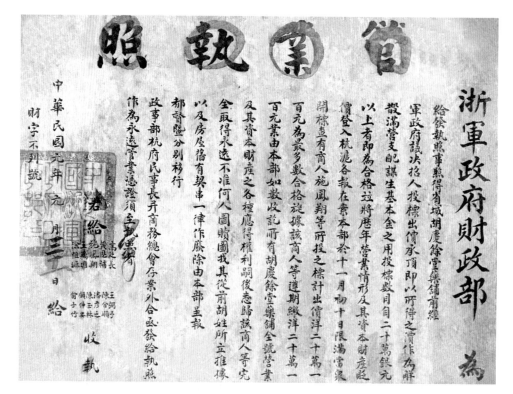

图 5-1　1912 年 3 月 11 日，浙江省军政府财政部颁发的管业执照，并盖有 "中华民国浙军政府财政部印" / 胡庆余堂供图

浙军政府财务部分发了《管业执照》，拍卖经过及财产转让情况内容如下：

为给发执照事，照得省城胡庆余堂药铺，前经军政府议决，招人投标，出价承顶，即以所得之价，作为解散满营支配谋生基本金之用。投标数月，自 20 万银元以上者，即为合格，并将历年营业情形及其资本财产贬价登入杭沪各报，在案。本部于（1911 年）11 月初 10 日限满，当众开标。查有商人施凤翔等所投之标，计出价 20.01 万元，为数最多，合格。旋据该商人等遵期交洋 20.01 万元，业由本部如数收讫，有胡庆余堂药铺全号营业及其资本财产之各种应得权利，嗣后悉归该商人等，完全取得永远，不准何人图赎图找其。从前，胡姓所立推据以及房屋旧有契串，一律作废，除由本部呈报。都督暨分别移行政事部杭府民事长，并商务总会存案外，合亟发给执照，作为永远管业凭证，须至执照者。

右给高廷长、黄恩补、施凤翔、王藕塘、徐祖源、王弼予、陈合顺、潘彦之、陈玉林、顾仲安、俞子竹收执

中华民国元年（1912）元月三十一日给

图 5-2　1940 年胡庆余堂营业大厅 / 朱德明供图

　　1915 年 3 月 4 日，施凤翔、陈庆成、王莲舫、俞骏森、顾竹溪、徐祖沅、高志青、黄子华、潘明之、王晓籁、楼映斋、陈楚香（楚湘）、毛浩甄等 13 个股东重签胡庆余堂合同议据，确认股权与利润的分配原则，企业管理制度。

　　1921 年，施凤翔在上海做黄金生意破产，将自己在胡庆余堂的股权出让给徐斌和郭玉堂两人，由此胡庆余堂进行了第 3 次改组。1925 年，改组后资金总额为 79.2 万元。胡庆余堂利用货币贬值，归还债款 88 万元（相当于白米 8000 ～ 9000 石），同时，利用物价上涨、交通阻塞和原料产地价格下降等因素，大获其利。1932 年"一·二八事变"后，受时局影响，胡庆余堂营业衰退、企业日益陷入困境。1934 年，经股东会决议，每股增交现金 1400 元，资金总额增至 96 万元，以填补股东欠企业的宕账，但对外债务仍未减轻，股东每年的官息、红利仍按时索取，这时企业已濒危局。1935 年 1 月，俞绣章升任杭州胡庆余堂经理。抗战初期，经过文家及施凤翔的占有，胡庆余堂的流动资金已濒临枯竭。杭沪两地的营业虽然都不错，毛利也较多，但企业实际已经亏损，企业欠银钱业的长期债款有 70 万元～ 80 万元，加上临时短期借款，每年利息支出就要 10 多万元。加之业务费用每年在 30 万元以上，而且股东的每年一分官息、3 年一次红利也要照拿，这样只得抬高存货价格，做出虚盈实亏的账，使股东拿到利润。1939 年，上海分店正式分开，独立经营，由高志文任经理。1942—1944 年，杭州胡庆余堂乘抗日战争期间交通运输困难、原料产

价格低的机会,派人去河南周口就地生产驴皮胶,返销沪杭,大获其利,归还了大部分借款,使药店摆脱了困境。抗战胜利后,物价飞涨,金圆券贬值,1948年国民党政府实施限价政策,顾客纷纷向胡庆余堂抢购成药,仅陈年驴皮胶就被抢购数千片,后虽曾限制出售,但存货已竭,卖出去补不进,营业额大为缩小,而业务开支及官息红利支出却不可少,到中华人民共和国成立前夕胡庆余堂陷入困境。

二、管理规范

20世纪30年代,杭州胡庆余堂、胶厂和栈房占地40多亩,有职工200多人,分为11个部门,1厂、1栈,分工合作。

丸散部:发售各种丸散膏丹、痧药、花露、香油、药酒诸胶等。

饮片部:按方配药,加工珍贵细货药材。

参燕部:发售参、燕、银耳、鹿茸、三七等品。

切药部:精洗药材,切制饮片。

拣选部:拣择纯良药材,精心拣剔。

炮制部:根据历代本草成法,遵古炮制饮片。

细货部:管理各种珍贵细货药品。

储胶部:管理诸胶,储陈3年,始行发售。

细料部:修合各种细料丸散。

配制部:配制各种大料丸散,豢养关东仙鹿,以供配丸之需。

邮寄部:便利外埠人士购取,力求包裹寄递之捷速。

胶厂:春夏漂洗原料,冬季煎制诸胶。

货栈:存储各省道地药材,专卖管理。

胡庆余堂还延聘名医,坐堂诊疗;也有其他名医请患者拿其所开处方,赴胡庆余堂撮药。胡庆余堂目前仍收藏着民国时期杭州名医叶熙春、何筱香、詹子翔、骆也梅等的处方真迹,处方上均盖有"胡庆余堂"章。

图5-3　孙中山题词"双十医馆"／朱德明摄

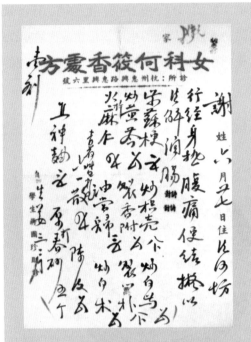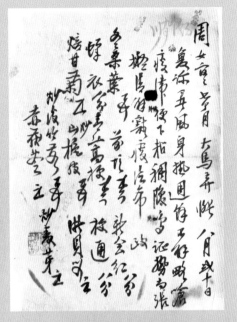

图5-4 1948年6月27日，与何公旦、何穉香同辈的杭州市中医师协会主任委员何筱香在胡庆余堂门诊时所开处方/朱德明藏

图5-5 1948年8月20日，詹子翔在胡庆余堂门诊时所开处方/朱德明藏

　　民国时期，俞绣章、孔良余和徐沛泉等为胡庆余堂的规范管理和企业发展，做了大量工作。

　　俞绣章（1880—1964年），浙江慈溪鸣鹤镇人。1930年任杭州胡庆余堂国药号协理。1935年他升任经理。任职期间，传承胡庆余堂"采办务真、修治务精"的经营理念，保持了胡庆余堂品牌特色，使中成药品种名不虚传。抗战初期，胡庆余堂运作低下，俞绣章增设参燕部，增加滋补产品，扩大邮购业务，汲取企业员工和社会人士存款，充实流动资金，并找准抗战时期周家口驴皮价格低廉的机会，就地收购，设厂煎胶，煎制10多万斤驴皮胶，每斤获利10元以上，使胡庆余堂暴利旧币100多万元。同时，他通过降低员工酬薪、不发红利的方式，摆脱了企业资不抵债的窘境。1949年5月，俞绣章积极响应中共杭州市委"劳资两利，发展生产"的号召，在杭州东坡大剧院，代表杭州市国药业资方签订杭州市国药业劳资集体合同，并在药店工会的帮助下，全力运筹企业经营，1953年企业营业额达124万元，盈利15.68万元。两年后，俞绣章领头在杭州市商业系统实行公私合营，得到了杭州市人民政府的信任，负责杭州市商业系统的全行业公私合营改造，对社会主义建设做出贡献。他十分重视人才，对制药技术精湛的工匠周如根、孔良余、范国桢、徐沛泉等关怀备至，委以生产管理重任，极大地调动了企业员工的生产积极性。俞绣章 75 岁高龄时，仍被杭州市人民政府委以国营杭州市中药公司经理兼胡庆余堂副经理的任职，为胡庆余堂的发展鞠躬尽瘁。

图 5-6　民国时期胡庆余堂员工堂徽章 / 朱德明摄

孔良余（1892—1967 年），浙江宁波庄桥镇人。1912 年任杭州胡庆余堂药工，后任大料房负责人、制造部主任。他有丰富的制药经验，对制丸、煎胶尤为擅长，并总结出行之有效的操作方法。如手工泛丸采用"翻、滚、撞"三结合的操作方法，手势轻灵，不用蛮力，加水加粉，限于竹匾一侧，浪费原材料少，效率高。泛成的丸大小匀称，色泽相同，崩解度好，产量很高。孔氏创造的煎制驴皮胶"三朴一抖（即朴起并锅、赴朴回胶、朴起抖胶）"和"扯（拉）大旗、老鼠尾"等一整套收老胶操作方法，使煎制的驴皮胶老嫩合适，色泽光亮，边有棱角，不塌顶，久贮不坏，易于保管。这一制胶方法编入了 1960 年 1 月出版的《浙江中药制剂集成》。1955 年，孔良余提出建议，如增加水胶淘锅，在保证质量的前提下煎尽胶渣，铲皮做到"刀轻毛净皮不伤"等，使驴皮胶、虎骨胶、龟甲胶全年增产 3000 余斤。1964 年退休。

徐沛泉（1908—1968 年），浙江宁波慈溪南乡人。1929 年 9 月，入杭州胡庆余堂工作。抗战前夕，受俞绣章委托，以白话文的形式改编成《胡庆余堂雪记简明丸散全集》。1937 年 12 月，胡庆余堂停业，徐沛泉先后在慈溪、杭州行医。1945 年 12 月，重回胡庆余堂，任饮片二柜。中华人民共和国成立前夕，再受俞绣章委托，代表胡庆余堂与叶种德堂、张同泰药店整理中成药处方和炮制方法，统一处方和加工技艺。1958年，南京药学院学生到胡庆余堂实习，徐沛泉与实习生一起整理了中成药处方和工艺书稿，后又与浙江省卫生厅药品检验所、浙江省中医药研究所等单位在原有书稿的基础上，编成了《浙江省中药制剂集成》。1960年1月，以浙江省卫生厅为作者出版。1958年10月，调入胡庆余堂制药厂中药研究室，从事新产品开发和新剂型改革工作。1959年，与南京药学院师生共同将腰痛丸改为腰痛片。1960年，将全鹿丸改为全鹿片，并结合临床，又试制成功银翘解毒片、复方羚角降压片、参鹿补丸、清热解毒丸等产品。1959年，代表胡庆余堂参加浙江省卫生厅主编的《浙江中药手册》编撰工作。

三、启用新闻媒介打广告

胡雪岩率先以"胡庆余堂"一个店铺的名义，启用新闻媒介，在上海《申报》上刊登广告索求人才，各地名医慕名而来，胡雪岩奉其为座上宾，优以供给，择优留良。有位义乌民间郎中，献出一本家传秘方，经名医验证确为失传之良方，胡雪岩当即赏以重金，并留店委以任事。据厂史记载：治疗浮肿的"盆欢散"，治疗妇女病的"玉液金丹"，就是来源于这位义乌郎中的家藏验方。此外，胡雪岩还在《大公报》《东南日报》上登载医药广告。

图5-7　民国《大公报》胡庆余堂雪记药号广告 / 朱德明藏

图 5-8　民国《东南日报》胡庆余堂雪记药号广告 / 朱德明藏

四、省内外经营

民国时期，中药零售业的经营范围一般为中药饮片、中成药和参燕三大类。在中成药经营上，大店自制自销，以零售为主，兼对城乡中小药店批发。中华人民共和国成立前的私营药店服务项目，有代客煎药、送药、加工研粉、合丸、煎膏滋药等，服务周到，店规较多，视顾客为"衣食父母"。营业员需站立服务，面向顾客，双手按柜，态度和蔼。顾客买药，笑脸相迎，语气热情。顾客复配处方，先问病情以示关切。遇到别扭顾客，也能耐心解释，不与争吵，"店员明吃三分亏"。

在药材价格上，药材行业没有统一价格。1945 年 12 月，杭州市中药商业同业公会会员代表大会提议"统一售价，以整业规"，组织"评价会"。药材价格名义上由同业公会评议，实际上操纵在少数大商户手中。药材行价格，按传统由有威望、受信赖的人掌握。第一批山货落行，就由该行开盘（开价）。先请胡庆余堂、叶种德堂、张同泰药店等经理随带拣货先生来挑选，价格由药行的行面先生和药店经理面议，按品质成数议定；拣货价格一般比市上普通价格高三到四成。收进价格，一般采取八五扣佣金和八五～八八扣佣金的方式议定。药行利润一般按 15% ～ 20% 计算；也有按售价加 5% ～ 7% 的行佣，再给进货单位以八五～八八扣率和视情况议定销价。拆兑行的价格一般按 60% 利润计算。零售店价格，由饮片组评议会议定，以价目表所列的码洋，按照药店大小，扣实际值：甲级店九五扣，乙级店八五扣，丙级店七五扣，丁级店六五扣。实洋一律无折无扣。大店逢朔望按九扣结算。当时零售毛利最高 19 倍，平均 1.45 倍，参燕的毛利 50% 以上。

清末至抗日战争前，中药经营额均较稳定，一般都有盈利。如胡庆余堂在清宣统二年（1910）营业额达 34.02 万元，纯盈利 1.09 万元；1934 年营业额 59.65 万元，纯利 1.05 万元。

表 5-1　1931 年以胡庆余堂为主的中药店自制药品价格统计表

品名	单位	零售价格	销路	品名	单位	零售价格	销路
全鹿丸	每两	1角5分	各县	大补丸	每两	8分8厘	各县
枇杷膏	每两	7分6厘	各县	大补膏	每两	1角5分	各县
辟瘟丹	每粒	3角9分6厘	各县	回春丸	每粒	1角8分	各县
纯阳正气丸	每两	7角	各县	六味丸	每两	5分2厘	各县
两仪膏	每两	1角5分	各县	人参再造丸	每粒	1元9角2分	各县
红灵丹	每两	7元	各县	行军散	每两	5元	各县
平安散	每两	3元9角	各县	卧龙丹	每两	3元	各县
雷公散	每两	9元6角	各县	午时茶	每块	2分	各县
愈风酒	每斤	3角8分4厘	各县	加皮酒	每斤	3角8分4厘	各县
洋参酒	每斤	8角9分6厘	各县	参桂酒	每斤	8角9分6厘	各县
如意油	每瓶	5分6厘	各县	回天丸	每粒	2角4分	各县
安宫牛黄	每粒	2元3角2分	各县	局方至宝丹	每粒	1元1角6分	各县
天王补心丸	每两	6分4厘	各县	明目地黄丸	每两	5分6厘	各县
女科八珍	每两	6分8厘	各县	知柏地黄丸	每两	5分6厘	各县
八珍糕	每斤	3角2分	各县	如意丹	每两	6元4角	各县
二妙丸	每斤	5分2厘	各县	紫金片	每两	3元9角2分	各县
三妙丸	每两	5分6厘	各县	紫金锭	每两	3元4角	各县

胡庆余堂等大药店除经营药材外，兼制膏丹丸散，推销省内外，得利很多。全行业相沿农历四月二十八日祈祷药王，各家必须焚香祷拜，宰鹿制丸也应祀神，称作虔制。每逢正月十五以后，进入"香市"，省内及江苏、安徽等地农民到杭州烧香拜佛、游玩西湖后，到名店购物。杭城商家有句谚语："夏秋冬敌不过春香一市旺。"进香农民进参（药）店买补品，"下三府"（杭、嘉、湖）农民相信参须、木耳、人参再造丸等补品，萧（山）、绍（兴）农民则相信大补药和药酒，金（华）、

衢（州）、严（州）农民信赖参三七。一般进补都在冬季，而农村有在春耕前进补的习惯。"香市"期间，坐落在河坊街至鼓楼一带的胡庆余堂等名老药店，生意兴隆，门庭若市。

抗日战争爆发，杭州沦陷，杭州中成药生产被严重摧残，业务衰落，唯独胡庆余堂和叶种德堂维持经营。

1945 年 8 月，抗日战争胜利后，药业一度复苏。但国民党政府发动内战，物价飞涨，政府又采取限价政策，致使一些大药店名产中成药如驴皮胶、八珍糕、人参再造丸、辟瘟丹及各种药酒等均被抢购一空。胡庆余堂驴皮胶被抢购 5 万多斤，抢购人群挤掉了大门口的石栏杆。成药卖出去，原料补不进，至中华人民共和国成立前夕，各大药店已难以为继，中成药生产大幅度下降。

1949 年前，胡庆余堂配方的比例仅占营业额的 5%，主要销售参茸滋补品，价格高于杭州普通药店，获利丰厚。

民国时期浙江中药店能把目光锁定全国各地的名中药材，严把药材采购的质量关，尤其是胡庆余堂、叶种德堂等六大药号实施最佳。它们生产饮片程序规范、质量上乘、包装美观，极具江南水乡文化蕴涵；在药材（品）的保管上，仓库设施完善，分工明确，使其产品屡屡在国内博览会上荣膺金奖；在中成药的营销上，宗旨戒欺、服务周全、价格合理、分量充足、产品畅销海内外。

五、杭州市国药业职业工会

1946 年 12 月，筹建杭州市国药业职业工会（中华人民共和国成立后俗称黄色工会），翌年 3 月召开成立大会，会址设在胡庆余堂国药号内，后与国药业公会合署办公，会员 200 多人，乌兰璋任理事长，1949 年 10 月，分别建立国药和新药业基层工会，隶属于杭州市店员工会（后改为财贸工会）。

第二节　战乱维生

一、历经战乱

1937 年，日本军登陆宁波金山。12 月 24 日，杭州陷落，杭州胡庆余堂等相继歇业。翌年，胡庆余堂复业，俞绣章经营后，有所起色。

1945 年 8 月，抗日战争胜利后，杭州药业一度复苏。杭州胡庆余堂驴皮胶被抢购 5 万多斤，抢购人群把大门口石栏杆都挤掉了。成药卖出去，原料补不进，中成药生产大幅度下降。

1948 年，民国政府颁布了相关管制措施，胡庆余堂遭疯抢，损失巨大。1949 年，中华人民共和国成立，胡庆余堂收归国有。

二、产品旺销

宁波帮尤以慈溪籍占优势，胡庆余堂、叶种德堂、万承志堂皆慈溪人在杭州市经营的大药行。全行业 1931 年营业额为 290 余万元，全年营业额在 2 万元以上者有胡庆余、方回春、万承志、叶种德、泰山、大元、天德、同春堂、德昌药料号以及恒丰、三慎、义成、元大、阜泰、五昌、广大药行等 19 家，其中又以胡庆余堂 90 万元为最多。

表 5-2　1931 年胡庆余堂经营情况统计表

店名	地址	组合性质	职员人数			资本金（元）	1931 年营业额（元）
			店员	学徒	合计		
胡庆余堂	大井巷	合资	185	10	195	100000	900000

1934 年，胡庆余堂自运各省道地药材，选置门市饮片，精修丸散膏丹，杜煎虎鹿龟驴诸胶、各种花露药酒，秘制痧药、辟瘟丹、光明眼药，生意兴隆。1938 年，胡庆余堂总产值和利润创历史最高水平，分别达 4200 万元和 646 万元。

三、享誉江南

清同治三年（1864）六月后付梓的范祖述《杭俗遗风》称杭州药店："就其最著称者有胡庆余堂、种德堂之药材，承志堂之药酒，皆誉称一时矣。"

清末民初，胡庆余堂因经营有方，成为杭城药业六大家（胡庆余堂、万承志堂、叶种德堂、张同泰、泰山堂及方回春堂）之一。

民国中期，胡庆余堂与方回春堂、叶种德堂形成杭州药业"三足鼎立"局面。

1931 年方回春堂开始走下坡路，其资金仅为 7200 多元，为万承志堂的 1/3，该年胡庆余堂资金达 10 万。1945 年，内战爆发，物价飞涨，药业同行及一般顾客抢购胡庆余堂中成药，仅陈年驴皮胶就被抢购数千斤，库存枯竭，卖出去，补不进，营业缩小，业务开支及官息利润支出不少。至 1949 年，生产处于停滞状态。

第三节　胡庆余堂上海分店

图 5-9　民国胡庆余堂上海分号 / 朱德明供图

一、筹建经过

由于上海商业发达，民众购买力旺盛，设立胡庆余堂上海分号，在上海直接营销中成药，营利更丰，由于上海南京路上有大型药店，弥漫着浓厚的中医药文化。

图 5-10　20 世纪初上海南京路西段的葆元号药店及全安茶居／朱德明供图

1914 年，杭州胡庆余堂施凤翔、陈楚湘等，在今上海南京路河南中路抛球场南面开设临时发行所，因店基小，仅售成药，不售饮片（汤剂配方），营业无起色，成为胡庆余堂上海分店雏形。施凤翔等决定 3 年内暂缓分发官利，由杭州总号分出资金 24 万元，用作建造上海分号的店铺及营业款。施凤翔在上海从事房地产，趁机将北京路私有地皮 5 亩，以每亩 16500 元的高价卖给胡庆余堂，按杭州胡庆余堂的格局仿建，新建了一座坐北朝南、建筑宏伟、雕梁画栋、富丽堂皇、古色古香的高大石库门建筑，后还翻起了四个楼面，于 1916 年 10 月 24 日建成上海胡庆余堂国药号，地处上海北京路老闸桥西面坐北朝南石库门内。

上海胡庆余堂正门上有石雕堂匾"雪记庆余堂"，之上是石质圆形浮雕，圆形浮雕内的上方自右至左有"天医雪记"，下方为孙思邈坐虎镇龙伴童子图案。正门两侧悬挂着竖匾"胡庆余堂"，正门墙面上方一侧挂着"胡庆余堂饮片"、另一侧挂着

图 5-11　胡庆余堂上海分店营业部 / 朱德明供图

"胡庆余堂丸散"，正门气势逾越杭州大井巷胡庆余堂总店正门。营业大堂内供奉"天医"，并以"雪记"为商标，在农历 9 月 28 日正式将发行所并入营业部。

二、股东会管理

以杭州店为总管理处，上海店为分支机构，一切经营管理及人事组织均由杭州总店拍板。冯挺五担任杭州、上海总经理，后由魏洪范接任。另任命 2 名协理，驻两地管理，杨春骐任杭州协理、陈楚春任上海协理。俞惠棠担任总账房，陈桂芳担任上海分号账房。1920 年，魏洪范病故后，杭州、上海两店各自管理。年度结算时，上海分号上交杭州总店营业报告，将应发给股东的官息红利，一并交给杭州总店，汇总后再转发给各股东。

三、制药精良

坚持杭州胡庆余堂总店的传统，熬煎膏滋药是上海胡庆余堂的特色产品，而且四季皆有，来方配煎膏滋以冬令最多，如自制的十全大补膏、驴皮膏等久负盛名，盛销不衰，深得广大顾客的信赖，名扬申城，并驰名全国，远销海外。上海胡庆余堂为了体现正宗国粹，道地药材，仿效杭州胡庆余堂游街杀鹿、现场杀鹿配制全鹿丸的做法，制作前发布"活鹿广告"，选择黄道日子，药店伙计穿着号衣抬着梅花鹿，扛着写有"本堂谨择某月某日黄道良辰虔诚修合大补全鹿丸，胡庆余堂雪记主人启"的广告牌。店员敲锣打鼓游街一圈，然后在店门前焚香，当众宰杀活鹿以示货真无诈，并剥皮去毛，剖腔取出五脏洗净后，将鹿的骨、肉、血，与事先准备好的当归、玉桂、补骨脂等粉末拌和，当场舂碎，加热烙干，研成药粉，再制成丸剂。全过程让群众目睹，使之传至街头巷尾，做了义务宣传员，招徕四方顾客前来购买，因此"全鹿丸"声誉越来越高，销路与日俱增，十分火爆。上海胡庆余堂的传统特色，除经营饮片、参茸、成药和新药四大类外，坚持代购邮寄、研粉泛丸等便民服务，其膏滋药四季皆有，来方配煎膏滋以冬令最多，盛销不衰，深受顾客欢迎，熬煎膏滋药，是胡庆余堂的长处，也是"雪记"特色产品。

四、生意红火

杭州胡庆余堂雪记药号上海分号开张后业务大佳，在初一、月半及冬令进补之

际，营业更好，每天营业额最高达
1万元～2万元，不久跻身为上海国
药业四强行列，四强包括蔡同德堂、
童涵春堂、雷允上诵芬堂、胡庆余
堂，胡庆余堂为上海中药行业规模
最大、销售额最多的一家中药店，
与杭州总店相媲美，营销额超过杭
州总店。

20世纪40年代，杭州胡庆余堂
雪记药号上海分号在上海市北京东
路石路西首，又开设店面，发售杜
煎虎鹿龟驴诸胶、人参再造丸、参
茸卫生丸、圣济大活络丹、大补全
鹿丸、十全大补丸、十全大补膏、
各种冬令补剂、饮片、参、燕、银
耳、老港濂珠粉以及一切补品等。

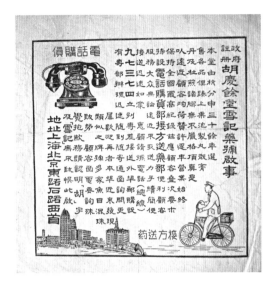

图5-12 民国时期胡庆余堂雪记药号上海分号
接方送药广告 / 胡庆余堂供图

五、抗争废医

1929年，少数西医在中央卫生
部会议上将中西医药强分新旧，并
提出废止旧医药等议案，全国各地
中医中药团体立刻写信给上海中医
协会，一致要求召开全国中医中药
团结联合大会，谋求对策。上海市
中医协会决定在3月17日举行全国
中医中药团结代表大会，胡庆余堂
在店门贴出"拥护今日举行全国医
药团体代表大会"等标语并罢工半
日，同时推派代表出席了大会，并
在会上发了言。会议期间，上海全

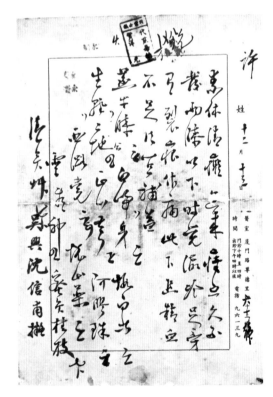

图5-13 民国时期浙江湖州和上海名中医
沈信甫在胡庆余堂上海分号门诊
时所开处方 / 朱德明藏

部药店一律停业半天。杭州胡庆余堂雪记药号上海分号在抗争废医运动中，走在上
海各大药业的最前面，起到领导作用。

第六章　中华人民共和国成立初期
——从改造到合营

随着中华人民共和国的诞生，胡庆余堂开启了新生。1958年7月，杭州胡庆余堂与杭州叶种德堂合并成立"公私合营杭州胡庆余堂制剂厂"。药厂的技术革新步伐加快，1958年就开始将传统的全鹿丸、银翘解毒丸等改制成片剂，1959年试制成功34种药品。1960年1月，公私合营杭州胡庆余堂制剂厂更名为"公私合营胡庆余堂制药厂"。1963年，冯根生等研制的"双宝素胶囊"投入生产。1966年，公私合营胡庆余堂制药厂更名为"杭州中药厂"。1972年3月1日，杭州市政府决定，将杭州中药厂一分为二，杭州中药厂原厂部更名为杭州第一中药厂，杭州中药厂的杭州城西桃源岭下的新凉亭制胶车间划出成立杭州第二中药厂，由胡庆余堂的关门弟子冯根生任厂长，是全国规模最大的中药厂之一。冯根生大胆创新，将中药汤剂"生脉饮"和"四逆汤"制成口服液，1976年又研制成参麦针、丹参针等中药静脉注射液，将其投入生产。1978年又根据古方研发出"益寿永贞"片剂，即后来著名的"青春宝"，为改革开放以后的腾飞打下了良好基础。1978年以前，浙江省全年产值在500万元以上的中成药厂仅杭州第一中药厂和杭州第二中药厂两家。

第一节　20世纪50年代公私合营

1949年9月，杭州市卫生局成立医政科统一管理中西医事业。翌年，市卫生局成立中医科。中医科负责对医疗机构中药质量与合理临床应用实施监管，而中药材采购、加工生产、市场流通则由市商业局管理。公有制的药厂、医药公司与药店隶属医药局。

1950年，胡庆余堂经理俞绣章代表全体资方人员按照杭州工商登记法，向上城区人民政府申报登记资金总额41.1万元人民币，固定资产3.5万元人民币，流动资金 37.6 万元人民币，营业额 14 万元人民币，职工 145 人。1952 年，胡庆余堂的经营状况逐渐走上正轨。12 月，杭州市中药业有国药、参茸零售商店 98 家，经营网店 101 个。除胡庆余堂 1 家已先被批准公私合营，惠生堂等 5 家药店倒闭外，被批准公私合营的国药、参茸零售商店有 92 家。

图 6-1　20 世纪 50 年代胡庆余堂药房大堂 / 胡庆余堂供图

中华人民共和国成立初期，国民经济百废待兴。此时胡庆余堂的权力在以王晓籁为代表的 13 个股东手上，后来他们将自身的股份转让给亲属或业内同行。根据 1952 年胡庆余堂《股东名册》记载，当时的股份已分成 120 份，股东为 81 名。早期由施凤翔等人对胡庆余堂设立的合股经营制度已被打破，公司成了合伙人制。

1953 年，胡庆余堂有流动资金 84 万元人民币，职工 146 人。胡庆余堂、叶种德堂和张同泰三大药店资产达 176 亿 6000 多万（按旧币计算），占该年杭州市国药业资产总数的 72.1%；三大药店从业人员 272 人，占该年杭州市国药业从业人员的 30%。胡庆余堂最高工资平均每人每月 451 元人民币，最低为 150 元人民币。杭州市中型药店平均每人每月 90 元人民币。当时胡庆余堂职工福利在同行业中最高，折射出该堂经济效益最好。通过杭州市国药业第一、二阶段的行业整顿，1954 年 8 月 2 日，杭州市人民法院举行市国药业典型违法审判大会，揭露该行业过去从未揭露的违法现象，胡庆余堂假药 17 种、霉蛀失效药 32 种，制胶有作伪现象。但在当年被查的国药店中，劣质药材比例还是很低的。胡庆余堂资方代理人俞绣章在参观了杭州市举办的伪药展览会后表态："必须认真树立起新的商业道德。"胡庆余堂基层工会干部徐祥云说："我以前思想觉得大店没有什么问题，通过这次展览，完全证实了大店同样是存在问题的，这是资产阶级唯利是图的本质所决定的。今后必须加强警惕，对不法资本家随时进行监督和揭发检举。"

1955 年 9 月，胡庆余堂成为全市商业中第一家实行公私合营的企业，根据生产发展的需要，设万片、制胶、制凡、包装、保全、实验六大车间，并建供销、生产、人事保卫、研究室、办公室等六大科室。第一进的营业厅也失去了营业功能，作为货仓、加工制药空间和药品的发放处，直至 20 世纪 90 年代，才恢复营业厅功能。

经清产核资，胡庆余堂全部财产被估定为 90.6 万元人民币，杭州中药材站投资 2 万元人民币作为公股。由此，胡庆余堂率先实行公私合营，并改名"公私合营胡庆余堂国药店"。12 月 17 日，浙江省委制发《浙江省对私营商业实行社会主义改造的初步规划（第 1 次草稿）》，决定对浙江省私营商业实行全行业公私合营，并确定主要内容和目标任务。杭州市 89 家私营零售国药店和 9 家私营参茸店，实行公私合营，由杭州市中药公司负责归口领导与管理。杭州、上海两地的组织机构，根据社会主义经营原则，产品两地各自经营，两地职工人数为 200 多名。合营后，俞绣章为杭州总店经理、高志文为上海分号经理。

1956 年 4 月，中国药学会浙江分会吸收中药工作者为会员，胡庆余堂徐玉卿等人为第一批新会员。1956 年，私营中药商业社会主义改造完成后，杭州市中药公司于同年 7 月，组建"公私合营中药切片工场筹建小组"，由胡庆余堂、叶种德堂、张同泰药店共出资 11 万元，市中药公司投资开办费 3.25 万元，在杭州市直吉祥巷 11 号（原种德堂栈房），抽调管理人员和手工切制人员共 25 人，于 1957 年 4 月正式成立全省第一个饮片加工场——公私合营中药切片工场。杭州市中药公司下设胡庆余堂直属店。

1957 年，胡庆余堂投资 27.9 万元，在杭州西郊桃源岭下、大方井边的新凉亭征地 40 亩，建厂房 5000 余平方，成立制胶车间。上海蔡同德堂胶厂（位于现杭州华侨饭店所在地，后迁到新凉亭胡庆余堂制胶车间西侧）随后并入胡庆余堂制胶车间。10 月 26 日，浙江省供销合作社，浙江省卫生厅联合报告浙江省人民委员会将省产白术、浙贝母、麦冬、玄参、延胡索、白芍、菊花、郁金八种药材列入国家计划。

1958 年前，中成药产品多以生药或生粉投料，剂型主要是丸剂、散剂、曲剂、茶剂、胶剂、膏剂和药酒。后来有少数厂能生产片剂、酊水糖浆剂，品种有银翘解毒片、胃灵安神补汁、橘红止咳糖浆等数种。1958 年 5 月，杭州市内

图 6-2　20 世纪 50 年代，胡庆余堂制药厂厂区
/ 胡庆余堂供图

中西药零售商店实行市、区分管。胡庆余堂、叶种德堂仍由市管，其余 69 家（中药 48 家、西药 21 家）属区管理，上城、下城建立新药店，江干、拱墅、西湖区的药店，分属日用品店管理。从前店后场扩大为中药制药厂。7 月 24 日，杭州胡庆余堂与叶种德堂合并成立公私合营杭州胡庆余堂制药厂，使之集中了两家名老药店传统产品的制作技术和有丰富经验的制药工人，申请了"古医"注册商标。在国家和地方支持下，胡庆余堂等国药号相继单独建厂，中成药前店后场、制售一体的传统生产方式从此结束。从此，杭州有了以生产中成药为主的第一家专业厂，走上了中成药生产专业化道路。该厂不断提升规模与技术革新水平，胡庆余堂的制膏车间发展为第二中药厂，成为浙江中成药工业的骨干。在中药业经过社会主义改造转变成为国营的过程中，批判了一些私营经济中存在的投机倒把、伪造假药、变质药材继续出售等不良现象，同时形成了药材品质、炮制和制剂规范等方面的标准，更好地保障药品质量。

1958 年，童涵春、雷允上、蔡同德、胡庆余等国药号成药工场合并为公私合营上海中药联合制药厂。

1959 年，杭州市商业局决定将新药站所属中药制剂部分的生产设备、厂房并入胡庆余堂，厂名改为公私合营胡庆余堂制药厂，成立了研究室，负责发掘、整理古方和民间单方，先后整理了 90 多个古方和 400 多个验方。宋、元、明、清四代各地著名的丸、散、膏、丹的方子也较好地保存了下来，并试制成功 34 种药品。

第二节　20 世纪 60 年代调整巩固

一、杭州胡庆余制药厂

1960 年 8 月 30 日，杭州胡庆余制药厂发生大爆炸事故，该厂制膏车间操作女工梅某在试制冰片的过程中，因爆炸而死亡。1962 年，国民经济调整，为了贯彻"调整、巩固、充实、提高"的八字方针，浙江全省药厂做了调整定点工作。其中，中成药生产定点为六个厂，即杭州胡庆余制药厂、杭州张同泰制药厂、兰溪制药厂、绍兴制药厂（西药厂兼产中成药）、宁波制药厂（西药厂附设中成药车间）、温州制药厂（西药厂附设中成药小组）。在生产管理上，采取主要产品集中、一般产品分散的模式。确定 30 种用贵重药材生产的中成药，以杭州胡庆余堂制药厂为中心直接由

图 6-3　1966 年，公私合营杭州大井巷胡庆余堂正门
/ 胡庆余堂供图

图 6-4　20 世纪 60 年代末，杭州大井巷胡庆余堂正门
/ 胡庆余堂供图

省中西药公司安排生产，产品由杭州中西药站收购，按省下达的分配计划调拨。一般常用小成药，主要由当地县（市）中西药公司所属的饮片加工厂生产。各厂还按地区进行生产布局：杭州胡庆余堂制药厂担负一部分品种供应全省需要，并接受杭州、嘉兴、台州三个地区医药商业部门的加工任务；其他各厂主要生产当地需要的加工品种（其中绍兴制药厂生产宁波地区需要的中成药）。胡庆余堂制药厂的价格由浙江省卫生厅药政管理局管理。

1963 年 3 月 12 日，杭州龙驹坞药物试验场（今杭州药物研究所）开始养鹿，21 只鹿从胡庆余堂制药厂调入。1963—1964 年，胡庆余堂制药厂生物制品车间、药酒车间相继搬入新凉亭。叶荣良为制胶车间主任，冯根生为生物制品车间主任，沈佐良为药酒车间主任。为区别于上海胡庆余堂，厂名被改为杭州胡庆余制药厂。1964 年，统一管理收购价的有 50 种药品，销售价的有 73 种药品，中成药为杭产驴皮胶、药酒及胡庆余堂生产的各种成药，并规定企业无定价权。1965 年，根据中央的指示，中成药生产的布局又做了调整。杭州张同泰制药厂撤销，该厂的生产任务并入杭州胡庆余堂制药厂。省内又成立宁波、温州、绍兴 3 个中药厂。杭州胡庆余堂制药厂和兰溪制药厂归口领导关系不变。生产布局如下：杭州胡庆余堂制药厂是全省中成药生产的骨干厂，接受省中西药公司安排的加工任务，并负责杭州、嘉兴、台州三个地区医药商业部门的加工任务。1966年，杭州郊区试种成功板蓝根，当年提供商品551公斤。1972年，萧山从山东引种成功，曾被定为杭州胡庆余堂制药厂生产板蓝根冲剂的原料基地。1968年，新建了杭州中药厂遂昌分厂。1969年，杭州中药厂（1966年9月，杭州胡庆余堂制药厂更名为杭州中药厂）厂部决定，同时撤销制胶、生物制品、药酒三个车间，合并成立一连，后改称杭州中药厂一车间。杭州市医药零售企业包括胡庆余堂门市部、上城医药总店、省医药药材公司商场、朱养心膏药厂门市部，市区有医药供应网点47个。

二、浙江药材学校

1960年，胡庆余堂首次向社会公开披露、将所有中成药的炮制工艺和传统处方，汇编成《中成药总论》一书，以浙江省卫生厅的名义出版发行，作为浙江省中药企业的工艺标准和行业规范。1961年，浙江省卫生厅批准胡庆余堂附设中药制剂学校，同年又与杭州药材种植场附设的中药栽培学校合并，定名为"浙江药材学校"，以胡庆余堂传统中药制剂技艺汇编而成的《中成药总论》一书，作为"教科书"。

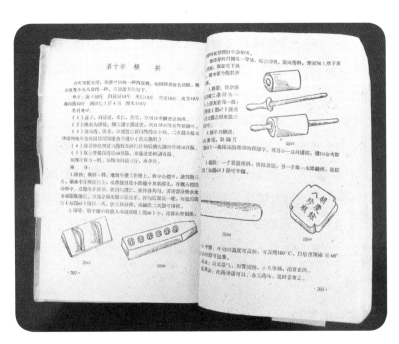

图6-5 1960年版浙江省卫生厅《中成药总论》/ 胡庆余堂供图

三、杭州中药厂

1967—1972 年，全省又新增 5 个中成药厂。1968 年，新建了杭州中药厂（现杭州胡庆余堂制药厂）遂昌分厂（1971 年下放当地，改名为处州制药厂）。1970 年，成立杭州中草药服务部。

四、《浙江中药制剂经验集成》《中成药配方》

1960 年，胡庆余堂组织人员编成《中成药配方》。浙江省卫生厅颁发《浙江中药制剂经验集成》，汇集了全省传统中成药方及其制作方法共 17 类 337 种，实行中成药生产统一处方与规格标准。杭州胡庆余堂制药厂根据省情，确定本厂部分产品仍按《浙江中药制剂经验集成》生产："对某些在江浙地区行销已久，并具有较高群众信誉的品种，仍按《集成》标准生产。""药典一般都是大颗丸，《集成》均是小丸，而按药典标准生产的产品，为照顾地区用药习惯，均保留小丸规格。"

第三节 20 世纪 70 年代充实提高

1970 年秋，由胡庆余堂制药厂、省药品检验所、杭州中西药站等单位组成工、商、卫协作小组，开展中成药剂型改革，提出"创、仿、改"的改革原则，创制以地产中药材原料为主的新产品，仿制外地疗效确切的产品，改革落后的剂型、工艺和包装，共同研制、生产"吃得起、买得起、疗效好"的新成药。

1971—1972 年，杭州工、商、卫协作小组通过"创、仿、改"，使产品结构发生变化。天目山药厂的复方野菊感冒冲剂、妇乐冲剂、苏肝口服液、复方鲜竹沥，前进制药厂的利胆冲剂、肝血宝等，均相继研制成功，先后投入生产，使杭产中成药摘掉"四老"（老产品、老剂型、老工艺、老包装）帽子，产量、产值成倍增长。

1978 年以前，全年产值在 500 万元以上的中成药厂仅杭州第一中药厂和杭州第二中药厂两家。

一、杭州第一中药厂

1973—1978 年，国家给浙江省下拨用于基建和技术改造的资金 78.1 万元，重点扶植杭州第一中药厂、杭州第二中药厂和湖州制药厂，加快了技术改造的步伐。

杭州第一中药厂不但生产有众多传统产品，而且积极进行剂型改革，是全省剂型较全、品种较多的中成药厂，1978年工业总产值近800万元。其生产的腰痛片、全鹿片等一直是中成药出口名牌产品。

20世纪70年代起，中成药走向现代化生产，杭州第一中药厂生产十全大补丸等242种中成药；杭州第二中药厂生产千里光等注射液58种，其中"青春宝"等保健药蜚声国内外。至1979年4月，杭州第一中药厂恢复厂名为杭州胡庆余堂制药厂。此后，企业开始复苏、振兴，经扩建、修缮，百年老店焕发生机，不断壮大。

二、杭州第二中药厂

杭州第二中药厂的建立，不仅标志着当年的胡庆余堂制胶车间进入了新的发展时期，更预示着一座现代化的中药城从此崛起。以"十年建成全国第一流的中药厂"为奋斗目标，全厂上下自力更生，艰苦奋斗，克服各种困难，取得了令人瞩目的成绩。工厂面貌焕然一新，生产条件大为改善，特别是"双宝素"口服液、"青春宝"抗衰老片等新产品的问世，不仅为企业创造了良好的经济效益，更为此后的持续发展奠定坚实基础。在这个过程中，建厂元勋们展现出的创业精神以及远见卓识，永远是企业最为宝贵的财富。

1972年4月15日，杭州市化工局党委决定建立中共杭州第二中药厂支部委员会，由孙毓河、祁兴玉、冯根生、戴永棠、叶文瑜5人组成，孙毓河任书记，祁兴玉、冯根生任副书记。冯根生、叶文瑜为行政负责人。5月22—23日，杭州市化工局举办分厂学习班，邹增焕、韩树滋、马金真和孙毓河、冯根生、叶文瑜分别代表一厂、二厂在分厂协议书上签字。

杭州第二中药厂原是杭州胡庆余堂制药厂的一个制胶车间，1972年7月1日，杭州第二中药厂正式挂牌，由胡庆余堂的关门弟子冯根生任厂长。初期只有600多平方米的旧厂房，职工总数198人，其中6名技术人员。后期占地35417平方米，厂房面积6877平方米，分厂时总资产37.6万元，净资产18万元，1972年全年销售收入300万元，利税总额近46万元。主要生产膏、胶、糖浆、配水4种剂型26个产品，年产值286万元。该厂建立了中成药研究所、中心试验室和装备有较先进检测分析仪器的药品质量检测大楼，不断研发新产品，例如将中药汤剂"生脉饮"和"四逆汤"制成口服液，研制参麦针、参附针等中药静脉注射液并投入生产。主要产品为双宝素口服液。

建厂不久，迎来了全省药品生产大检查。为期两天的检查结束后，检查组认为："看到你们的工厂，很难相信这是生产药品的地方，倒像是电影《夜半歌声》中的那座破庙。"检查组离开后，冯根生在全厂职工大会上说："我们承认贫穷，不能甘心贫穷；我们承认落后，不能甘心落后。中药是我们的国宝，大有发展前途。只要我们有决心，有志气，实干苦干，十年以后，我们杭州第二中药厂，一定能成为全国第一流的中药厂！"一场没有硝烟的战役在杭州第二中药厂破败的厂区里打响。党支部提出："大干三年，改变面貌！"一方面，从基建入手，改变旧的生产条件和厂容厂貌；另一方面，积极研制新型的中药提取设备。

1973 年 3 月，杭州第二中药厂挂牌 8 个月后，首次调整机构设置，设立了制胶、生物制品、药酒、伤膏 4 个车间，至 1975 年 8 月，又新增针剂、口服液 2 个车间。这些车间的产品中，除了制胶车间和药酒车间为传统剂型新法制作外，余下都是新剂型。杭州第二中药厂广纳英才，着力于组建三支队伍：第一支队伍负责产品科研，第二支队伍专攻设备研制，第三支队伍负责基建改造。

1976 年，新型中草药多功能提取设备的问世，不仅为杭州第二中药厂新法生产中成药增添了力量，还支援给全国不少中药厂家，并最终成为出口设备，开创了中药生产设备出口的先河。杭州第二中药厂研制成功外用和体腔内用的两种复方止血粉，能止住中小动脉出血，对实质脏器的创伤出血疗效较好。

1978 年，由杭州第二中药厂制造并安装的中药提取设备，在柬埔寨试车成功。中药成套制药设备出口，在中国中药史上尚属首次。该厂根据古方研发出"益寿永贞"片剂，即后来著名的"青春宝"。杭州第二中药厂是杭州中成药生产的重要基地，具有独立设计、研制中药新产品的超强能力。自 1972 年建厂以来，在传承中医药学遗产的基础上，继续应用现代科学技术对古老的中药进行创新，从传统的丸、散、膏、丹向多种剂型转变，从单一的治疗药向治疗、滋补保健药转变，历年投产的新产品达 50 多种，每年推出 4 种，出口产值占浙江省中成药出口总额的 85% 以上。

1985 年以前，杭州中成药经营以胡庆余堂制药厂产品为主体，市场销售基础很好，进入杭州医药市场的外地产品，主要有云南白药、驴皮胶、龟龄集、定坤丹等各地名优产品，经销品种占 10% 左右，金额不到 20%，进货渠道全部通过产地二级站调入。随着市场全面开放，药厂从单纯生产型转向生产经营型，省内各二级站直接从杭州各中药厂收购产品，杭州医药市场也为外地产品流入提供了条件。

第七章　改革开放时期——从复苏到振兴

1984 年，杭州第二中药厂被确定为全国改革开放试点单位，冯根生向杭州市政府请求在企业内部实行合同制，打响了改革的第一枪。国有企业的诸多弊病得到根治，企业效益好了，员工工资也涨了。1988 年，杭州第二中药厂的销售额猛增到 1.7 亿元，在中国 2000 多个中药厂中第一个销售额超过 1 亿元，利税也在 4 年多时间内增加了 9 倍。

1992 年，胡庆余堂经过扩建，百年老店焕发青春。将传统工艺技术与现代化科学相结合，在剂型和工艺上都有了新的突破。传统的丸丹膏散加上新开发的片剂、颗粒剂、胶囊剂、口服液等剂型推陈出新，相得益彰。该厂常年的产品达 200 余个。胃复春片、杞菊地黄口服液、金果饮含片和口服液、小儿泄泻停冲剂、庆余救心丸等深受患者欢迎。还有古医牌腰痛片、人参精口服液、花旗参人参口服液、浓西洋参口服液、纯真珍珠粉、六神丸等产品出口东南亚、日本及欧美，出口额为 150 万美元。全厂职工 800 人，各类专业技术人员近 200 人，拥有符合 GMP 制药标准的生产厂房 16，000 平方米，并建设新的生产厂房 10，000 平方米，全厂占地面积 5 万余平方米。

1992 年，冯根生创建了中国青春宝集团公司，将集团所属的骨干企业杭州第二中药厂与泰国正大集团合资成立正大青春宝药业有限公司。1996 年，杭州胡庆余堂制药厂（杭州第一中药厂）加入中国青春宝集团，成为其全资子公司。时任中国青春宝集团董事长的冯根生面对经营不善的胡庆余堂开出 12 字药方"转换机制、擦亮牌子、清理摊子"，并提出"认认真真做事，规规矩矩做人"的经营理念。次年，胡庆余堂就扭亏为盈，营收达 5000 多万元，此后每年利润均以超过 100% 的速度提升，赢得了杭州市纳税大户的荣誉。

1999 年，"大胡庆余堂"概念横空出世。所谓"大"，是一种整合资源的全新思维，其外延广泛却又与药业紧密相关。其中很重要的一个方面，就是深入挖掘企业所代表的中医药文化。1999 年初，上海实业控股有限公司收购了正大健康产品有限公司 90% 的股份，即上海实业控股有限公司目前拥有正大青春宝药业有限公司 55% 的股份。公司位于杭州美丽的桃源岭下，有员工 1500 余人，占地面积 12 万平方米，有近十万平方米的现代制药厂房，是规模大、设备先进、以天然药物为主要原料的集科研、生产、经营为一体的综合性制药企业。有符合 GMP 要求的生产车间、生产过程及先进的集团形式的企业管理方法和按照国际惯例运行的财务管理制度，可生产注射剂、片剂、颗粒剂、胶囊等十几种剂型，百余种产品。其中片剂、胶囊剂、针剂、大输液等剂型已通过国家 GMP 认证。具有由一流人才、一流销售工具、一流服务质量组成的营销网络，几十个办事处，五百余名医药代表，一支训练有素的近 200 人组成的管理人员队伍。胡庆余堂以朝气蓬勃的雄姿，迈入 21 世纪。

第一节　20 世纪 80 年代复苏

一、中成药产品

随着科技进步和社会需求的增长，中成药企业运用现代科学方法，不断研制开发新产品、新剂型，以满足人民群众的用药需要。20 世纪 80 年代，一些老剂型、老品种逐渐淘汰，新剂型、新品种受到欢迎。据 1982 年的一项调查，各类剂型销售比重是：第一位是冲剂，占全部销售额的 29.3%；口服液、糖浆占 27.8%；片剂占 22.3%。这三大类合计占到 79.48%。而传统的丸剂、膏剂和散剂分别只占 6.8%、6% 和 1.1%。特别是丸剂，产量占全部中成药产品的一半，但销售额只占 6.8%，说明老剂型已明显不受群众欢迎。

随着市场全面开放，药厂从过去的单纯生产型转向生产经营型，省内各二级站直接从杭州各中药厂收购产品。从 20 世纪 80 年代中期以后，老的剂型、品种和数量逐渐减少，新品种、新剂型迅速增加。在新开发的品种中，如青春宝口服液、杞菊地黄口服液、八珍冲剂、可达灵片、伤风感冒冲剂、胃复春、七宝美髯冲剂、人参百岁酒、固本咳喘片等，因疗效好，服用方便，深受患者的欢迎，其产量和销量迅速增加。为杜绝"新瓶装旧酒"现象，浙江省卫生厅于 1987 年邀请医药专家及有关部门，对 323 个中成药品种进行了评议，最后确定撤销了 43 个品种的批准文号。

20 世纪 80 年代，市区各种滋补品商店和联营专柜应运而生，包括胡庆余堂制药厂开设的药膳、营养厅，杭州第二中药厂开设的售品部、登峰滋补食品商店和利民药厂开设的产品展销部等。

图7-1　胃复春片生产流水线 / 胡庆余堂供图

二、杭州胡庆余堂药厂

1982年，浙江省医药管理局成立了企业整顿办公室，整顿工作从1982年3月至1985年10月，杭州胡庆余堂制药厂和杭州第二中药厂参加整顿工作。整顿工作先在杭州第二中药厂进行试点，摸索经验，再全面展开。1983—1985年初，药厂进行两次技术改造，共投资15.4万元，年产能力扩至400万盒，新增产值1056万元、新增利润138万元。1989年，胡庆余堂制药厂被评为国家二级企业。

三、杭州第二中药厂

从1972年到1983年，杭州第二中药厂在没有国家投资的情况下，由落后的作坊式生产发展到初具现代化生产，面貌一新，实现了冯根生在建厂初期提出的奋斗目标。在党的"改革、开放、搞活"的方针指引及杭州市委、市政府的支持下，以冯根生为核心的企业领导班子大胆进行了改革试点工作。对劳动人事制度、管理制度、生产经营制度三个方面进行了创新，取得了巨大的成功，为杭州第二中药厂的进一步发展奠定了坚实基础。

1978年改革开放以后，工厂在分配制度、用工制度、企业经营管理上大胆探索，勇于实践，取得了一系列引人瞩目的成绩。1978年，由该厂制造并安装的中药提取设备，在柬埔寨试产成功，实现我国中药史上首次中药成套制药设备出口。工厂成立了厂办中成药研究所，以开发研制中药制剂为主，人员 20 人，设有中药制剂、植物化学、情报资料、中试 4 个科室。

1980 年，杭州第二中药厂根据明代永乐皇帝御用宫廷处方，用现代科学技术，通过植化分析，采用新工艺研制成功青春宝保健药品，时称为青春恢复片，以出口为主，少量内销。国内外新闻媒体广泛予以报道。1983 年，该厂根据市场需求，增加口服剂型，该剂型包装精美，成为人们赠送的高级礼品。1987 年，生产片剂 130 多万瓶、口服液 580 多万盒，供不应求。1984 年，分别荣获省优、部优称号。1984 年初，代表最古老的中药行业的杭州第二中药厂和代表最现代化的电子行业的杭州电视机厂被杭州市列为改革试点单位，厂长负责制试点单位，冯根生担任厂长。5 月 26 日，冯根生厂长等一行 9 人赴福建，学习考察福州福日电视机厂。5 月 30 日，参照福日经验，杭州第二中药厂制定企业改革实施方案和有关细则，上报杭州市委。6 月 30 日，杭州市委开会讨论，通过方案。7 月 8 日，杭州第二中药厂第三届第一次职工代表大会召开，与会 71 名代表经过讨论，通过本厂改革实施方案和实施细则。9 日，中共杭州市委、市政府批准杭州第二中药厂为杭州市企业改革试点单位。其后，杭州市政府下文，批准杭州第二中药厂为厂长负责制试点单位，正式任命冯根生为厂长，任期 5 年。11 日，杭州第二中药厂召开全体职工大会，冯根生厂长宣布：自 7 月 16 日开始，在全厂范围内正式实施改革方案，干部能上能下，工资能高能低，职工能进能出。在全国率先实行全员劳动合同制。杭州第二中药厂生产的猴菇片、冠心灵片、黄芪注射液、感冒退热冲剂等新产品投入市场。

20 世纪 80 年代开始，由于受到运行机制的束缚，企业的生产、经营、销售陷入了很大的困境，公司面临着新的挑战、新的抉择。1984—1991 年，一场轰轰烈烈、惊心动魄的改革，在杭州第二中药厂进行。1985 年 1 月 2 日，杭州第二中药厂发生触电事故。该厂动力车间高配组值班电工蒋济民在进入进线柜操作时，遭 10 千伏高压电电击，当即停止心跳和脉搏，经抢救保住了生命，但左臂高位截肢。5 月，浙江省医药总公司成立了全国第二次工业普查工作领导小组。杭州第二中药厂基础整顿用了 70 天，125 人参加整顿工作，投入 1250 个工作日，新建设备、人事、教育等卡片 5528 张，新设销售、成品检验台账 60 本，并将工业普查得到的 12000 个数据，输入计算机。杭州第二中药厂膏剂车间投资 35 万元，增加了一条双宝素口服液生产线，新增产量 300 万盒，产值 1530 万元，新增利税 229.5 万元。投资 252.7 万元对锅炉房、冷冻设备、仓库、质量检测设备进行技术改造，1985 年产值为 6620.4 万元，比 1982 年技术改造前增加了 1.8 倍多。1984 年，万元产值能耗 1.34 吨，

1985 年下降到 0.65 吨。

1990 年，杭州第二中药厂与浙江大学工业控制研究院合作开展了乙酰螺旋霉素发酵过程计算机优化控制的研究，这是省内医药行业首次在发酵生产过程应用自动化控制技术。

四、上海胡庆余堂

20 世纪 60 年代后期，上海胡庆余堂曾一度改名为华东中药店。1980 年恢复为胡庆余堂药店。同年 12 月在西藏中路开设分店，改革经营业务不断发展扩大，1987 年与杭州胡庆余堂药店恢复业务往来，获得较好的经济效益，销售额从 1986 年的 218 万元上升到 1978 年的 404 万元，增长 85.3%，成为杭州胡庆余堂药厂在上海的一个窗口。1989 年迁至北京西路 101 号经营，铺面有参茸、成药和配方三个柜台组，除经营饮片、参茸、成药和新药四大类外，还经营代购邮寄、送药上门、夜间服务、研粉泛丸、来方煎膏滋药及医药咨询等服务。

第二节　20 世纪 90 年代振兴

第八个五年计划期间（1991—1995 年），杭州胡庆余堂制药厂对前处理和提取车间进行了较大规模的技术改造，投资 1645 万元，形成了前处理 1800 吨 / 年，提取 1320 吨 / 年的规模。杭州第二中药厂整体进行技术改造，引进德国口服液灌装设备，改造双宝素车间，进行针剂前处理、锅炉、危险品库、污水站等技术改造，新增产值 5040 万元，利税 907 万元。在技术改造中，杭州胡庆余堂制药厂、杭州第二中药厂都对整个厂区进行了统一规划和总体布局。前者对老厂房的古建筑整修，恢复了清代面貌。建立了中药博物馆，成为国家重点文物保护单位。新厂房移到乌龙庙，建成了现代化密闭提取车间和前处理车间。后者按照 GMP 要求设计厂房、车间，建成具有一定规模的现代化中药工业企业。1988 年，经浙江省经贸厅批准杭州民生药厂、杭州第二中药厂、温州制药厂享有进出口自营权。

1994 年，被评为浙江省技术进步企业。1995 年，全厂占地面积 6.23 万平方米，建筑面积 3.39 万平方米，职工 889 人，技术人员 91 人，高级职称 31 人。固定资产 6057.8 万元，工业总产值 7016 万元，利税 615 万元。企业有 4 个生产车间、1 个机修车间和 2 个研究所。1996 年，胡庆余堂制药厂进行股份制改革，成为青春宝集团

图 7-2　1999 年，胡庆余堂药业有限公司江干区公司大门 / *胡庆余堂供图*

全资子企业。经过 3 年整合，胡庆余堂每年利润以超过 100% 的速度飙升。1999 年，胡庆余堂继续改制，成为经营者持大股、职工参股、保留少数国有股的股份制企业，进入了新的历史发展期。

　　改革开放后，浙江省中成药企业快速发展，截至 1995 年末，全省共有中成药企业 24 家。一些传统百年老店焕发新生，如杭州胡庆余堂制药厂；还有一些企业在改革浪潮中应运而生、脱颖而出。截至 1995 年底，全省批准生产的中成药品种共有 764 个。一些知名产品，如青春宝片、孕宝口服液、回音必含片、铁皮枫斗晶、胃复春片等走出浙江，风靡全国，甚至走向世界。

表 7-1　1995 年胡庆余堂经营情况一览表

企业名称	经济类型	企业规模	职工人数		工业总产值	年末固定资产原值（万元）	利润总额（万元）	利税总额（万元）
			年末人数	其中工程技术人员	1990 年不变价（万元）			
杭州胡庆余堂制药厂	国有	中一	866	70	7016	6058	152	615
正大青春宝药业有限公司	中外合资	大二	1092	106	22163	9579	5216	8157

表 7-2　1978—1995 年胡庆余堂产值表

年度 产值（万元） 企业名称	1978	1979	1980	1981	1982	1983	1984	1985	1986	1987	1988	1989	1990	1991	1992	1993	1994	1995
杭州胡庆余堂制药厂	586	402	590	835	778	1024	1420	2008	2401	3131	4201	3304	3323	4225	4607	5004	6127	7016
正大青春宝药业有限公司	1105	1005	1407	2006	2362	2475	3619	6620	8206	15411	14544	11006	10148	13071	11162	8972	15341	22163

一、正大青春宝药业有限公司

1992年，冯根生接到相关部门通知，杭州第二中药厂的自营出口权被取缔。眼看众多海外订货合同无法履约，冯根生决定另寻出路。他与泰国正大集团洽谈合资，11月1日，泰国正大集团所属正大健康产品有限公司与杭州第二中药厂合资，共同投资1.28亿元，创建正大青春宝药业有限公司这一大型综合性制药企业。冯根生在合资时选择了母体保护法，即以杭州第二中药厂为核心企业，成立青春宝集团，再将杭州第二中药厂与对方合资，这有利于国有资产的保值增值，又能够在合资后确保中方资产带来的利润归拢到国家手中，为国有的青春宝集团提供资金。公司宗旨"让全人类拥有健康、拥有青春"。冯根生还坚持"青春宝"品牌所有权掌握在中方，并在几十个国家注册了"青春宝"商标。实践证明，他这几个想法确实对保护国有资产和中方利益起到了极其重要的作用。冯根生在企业内部大胆改革劳动用工制度和分配制度，搬掉"铁交椅"，实行全员劳动合同制和动态优化组合相结合。为了合理和高效管理，推行"大办公室"模式，优化管理结构，把原来21个管理部门减为9个。公司调整产品结构，1993年到1995年，连续三年生产和销售均以每年30%以上的速度递增。1995年，工业总产值达到22261.5万元，销售收入29153.73万元，利税总额8116.80万元，分别比合资前1992年增长99.44%、177.34%、456.83%。

图7-3 青春宝记石碑 / 胡庆余堂供图

企业的总资产达到 28475.13 万元，其中固定资产净值 7678.31 万元。企业连续两年获浙江省医药行业"双十佳"称号，进入全国合资企业 500 强之列。总经理冯根生荣获全国劳动模范、全国"五一劳动奖章"、全国首届优秀企业家等荣誉称号。

1993 年 8 月 13 日，公司召开转换经营机制动员大会，根据董事会决议，冯根生总经理宣布新的生产经营方案。决定"彻底转换企业运行机制，化集权经营为分权经营"，设立药品事业部、保健品事业部、饮料事业部和机械事业部（后根据企业发展的实际情况，对事业部进行了调整，又将事业部升格为分公司）。事业部（分公司）总经理通过公开竞选上岗，"人、财、物一体，责、权、利统一"，极大地调动了各方的积极性，企业进入良性高速发展阶段。

1995 年，公司工业总产值 22261.5 万元，销售收入 29153.73 万元，利税总额 8116.80 万元。全员劳动生产率达到 93552.30 元/人/年，企业总资产达到 28475.13 万元，其中固定资产净值 7678.31 万元，进入全国合资企业 500 强之列。

1996 年，冯根生在胡庆余堂濒临倒闭、负债近亿元的情况下，力挽狂澜，兼并了胡庆余堂，保住了这一百年老店。1996 年底，胡庆余堂加入青春宝集团，成为其全资子企业。以冯根生为首的新任领导班子入主胡庆余堂，其中刘俊临危受命，成为胡庆余堂总经理。面对经营不善的胡庆余堂，冯根生开出"12 字药方"：转换机制、擦亮牌子、清理摊子，并提出"认认真真做事，规规矩矩做人"的经营理念。与冯根生一脉相承，刘俊赋予了"规矩"更多内涵：不仅是做事要有规矩，更是要符合市场这个规矩，要转变观念，创新现代化的经营管理模式。"修成规矩，乃得方圆"，经过了三年的"规矩"修炼，胡庆余堂利润大幅增长，赢得了杭州市纳税大户的荣誉。这株百年老树的枝叶上又重现了青春的亮色。中国青春宝药业集团公司对胡庆余堂兼并后，首先建立了一支名副其实的高层经理人团队。"没有一个公司可以纯粹靠技术获胜，管理和技术对企业的发展同样重要"，他们这样讲。新的领导团体改变以前的思维模式和行为方式，分析能提高企业创新价值能力的一系列技术事件，共同讨论企业经营策略方面的问题，以及公司竞争对手的情况和产品的市场态势，并通过对经营环境进行战略评估，制定相适应的营销策略。如在经营策略上，选取对价值敏感性较高的低收入者为服务对象，抓好质优价廉的老产品生产，增加效用，降低成本，迅速地加大产量，扩大地域的广度，建立市场规模，广济大众，创出品牌效应，同时抓好以胃复春为主的新产品，全面带动市场销售。通过以上运作，市场的被动局面迅速扭转，并在两年时间，扭亏为盈。

1997 年 10 月，中国青春宝集团将持有的国有股的一半，即 20% 的股权转让给正大青春宝职工持股会，把职工的个人利益与企业利益紧密捆绑在一起。1998 年 12

月，由于东南亚金融危机的影响，正大集团将持有的 55% 股份转让给上海实业集团。2009 年，上海实业集团重组医药业务，公司加入上海医药集团。

二、杭州胡庆余堂药业有限公司

1995 年，杭州胡庆余堂制药厂将生产主体由清河坊街大井巷迁至钱江新城杭海路 78-10 号。一方面，由于企业扩大、不断发展，原厂已制约着发展。另一方面，国家药监局引进 GMP 理念，企业需从传统的敞开式作坊逐渐向合规转变。1996 年，胡庆余堂制药厂进行股份制改革，成为青春宝集团全资子企业。经过 3 年整合，胡庆余堂每年利润飙升。1999 年，胡庆余堂继续改制，成为经营者持大股、职工参股、保留少数国有股的股份制企业，进入了新的历史发展期。1999 年，胡庆余堂顺利完成了国企改革，成为杭州胡庆余堂药业有限公司，继承了胡庆余堂百年"戒欺"的诚信治业精神，完成了从传统作坊走向现代化的历程，成为高新技术企业。2000 年前，在企业管理、企业营销、生产科研等方面取得了长足的进步，进入国家国企中药五十强，通过了国家 GMP 认证，被列入浙江省高新技术企业，销售、利润从 1997 年来分别以 22%、92% 的速度递增，为中药界人士所瞩目。

第八章　21世纪——从创新到辉煌

　　2000年，浙经资产评估事物所组织专家认定，中国青春宝集团公司的利税贡献价值为2.8亿元。2001年，胡庆余堂率先开设"名医馆"，成立胡庆余堂国药号，提出名店、名医、名药相结合的经营发展之路。此外，胡庆余堂还相继恢复和创建了中药博物馆、国药号（连锁）、药膳厅、针灸推拿馆、足疗馆，以及经过修缮重新开张的千年古店保和堂和老牌药铺叶种德堂等一批象征国药文化的古建筑。2002年初，"胡庆余堂"荣获中国驰名商标。2003年春夏之交，"非典"袭击杭州，抗"非典"药一天卖出三万余帖，而配方急需的金银花等中药材供应价飞涨。胡庆余堂传承弟子、胡庆余堂掌门人冯根生当即拍板承诺：哪怕原料涨100倍，也决不提价一分。为此，胡庆余堂亏损50多万元。《人民政协报》头版刊登了评论文章《向冯根生致敬》。2004年，在冯根生的带领下，正大青春宝药业有限公司与浙江大学合作研究开发的中药质量计算分析技术及其在参麦注射液工业生产中应用获国家科技进步二等奖。2010年，中国邮政首次为胡庆余堂等发行特种邮票。

　　2015年，公司是浙江省高新技术企业、浙江省先进技术企业、省"五个一批"重点骨干企业、浙江省最大工业企业之一、浙江省创利大户、AAA级守信用企业。当前，公司占地面积12万平方米，现代制药厂房11.2万平方米，是国内规模最大、设备最先进、以天然药物为主要原料的集科研、生产、经营为一体的综合性制药企业之一。有符合GMP要求的生产车间、生产过程，拥有先进的企业管理方法和按照国际惯例运行的财务管理制度，可生产注射剂、片剂、颗粒剂、胶囊等八种剂型的近百种产品。所生产的产品全部通过国家GMP认证。公司有员工2000余人，有一支训练有素的由工程、技术、经营、管理人员组成的团队，具有完善的由一流人才、一流销售工具、一流服务质量组成的营销网络，有由千余名销售代表组成的遍及全国各地办事处的营销队伍，产品覆盖全国各省、市、自治区。所生产的天然药中包括药品及保健食品，其中青春宝抗衰老片、参麦注射液是浙江省名牌产品，产品商标"青春宝"为中国驰名商标。在刘俊的带领下，胡庆余堂完成了以药材种植、饮片加工、成药生产、商业零售、医疗保健、新品科研、文化旅游等为主业的中药全产业链布局。2016年，国有企业青春宝集团启动了混合制改革的进程，胡庆余堂集团公司以 4.8 亿收购青春宝集团 66% 的股权，完成了自身的寻根与回归。

近年来，在市场经济的大潮中，胡庆余堂锐意改革，崇尚科学，不断创新，出现了巨大的变化。拥有新的机制，新的观念，新的爆发力，在新的世纪，"庆余"将实现新的跨跃。展望未来，胡庆余堂药业将继续坚持走百年传统中药特色与现代科技相结合之路，积极开发具有自主知识产权的中药新药，持续推动二次开发，加快创新发展，传承优秀文化，提升百年名优品牌。自"大胡庆余堂"概念后，胡庆余堂又提出一个大胆的构想——走中药全产业链之路。经过 10 多年的精心运作，如今胡庆余堂已经完成了以药材种植、饮片加工、药酒生产、成药制造、药店连锁、医疗科研、药膳保健、中药门诊及养生旅游等为主业的全套产业格局。与其他企业不同，胡庆余堂并不仅是在做大规模，更是在做大企业的品牌内涵和文化张力。经济数值只能反映企业的当前状态，而创造的价值却可以穿越岁月，永留后世。

第一节　高新科技企业

一、杭州胡庆余堂集团有限公司

2003 年 3 月 26 日，成立了胡庆余堂集团有限公司，整合旗下所有的资源，发展成工贸结合型企业。公司成立后，是一段快速发展时期，胡庆余堂先后诞生了 17 家子公司，经营范围涉及中药栽培、中药制造、药品流通、饮片炮制、中医门诊、保健食品、电子商务，实现了从传统向现代的转型，"但没有借助资本运作高速发展，胡庆余堂还是慢了一步，发展速度不如其他国内著名中医药企业"。公司建立以文化战略上"定向"、发展蓝图上"定位"、工作决策上"定项"、领导班子内"定人"、员工职责上"定责"、资金投入上"定额"为内容的保障机制。

2009 年，胡庆余堂人为控制成本，提高质量，采用了一体化发展战略，在西部甘肃建立药材生产基地。以平等互利的原则，在三到五年内，投入大量资金在当地建立试验田，进行水质、空气、土壤的检测，负责引进技术，开发品种，示范推广。这些投入没有回报，但从长远来看，这样可促进企业经济与社会、环境的协调发展，也为开发西部做出贡献，同时他们将自己掌握自己产品的命运，从源头控制药材有效成分含量，重金属含量，农药残留量，将可严格按照 GAP（良好规范认证制度）管理模式生产中药材，为中药真正走向国际市场提供质量保证。同时他们加强对企业技术改造，按 GMP 标准对生产条件进行改造，加强企业生产质量管理及内部管理，在技术上进一步支持企业的长期发展。另外，他们加大资金投入，开发高新技术产品，以科学、严格、先进的检测标准和手段为依托，努力对中药有效部位群的指纹图谱的识别进行探索，积极做好单味或简单复方研究开发。同时结合中药的特点，吸收一切适应现代社会生产技术发展要求的新剂型、新技术、新工艺、新设备、新材料，向服用量小、疗效高、作用迅速、靶向缓释等方向突进。

图 8-1　2017 年 11 月 13 日，杭州胡庆余堂药业有限公司补评为浙江省"高新技术企业" / 胡庆余堂供图

2019 年，杭州胡庆余堂集团公司把质量管理作为核心工作，夯实企业发展基石。

其一，组织开展国家食品安全百日各单位自查活动。落实监督各公司上报新产品的内容审核，做好合法宣传的同时对各公司产品质量进行监管，随机抽查产品取样送权威检测中心检测。为进一步完善胡庆余堂质量保障体系建设，与杭州市药检院和国家农业农村部茶叶质量检验检测中心 2 家权威机构，以及 9 家原料基地签订战略合作协议，全方位确保公司产品质量的安全可靠。

其二，集团经营团队提出了未来两年集团互联网业务发展的总体目标，即互联网销售规模要占集团零售销售规模的 50%。今年起集团对胡庆余堂互联网平台和账号实施统一管理，开展细分领域的互联网业务。完成了老号亿家电商公司的收购，新增胡庆余堂平湖国药号。同时，开设了天猫胡庆余堂杭州专卖店、胡庆余堂化妆品旗舰店。集团积极尝试新业务和传统业务的转行，实行多业务并举，推进传统渠道转型升级。全集团试水人参阿胶浆单品统一营销，跨公司供产销协同机制初步建立，运营三个月自营渠道销售初具规模；医药控股本级职能从子集团管理职能向管理加经营职能转型，本级初步建立对外团购业务。在传统业务遭遇发展瓶颈之时，国药号苦练内功，进一步抢占主要产品的销售市场，新增网销产品批发业务，全年销售额突破 5 亿。参茸公司加大食品和药品的批发业务，积极探索线下渠道联名产品及集成店发展新模式。国际贸易公司调整产品结构和业务方向，从以功能性食品为主的跨境电商业务逐步转型到以膏贴类为代表的医疗器械的线上线下一体化销售业务。统筹谋划，充分挖掘利用各公司资源，加速发展。

其三，集团在守正的基础上，努力实现生产企业的创新发展。明确规定了 5 家生产企业专业产业方向，完成工业产品门类的合理布局，产品上推陈出新。胡庆余堂天然食品，以技术创新加快新产品研发和工艺升级，在主营产品膏剂的产品上拥有自己核心技术；2019 年确保了"国家高新技术企业"的申报、评定通过，还获得了滨江区"瞪羚企业"的殊荣；本草药物公司在做好饮片业务的基础上，把胡庆余堂护肤品推向市场，并取得了较好的销售业绩；青春宝健康产品公司实现了扭亏为盈，标志着集团主要工业企业全面实现盈利。

图 8-2　胡庆余堂集团公司旗下的方格珍菌灵芝种植基地 / 胡庆余堂供图

其四，集团重点推进医药连锁的市场拓展。青春宝集团通过几年的努力，在战略布局和创新发展上已有了一定的突破。10月23日由青春宝集团全额投资兴建的，专业服务于"失能、半失能"人群的杭州萧山宝苑医院在萧山区南阳街道正式开业。同时集团还新增义乌胡庆余堂国医药公司、国药号临平医疗美容诊所、胡庆余堂萧山医馆3家医疗机构。形成合理的产业布局和市场布局，切实把握"大健康产业"的发展机遇，将集团医疗板块进一步做大做强。

其五，集团逐步完善了安全生产各项基础工作建设。年初集团发文对安全生产领导小组人员进行了调整并与下属7家单位签订了安全生产目标管理责任书。以完善制度、加强培训、隐患排查、预案演练四个方面为工作抓手开展工作。排查安全生产隐患45条，现已全部整改完成。全年实施预案演练6次，其中消防演练3次，应急逃生演练3次。最大限度地做好各类预防保证工作。

其六，为切实加强员工及管理人员的素质提升，2019年集团公司有目的有组织地加强员工队伍的系统培训教育。组织管理团队认真学习了中共中央国务院发布的相关政策法规。

其七，集团公司高度重视，切实加强各项管理制度、工作标准的梳理、修订、完善、建立工作，着力夯实管理基础。公司先后修改和完善并印发了《品牌管理制度》《岗位职责制度》《出差管理制度》《人事请假制度》等管理制度。从而使各项制度更加规范化；着力修订、完善岗位职责，使之达到标准化、明细化。努力实现集团运行管理科学规范的目标，为提高工作效率和体现集团的服务功能打下了制度基础。

其八，集团党委全年开展"健康进社区"等各类志愿服务活动30余次。2019年国药号党总支荣获上城区"最强党支部"荣誉称号。同时，积极发挥纪委的监督监察作用，强化日常监督，注重财务管理、物资设备采购管理和工程招投标等重点领域，为进一步加强清廉企业建设发挥积极作用。集团党委组织"传承'戒欺'企业理念、建设清廉企业"的系列活动。

其九，集团公司不忘初心、砥砺前行。各个分公司通过自身的努力，得到越来越多的社会认可。胡庆余堂集团获得了中华老字号创新企业奖，胡庆余堂品牌入选中国品牌价值百强榜中华老字号20强；控股公司获得了2019年度优秀品牌匠心奖；国药号被评为2019年杭州市模范集体，浙江省信用管理示范企业，平安示范单位；总经理杨仲英同志获第十八届浙江省优秀企业家；正大青春宝药业、胡庆余堂药业同时取得了浙江省科技进步三等奖，其中正大青春宝总裁冯鹤被评为杭州市劳动模范；参茸公司被评为杭州市高新滨江区优秀贡献企业奖，同时胡庆余堂燕窝获2019

图 8-3　长白山胡庆余堂国家标准化野山参繁衍护育基地 / 胡庆余堂供图

年度中国燕窝十大品牌冠军；天然食品荣获2019品牌杭州生活品质提名奖，中华老字号品牌文化展荣誉证书；本草药物获得了2019年创新创业奖；方格药业被评为2019年浙江省工业旅游示范基地。

野生人参极为珍贵，由于自然环境的变迁和人类不断的采挖，目前野生人参已经越来越少，被誉为珍贵难得的绿色天然补品。按照国家标准，自然传播生长于深山密林的原生态人参称为野生人参，播种后自然生长于深山密林15年以上的人参称为野山参。近年，胡庆余在长白山建立了胡庆余堂国家标准化野山参繁衍护育基地，传承百年老店对人参质量严管的传统，满足人民日益增长的康养保健需求。

2020年，杭州胡庆余堂集团公司优化管理结构，严把产品质量关。

其一，集团始终把产品质量安全作为企业能够长久发展的核心竞争力，集团将2020年度定义为"质量管理年"。集团质量管理委员会围绕"质量管理

图8-4 长白山胡庆余堂国家标准化野山参繁衍护育基地广告 / 胡庆余堂供图

年"的总体安排，开展了一系列卓有成效的工作：一是协助下属企业开展质量认证工作。对浙江新迪嘉禾食品有限公司、杭州仟源保灵药业有限公司等六家企业进行了五次现场认证检查，为集团下属企业的对外委托生产提供参考。前往千岛湖里双乡茶叶种植基地，按照国标进行土壤取样并做重金属和农药残留检测，为青春宝茶业公司选择茶叶青苗采购地打基础。完成牛樟芝、生蚝、香榧、太子参、胡柚等产品合法性、产品开发及市场状况调研工作。二是进一步加强产品质量检查力度。坚决执行浙江省食品药品监督管理局《关于暂停无中药配方经营范围企业销售非药食同源类中药材、中药饮片的通知》，规范食品生产经营，对非药食同源饮片、不合规定的4款茶限时下架，并对接下属生产企业完成复配茶产品升级；针对杭州专卖店

的违规事件，实施停止新品上架、分销、批发 3 个月，并做出书面检查的处理。同时对下属企业报批的新产品质量合法性、工艺合规性、定价合理性进行审核，共 98 批次，并对新产品的生产、定价、宣传、销售等各个环节进行管控，对销售比重较大，销售额增长较快的产品进行随机取样，送权威检测中心检测。同时积极组织下属各公司开展产品质量、销售技巧等相关知识培训。

其二，集团通过优化管理结构，完善各项安全生产规章制度，加强安全生产检查与隐患排查整治，确保了整个集团全年无重、特大安全生产事故发生。一是建立健全安全生产责任制。年初集团与下属十一家企业签订安全生产责任书。根据下属企业的实际情况，制定了"安全生产考核目标"，直观显示各企业全年的安全生产状况，并根据考核评分情况出台了相应的奖惩措施。二是深入开展隐患排查治理工作。集团安委会隐患排查工作采取定期检查、专项检查、突击抽查的方式。检查的同时加强隐患整改监督力度，确保隐患整改责任落实到人，坚持发现隐患务必整改的原则。安委会全年进行了 8 次专项检查，所有签约单位自查 696 次，共查出安全隐患 304 条，均已整改完毕。三是强化职工安全生产意识。把培训教育作为搞好安全生产工作的一项基础工作来抓，努力提高职工的安全意识、防范技能。实现从"要我安全"向"我要安全"的意识转换。全年开展各项培训 264 次。四是做好各项安全防控工作。针对季节特点，做好防雷、防雨、防台工作。重点是防火、防盗、防危房倒塌、防爆炸。同时与外来施工方签订安全施工协议，加强外来人员安全教育，避免安全事故发生。

其三，强化学习培训，提升管理品质。为切实提高职工及管理人员的工作能力，2020 年针对劳动人事管理、食品标签知识、电商法知识、财务专业知识等企业经营管理过程的需要，分别开展了《劳动合同法》《食品安全法》《税收法规》的专项培训，通过集中培训有效提升了相关人员的工作能力。

其四，根据集团全体职工执行各项规章制度的情况，为提升工作态度、工作绩效、工作能力，2020 年集团修订了《车辆管理制度》《请假管理制度》《差旅费管理制度》《职工福利待遇相关规定》，制定了《重大责任事件处罚办法》。同时着力修订、完善岗位职责，使之达到标准化、明细化。努力实现集团运行管理科学规范的目标，为提高工作效率和体现集团的服务功能打下了制度基础。

2021 年，在胡庆余堂集团公司的旗下，拥有投资公司（资本运作）、药业公司（制剂）、国药号（商业）、天然药物公司（饮片）、参茸公司（保健品）、医技公司（医械）、中医门诊部、中药博物馆、旅行社（中药旅游）、药材种植基地以及中药现代化研究发展中心和天然药用植物研究中心两个省级研发机构。胡庆余堂形成了以药材种植、饮片加工、成药生产、商业零售、医疗科研以至工业旅游等为主导的中药产业链。

表8-1　杭州胡庆余堂集团有限公司组织架构

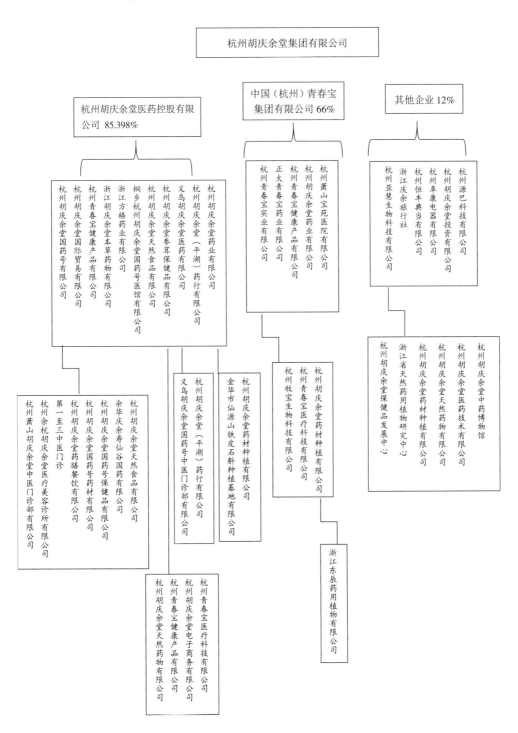

2021 年，杭州胡庆余堂集团公司加强企业文化建设，加大人才培养力度。

其一，胡庆余堂集团公司利用好胡庆余堂中药博物馆的文化名片地位，加强了与各社会组织合作，扩大了胡庆余堂品牌影响力。在胡庆余堂中药博物馆加入数字互动技术和非遗文化互动项目，再造城市新名片。

其二，集团面临搬迁，按照施工要求严把装修改造质量关，确保留下园区宿舍楼改造项目按时完成。完成搬迁至留下园区的各公司工商变更手续，制定科学详细的搬迁方案，确保了搬迁做到井然有序。

其三，加强了青年干部的人才培养，在集团与医药控股管理职能及团队整合完成的情况下，继续对青春宝集团重叠职能及人员进行统筹安排。

其四，持续严把产品质量关，集团质量管理委员会要进一步加大对下属企业的检查力度。同时，积极研究药品、功能食品各项政策法规，为下属企业新产品研发提供支持。

其五，继续强化安全生产教育培训，开展如压力容器、消防、高配等专项从业人员安全教育。深入开展隐患排查治理，真正做到隐患排查不留死角，隐患治理逐项落实到人。

二、正大青春宝药业有限公司

2004 年，公司占地面积 12 万平方米，建筑面积 9 万平方米，各类设备 3200 台，1092 名员工，技术人员占 25%。主要生产口服液、片剂、冲剂、胶囊剂等中成药。公司办中成药研究所编制达 30 多人，建筑面积 1500 平方米，设有中药制剂、西药制剂、西药合成、药理分析、情报资料、中试 7 个科室的综合性厂办研究所。正大青春宝"中药质量计算分析技术在参麦注射液工业生产中应用"项目荣获国家科技进步二等奖。2004 年被评为浙江省先进技术优秀企业。公司是浙江省高新技术企业、浙江省先进技术企业、省"五个一批"重点骨干企业、浙江省最大工业企业之一、浙江省创利大户、3A 级守信用企业，现代制药厂房 11.2 万平方米，是国内规模最大、设备最先进、以天然药物为主要原料的集科研、生产、经营为一体的综合性制药企业之一。有符合 GMP 要求的生产车间、生产过程及拥有先进的企业管理方法和按照国际惯例运行的财务管理制度，可生产注射剂、片剂、颗粒剂、胶囊等八种剂型近百种产品。所生产的产品全部通过国家 GMP 认证。有一支训练有素的工程、技术、经营、管理人员组成的团队，具有完善的由一流人才、一流销售工具、一流服务质量组成的营销网络，有千余名销售代表组成的遍及全国各地的办事处的营销队伍，产品覆盖全国各省、市、自治区。所生产的天然药中包括药品及保健食品，其中青春宝抗衰老片、参麦注射液是浙江省名牌产品，产品商标"青春宝"为中国驰名商标。

2015 年，在全国科技奖励大会上，由张伯礼院士领衔，天津中医药大学、浙江大学、中国中医科学院、正大青春宝药业有限公司及天津医药集团有限公司联合完成的"中成药二次开发核心技术体系创研及其产业化"项目，荣获 2014 年度国家科技进步一等奖。正大青春宝成为首个荣获国家科技进步一等奖的单体制药企业。2018 年 12 月，在浙江德清投资的正大青春宝（德清）药业有限公司一期工程建成。

2020 年 11 月 9 日，我国首家中药智慧工厂——正大青春宝药业德清生产基地正式启用。一座集"自动化、信息化、智能化"为一体的现代化中药制造基地，为正大青春宝的发展插上了腾飞的翅膀。

青春宝集团 2016 年混合所有制改革后，以发展"大健康"产业为契机，坚持主业发展，不断完善内部管理结构。至 2020 年，实现合并营业收入（不含税）3739.13 万，同比增长 22.37%；合并利润总额 1065.56 万，同比降低 8.39%；合并净利润 2010.6 万元，同比增长 64.3%；归属母公司净利润 1970.84 万元，同比增长 65.56%。2020 年主要做了以下几方面的工作：一是集团全资的宝苑医院 2019 年 10 月装修完工，正式开业，组织医护人员进社区开展义诊活动，通过街道广播站、发传单等形式开展宣传活动，积极拓展市场。主动与杭州市人民政府联系，愿为抗击新冠肺炎疫情尽一份社会责任。随后，杭州市疫情指挥部赴宝苑医院考察，对医院的硬件、软件设施表示满意，并对传染病用房的改造提出了明确要求。杭州市人民政府于 2 月 4 日正式下文，确定宝苑医院为"杭州市新冠肺炎疑似病例隔离治疗备用医院"。2020 年 7 月，宝苑医院开通了省、市、区三级医保，增设了 ICU 病房、手术室，开设了麻醉科、急诊科，可开放病床 189 张。二是正大青春宝集团与由杭州市旅游集团共同出资成立了杭州青春宝茶业有限公司，选定淳安县的"鸠坑早"为红茶加工鲜叶。以"青春宝""国鸠"为品牌，陆续推出了 5 克装、7 克装、8 克装精品小罐红茶的品类设计。依托胡庆余堂、青春宝天猫电商平台，基本形成了线上、线下销售模式。同时还取得了"西湖龙井"地理标志证明书，为绿茶销售打下了坚实的基础。三是因西溪谷建设发展规划需要，西溪谷建设指挥部提出对青春宝西溪路 555 号地块征用。本着利益最大化原则，经多次与西溪谷指挥部协商，于 2021 年 1 月 29 日签订搬迁置换合同。在公司西侧原杭州爱知车辆厂西溪路 557 号（XH1311-27）地块安置 2000 平方米商业用房。

图 8-5　2019 年，正大青春宝药业有限公司杭州厂区全景／胡庆余堂供图

三、杭州胡庆余堂药业有限公司

胡庆余堂药业有限公司第一次搬迁是在 1995 年，将生产主体由河坊街大井巷迁至钱江新城杭海路 78-10 号。1999 年 1 月 1 日，杭州胡庆余堂药业有限公司成立，继承了胡庆余堂百年"戒欺"的诚信治业精神，完成了传统作坊走向现代化的历程，成为高新技术企业、中国诚信企业、浙江省行业放心消费十佳企业、浙江省诚信满意十佳优秀企业、浙江省保健食品行业诚信企业、品牌浙江宣传示范单位、杭州市保健食品安全信用优秀单位，进入杭州市十大特色潜力行业 200 强、杭州市创新型试点企业、杭州市十大产业重点企业。

2012 年初，公司为配合杭州市城市建设的要求以及公司自身发展的需求，决定在余杭经济技术开发区建造占地面积 107 亩，建筑面积 70398.86 平方米的花园式中药生产基地。3 年后基地建成，生产主体搬迁至杭州余杭经济技术开发区新洲路 70

图 8-6　2019 年，杭州胡庆余堂药业有限公司 / 胡庆余堂供图

号。对比原厂区，占地扩大了近一倍。彼时，恰逢 G20 杭州峰会前夕，其老厂址被征用，原址厂房设备都要拆除，并需在 2015 年底前搬走。从企业自身而言，不断发展使得占地面积较小的厂房已经无法适应生产需要，搬迁"箭在弦上"。药厂搬迁不是简单的建厂房，还有复杂的产品工艺设备安装、空气净化系统安装以及配套设施安装。也并非工程完工就可以投产，需要生产线调试完成后，试生产三批，进行工艺验证，确认工艺稳定才能申请 GMP 认证，认证通过后进行产品注册转移，然后才可正式生产，此外还有工程建设项目的各种验收。

胡庆余堂药业有限公司经营范围包括制造、加工片剂，丸剂（糊丸、蜜丸、水蜜丸、水丸、浓缩丸、微丸），散剂（含外用），颗粒剂，硬胶囊剂，曲剂，口服液，糖浆剂，保健食品，制药机械等，拥有国家批准生产的药品 184 只，保健食品 9 只。拥有 6 个发明专利，7 个新型实用专利，13 个外观专利。主要生产的药品中矽肺宁片（国家三类新药）、胃复春片、小儿泄泻停颗粒、障翳散、庆余救心丸（神香苏合

图 8-7　2019 年，胡庆余堂药业有限公司余杭经济技术开发区厂区 / 胡庆余堂供图

丸）获省市科技进步奖或优秀新产品奖，杞菊地黄口服液为国家首家研制药品，沉香化气胶囊、胃复春片等五类新药具有自主知识产权。公司生产的复方丹参片、安宫牛黄丸被列为浙江省医药储备定点品种。公司主要生产的保健食品有铁皮枫斗晶、蜂胶胶囊、西洋参口服液等，其中铁皮枫斗晶和蜂胶胶囊被评为上海保健品行业名优产品。

　　该厂进行一系列复杂的产品工艺设备安装、空气净化系统安装以及配套设施安装，生产线调试，工艺验证，GMP 认证，产品注册转移后，正式生产，技术装备水平达到了行业先进水平，销售收入持续增长。2019 年，销售额同比增长 13.2%，创历史新高，纳税额居余杭区工业企业前列，获浙江省守合同重信用 3A 级企业，片剂产能提升，原厂年产 7 亿片，新厂年产达到 12 亿片。当前，该厂区主要生产胡庆余堂的四大产品：胃复春、安宫牛黄丸、强力枇杷露、铁皮枫斗晶。此外还生产着沉香曲、大补阴丸浓缩丸及用户需要的黑归脾丸、香砂六君丸等 30 多种小众新产品。其中，胃复春获得"浙江制造精品"称号，胃复春、强力枇杷露还获评首批"浙产名药"，安宫牛黄丸获得"杭州市名牌产品"称号。

　　2019 年，为了全面提升胡庆余堂中药材源头质量把控能力，药材检验检测水平，胡庆余堂与农业农村部茶叶质量监督检验测试中心及杭州市食品药品检验研究院签订战略合作协议。全方位战略合作将会全面提高胡庆余堂中医药全产业链的质量检验检测水平，进一步完善胡庆余堂质量保障体系建设。

当前，胡庆余堂药业发展重点并非急于开发新产品，而是思考如何挖掘老祖宗留下来的这些瑰宝。对中药进行二次开发便是很好的挖掘之法：阐述中药的作用机制，阐述中药的治疗疗效和安全性，开发中药的新适应症。对原有产品进行二次开发也是胡庆余堂药业当前研发重心所在。搬迁至余杭经济技术开发区（下称"余杭经开区"）后，胡庆余堂药业的研发投入进一步加大，每年研发费用投入超过销售额的3.5%。以大补阴丸为例，从原来药的说明书上可看到，其仅是一款滋阴的中药。但置于目前科学的研究下，会发现其对于性早熟、妇女更年期综合症、糖尿病等都有很好的疗效。

智能制造是胡庆余堂药业未来发展的重要方向，新厂区正承载着其在智能制造及数字化方面的布局。其智能制造项目从提取、制丸等关键工序开始逐步全面推广，如之前传统的提取，现已全部实现自动化控制，可精准控制各项参数。目前，胡庆余堂药业关键生产工序均已实现设备全自动化生产。此外，胡庆余堂还进口了全自动片剂外观检片机，以智能化分析数据，检测片剂的品质和规格是否达标。对于每

图 8-8　杭州胡庆余堂药业有限公司强力枇杷露灌装生产线／胡庆余堂供图

一批次药品的去向，新厂区也建立了物流信息化系统和实验室数据追踪系统。按照流程，原辅药材抵达企业后，第一道将经检测追踪系统检验。检验合格以后，药材将进入前处理车间进行前处理，继而制粒、压片、包衣、包装。在全生产周期中，每道工序均涉及检验，数据将会被追踪、抓取。通过抓取生产过程的各个参数及每次检验的数据，并录入系统，其会自动进行分析，判断趋势，更能保证产品质量。2020 年，胃复春的前处理环节已完成数字化的智慧生产，取得了阶段性的成果。企业力争实现胃复春和安宫牛黄丸两款产品全流程的数字化管理全覆盖。未来 3～5 年，胡庆余堂药业希望实现 5 个车间数字化管理全覆盖，最后会覆盖至每个产品。胡庆余堂药业智能化的实践取得了成效，厂区的空调机机房、制冷机及冷却塔均实施了集中智能化控制。当车间内温度或湿度一旦出现超警界限，系统就会远程控制及自动报警并自动调控。

四、杭州胡庆余堂医药控股有限公司

据不完全统计，早在 1992—2001 年的 10 年中，中国进入资本市场的中药企业就有 20 多家，融资总额超过 200 亿元。此外，还有一批制药和非制药企业通过参股或收购的方式进入中医药领域。针对中医药行业的发展，有一种发展理念越来越得到业界的普遍认同：应该坚持以现代科学技术为手段，以标准化为依托，加强中医药理论的研究，实现中医药产业的国际化，继承与发展并重，医药并举，最终实现产业的腾飞。

2015 年 4 月 2 日，胡庆余堂整合旗下医药制造、医疗服务、药品流通、中医药原材料种植等数家企业的优质医药产业资源，形成合力，打造"杭州胡庆余堂医药控股有限公司"新平台，走向资本市场，形成中医中药完整产业链。新公司的成立，让胡庆余堂的医药产业找到了撬动的新支点，通过加快资本运作，让胡庆余堂在医药市场转型升级的过程中更具竞争力，并抓住当下中国中医药产业发展的有利时期，在"多小散乱"的格局中做强做大，脱颖而出。年底，企业再次整体搬迁至杭州余杭经济技术开发区新洲路 70 号。经过几年的精心运作，胡庆余堂已经完成了以药材种植、饮片加工、药酒生产、成药制造、药店连锁、医疗科研、药膳保健、中药门诊及养生旅游等为主业的全套产业格局。胡庆余堂并不仅是在做大规模，更是在做大企业的品牌内涵和文化张力。

2020 年，胡庆余堂医药控股公司，面对新冠肺炎疫情带来的严重影响，通过严把产品质量关、加快技术革新、狠抓销售经营管理、打通线上线下销售渠道，开拓创新，实现产、销、研一体化发展。2020 年实现营业收入 126142.62 万元，同

图8-9 2001年杭州胡庆余堂改制成立国药号（连锁）有限公司 / 胡庆余堂供图

比增长 13.4%；利润总额 29622.61 万元，同比增长 35.7%；归属母公司的净利润为 19996.98 万元，同比增长 41.55%。公司圆满完成了 2020 年预算总体目标。在严把产品质量方面，国药号公司坚持盲选招标制度，加强中药饮片质量管理控制。根据中药饮片经营情况变化，及时与主要供应商协商降低采购价格，积极有效地做好采购成本控制。加强参茸商品重点品种野山参、冬虫夏草、燕窝等品种库存控制，根据销售情况细分规格，精准采购，减少库存资金占用。在技术改造方面，胡庆余堂本草公司增加技改投入，新增了多功能切片机、气压立式调频切片机、数控高速截断往复式切药机等设备，改进了工艺，大大提高了优质产品的产能，降低了生产成本。与 2019 年相比利润增长了 57%。天然食品公司将新增的 6000 平方米厂房，改造升级为成提取车间、包装车间及物流仓库。于 2020 年 12 月投入使用。同时新增 5 个保健食品的研发申报，为公司可持续发展提供保障。在大井巷 26 号设立产品形象店，把老字号创新与潮流融为一体，让更多年轻人重新认识百年品牌。

五、浙江庆余旅行社有限公司

浙江庆余旅行社有限公司及下属分支机构主要经营范围包括国内旅游业务、入境旅游业务，代办会务、会展，物业管理，零售旅游用品、工艺美术品、百货。2020 年，受新冠肺炎疫情的影响，旅游人数锐减，销售情况遭受较大冲击。传统的旅行业务模式已没有太大利润空间，旅行社与浙江皓石教育科技有限公司进行战略合作，利用胡庆余堂的品牌和胡庆余堂中药博物馆以及药膳的优势，推出适合中小学生了解中国博大精深的中医药文化精髓的课程，寓教于乐，争取将胡庆余堂打造成一个传承中医药文化的研学基地。

六、胡庆余堂医药技术有限公司

1995 年 3 月 30 日，杭州胡庆余堂医药技术有限公司成立，生产项目有胃窗声学造影剂、医药超声耦合剂。一般经营项目有医药科学技术、生物医药工程技术及其产品的技术开发、技术服务、技术咨询等。近几年，胡庆余堂医药技术有限公司发展比较平缓。2020 年，先后召开医院中小型学术会议 45 场，医院教学培训达 30 家。同时，成功发展代理商 76 家，公司组织人员给代理商团队培训达 26 场。

七、浙江省中药产业传承发展战略联盟

2010 年 11 月，浙江省成立中药现代化产业技术联盟。联盟由正大青春宝药业有限公司牵头，创始成员共有 10 个，其中中药骨干企业 4 家，科研机构 3 家，高等

院校 3 家。联盟的组建使浙江中药材良种繁育技术、中药材规范化生产技术、中药饮片加工技术、中药制药技术及装备、中药新产品研发水平、中药质量控制技术得到全面提升，从而达到促使传统中药企业做大做强、带动浙江中药产业的快速发展的目的。

2016 年 11 月，浙江省中药产业传承发展战略联盟在杭州成立。该联盟由杭州胡庆余堂集团有限公司、浙江省中药研究所等单位共同发起，省内中药相关企业、科研院所、高等院校和商贸医馆等单位参加，旨在增强中药产业"产学研""科工贸"的衔接，推动产业传承和创新发展。

第二节　科研及质量管理

一、开发新产品

杭州胡庆余堂药业有限公司研发中心成立于 1982 年，于 2002 年被浙江省科技厅批准为"浙江省中药现代化研究中心"，专门从事研究开发活动。2017 年 8 月，又被浙江省科技厅批准为"浙江省胡庆余堂中药现代化研究院"。

图 8-10　2017 年 8 月，浙江省胡庆余堂中药现代化研究院 / 胡庆余堂供图

多年来，该部门开发了多类产品，为胡庆余堂的持续发展做出了贡献。人员也从最早的 10 多人发展到现在的 100 多人，在从事研发工作的人员中，具备中高级职

称的占总数约30%。中心拥有2000多平方米实验场所，设立有门类比较齐备的研发、中试、检测、分析试验室，具有原子吸收分光光度计、液相色谱仪、气相色谱仪、薄层色谱扫描仪、紫外分光光度计等多种分析仪器，也有多效提取器、减压高效浓缩器、制粒、压片、包衣等各种中试设备、器材，具有较强的中药、保健食品研发经验和能力。

1. 完成胃复春片/胶囊、六味地黄丸（浓缩丸）、矽肺宁、大补阴丸浓缩丸、沉香化气胶囊等产品的研发并获注册批件和生产批件。

2. 完成保健食品铁皮枫斗晶、蜂胶胶囊、铁皮石斛西洋参胶囊等产品的研发。

3. 胃复春片、安宫牛黄丸、神香苏合丸二次开发也在持续进行中。

4. 目前拥有已授权发明专利6项。实用新型7个。

近几年来，公司将百年传统中药的优势特色与现代科学技术相结合，创建了中药研究机构——浙江省中药现代化研究开发中心，继承、挖掘"胡庆余堂集成方"，以名老中医验方、秘方为基础，借鉴现代医药和国际天然药物的开发经验，不断创新，开发具有自主知识产权的中药新产品，研发各类中成药品及保健食品，形成生产传统中成药及保健食品的产品结构，以满足不断发展的社会需求，全面提升企业的研发能力和生产水平。

二、质量安全

胡庆余堂自从1997年开始涉足中药种植和饮片加工，在江苏、安徽和浙江省内的丽水、昌化等地设立种植基地，投入科技力量，大力发展规范化种植，推进制药技术现代化、标准化与国际化，通过建立GAP种植基地有效解决原料来源不稳定造成产品质量波动的问题。

杭州胡庆余堂药业有限公司生产的药品全部通过GMP认证，取得GMP认证证书。药品GMP是公司药品生产管理和质量保证、质量控制的基本要求，为确保企业符合药品GMP要求、持续稳定地生产符合注册标准或国家相关部门规定要求的药品，公司建立质量管理体系。该体系包括影响产品质量的所有因素，以确保质量管理体系适宜公司的各项运作，并满足顾客要求和相关法律法规的要求。各部门、各车间按要求，建立完整的文件系统，实施和改进其有效性，并按文件要求记录质量管理体系的运行过程。公司质量体系中，各级管理和生产操作员工——包括高层管理者、生产管理负责人、质量管理负责人、质量受权人等和各级管理部门以及生产操作员工的工作职责明确，最终确保人民用药安全。

第三节　国医馆及膏方节

一、组建名医馆

1984 年，在胡庆余堂国药号的大厅内，胡庆余堂名医馆重新恢复开馆。全国著名中医大师何任、裘笑梅、何子淮、何少山、詹起荪、唐福安等在此坐堂行医。目前，在胡庆余堂名医馆坐堂的名老中医超过 150 余位，其中有不少国家级、省市级名中医留下了身影，如国医大师葛琳仪坐堂胡庆余堂名医馆，使其蓬荜生辉。这些名医的后辈，继续在此悬壶济世，深受患者的青睐。2012 年，杭州胡庆余堂医疗集团获批，成为第一家获得社会办医资格的集团，成为在中医事业发展中独树一帜的特色中医馆。名医馆一直以来都以"恪守戒欺祖训，追求优质服务"为宗旨，切实解决老百姓看病贵、看病难、看名医更难的问题。为了方便病人就医，简化流程，

图 8-11　胡庆余堂名医馆 / 胡庆余堂供图

缩短拿药等候时间，馆内开设了方便门诊，方便周边社区老、弱、残病人就医，并有代煎药代送服务上门，顾客除看病开药外，还可以免费测量血压并咨询用药。胡庆余堂名医馆曾连续多年获得物价信得过单位、规范行医单位等荣誉。成为老百姓寻医问药，养生保健的首选地之一。此外，胡庆余堂还相继恢复和创建了中药博物馆、国药号（连锁）、药膳厅、针灸推拿馆、足疗馆，以及经过修缮重新开张的千年古店保和堂和老牌药铺叶种德堂等一批象征国药文化的古建筑。

二、举办膏方节

胡庆余堂膏方有独特的加工工艺，这些秘诀来自胡雪岩。当年，胡庆余堂邀请天下名医，这些名医把自己的验方、秘方赠予了胡庆余堂，如庆余大补膏、人参养心膏等。这些膏滋药，当年风行一时，是江南顾客冬令进补的重要选择，至今仍畅销。开设膏方门诊，讲究天时、地利、人和。开膏方，除了用心，更需经验。每年秋季，胡庆余堂国药号开灶升火，熬制各类补膏，炮制标准一如以往。

图 8-12　2018 年 10 月，胡庆余堂国药号膏方节 / 胡庆余堂供图

近几年来，每逢冬令进补，胡庆余堂国药号推出"养生膏方节"，胡庆余堂的老牌膏方，有自己的专业配伍、独特工艺。胡庆余堂的老药工们还从店内保存的古籍药方中精心挑选了16张药效良好、价格亲民的经典膏方。如同是一"胡氏延寿膏"，就有寒体和热体之分，寒体用熟地黄、锁阳、杜仲，功效补益精阳，热体用茯苓、牡丹皮、鳖甲，功效补虚调气血。每逢胡庆余堂制膏，国家级老药工及质量管理员深入一线，现场监督工艺的每一个步骤。一只膏方，从药方开始煎汁到最后凝膏，前后至少10小时。药材不地道，炮制不到位，收膏太薄易变质，收膏太老要结焦，各环节一旦出现偏差，就直接殃及膏质。为此，胡庆余堂允许买家亲临察看整个制膏流程。

2021年，胡庆余堂名医馆下属15家门诊部、诊所，有400多位名老中医开膏方。一张好膏方的开出，需要医家望、闻、问、切，悉心诊察，以中医整体观为指导。针对多种慢性疾病既要抓要害，又要根据个人体质特点、虚实现状、寒热关系、气血状况等综合考虑。因此，膏方的质量很大程度上取决于医生的资质和经验，中

图8-13　2021年10月16—18日，胡庆余堂中药文化节膏方季 / 胡庆余堂供图

医界素有"宁看十人病，不开一膏方"的古语。药方到底灵不灵，要看医生的临床经验。积累的经验多了，就知道哪种药是灵的。这些中医师很多都是具有丰富临床经验的主任中医师、教授，国家级、省市级名老中医，为顾客清晰辨证，保证膏方的精准用药。

图 8-14   2021 年 10 月 16—18 日膏方节期间药工制膏 / 胡庆余堂供图

第四节　传承难题

一、老药工匮乏

胡庆余堂的制药技艺非常独特，保存了一批民间的古方、秘方。企业内很多身怀绝技、熟练掌握中药手工技艺的老药工至今仍然健在，这都是社会的巨大财富。当前，胡庆余堂中药炮制上也存在困难——现代经济技术的发展与传统手工技艺的矛盾，以机器生产为代表的现代科学技术使得原先作为中药一大特色的手工技艺越来越失去存在的空间。在经济繁荣的外表下，是传统技艺的失落，如果不再加以保护，胡庆余堂传统中药技艺终将失去。现在掌握着传统技艺的药工都年事已高，而年轻人由于各种原因，很少有人掌握这门技艺。所以手工技艺的失传已是危在旦夕。从采办"道地"药材来讲，中药材主要取材于矿物、植物与动物。由于气候变化、环境污染等因素，有些药材越来越稀缺，尤其是某些动物被列入保护范围，这对于一些传统中成药的生产是一个困境，而且西药全方位冲击中药，中药生产加工，困难重重，如果不妥善保护胡庆余堂传承已久的中药炮制技艺，这种古老的技艺迟早要淡出人们的视线。

二、拜师带徒

由于现代技术影响、气候变化、环境污染以及强势文化的冲击等因素，胡庆余堂传统文化正在受到威胁，甚至处于濒危状态。为此，胡庆余堂投入了一定的人力物力，制订了一个切实可行的保护计划。为保护和传承中药制作技能，成立以胡庆余堂健在老药工为核心的导师小组，选拔和锁定带徒目标，针对性地一对一，或一对多，由双方签约后举行拜师带徒仪式，增强责任感，树立荣誉感；组织专家和老药工对胡庆余堂的"濒危处方"进行保护性的收集整理，出版发行；建立传统中药制作场所，为传统制药工具、传统储藏器皿、传统工艺流程展示提供一个平台。

中外嘉宾每次到胡庆余堂中药博物馆观摩老药工丁光明的泛丸制作，参观现代化制药企业后，都会不解地问：为什么胡庆余堂有现代化的制药企业，还要花这么多力气培养学徒、学习古老的中医药技艺？董事长刘俊说："守正是根本，创新是在守住根的同时，顺应形势的变化和发展。守正与创新，两者并行。胡庆余堂的老药工们将用料精准、工艺精湛视为本分，这就是当代的匠人精神，也是企业的最大财富，要让中医药文化生生不息。"如今，胡庆余堂仍保留着师徒相承的传统，搭建了

图 8-15　丁光明带徒 / 胡庆余堂供图

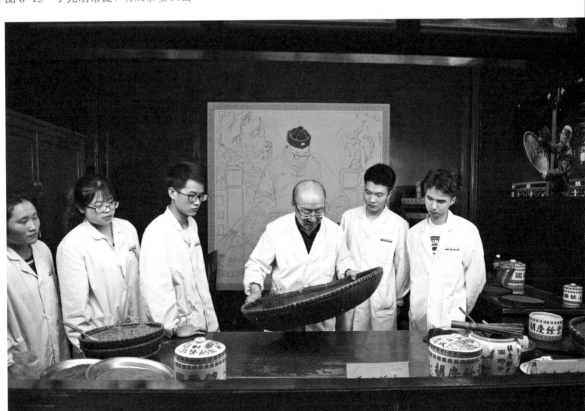

老中青三代人才梯队。每届全国中药技能调剂比赛中，前十名多半是胡庆余堂的弟子，中医药行业的状元都出自胡庆余堂国药号。坚守匠人之道，借力现代科技，两者相辅相成、融合互进，助力这艘中医药航母行稳致远。

第五节 "十三五"期间成就

在"十三五"期间，胡庆余堂经营团队主要工作围绕优化产业结构、强化工业基础、推进互联网化转型、注重产品创新、实现稳定增长展开，经过四年的不懈努力，圆满完成了前期既定目标。在"十三五"收官之年，国内外环境发生了巨大变化，公司经营团队重新研究当前国家基本国情与企业实际，优化了 2020 年和未来五年发展目标，提出了新的发展战略与策略，取得了骄人的成就。

一、公司基本情况

杭州胡庆余堂集团有限公司目前旗下拥有胡庆余堂医药控股和青春宝集团两个一级子集团，其中胡庆余堂医药控股目前旗下有 18 家控股子公司，青春宝集团旗下有 7 家控股子公司，涉及中药栽培、饮片炮制、中药制造、保健及健康食品、中医门诊、中药连锁、中医健康管理、药膳、中药研发、电子商务及跨境贸易等中医药全产业链，是一家保留着传统中医中药文化的现代化中医药产业集团公司。

截至 2019 年底，集团核心中医服务及中药与食品流通板块已初步形成由 130 余家参茸店、16 家中医门诊部和 1 家老年病医院组成的网络布局，立足浙江，辐射全国，年门诊量达到 46 万人次，坐堂名老中医近 400 人。

二、经营状况

表 8-2　胡庆余堂集团 2016—2020 年主要经济指标统计

指标名称	单位	2016 年	2017 年	2018 年	2019 年	2020 年预计
销售收入	万元	91140.99	97351.81	110223.78	124457.96	112000
利润总额	万元	5324.35	6077.41	12859.67	18852.99	17000
利税总额	万元	9302.98	10270.04	17823.45	24069.17	22000

三、完善资产管理

集团公司目前主要拥有河坊街老厂房地块及三个小型工业园区，园区主要分布在萧山浦沿、杭州留下和余杭仓前，这些房产物业大部分由集团内部企业经营使用，部分对外出租，给集团每年贡献1300万左右的租金收入。随着这些地块及房产的不断增值，也保证了国有资产升值的空间。

"十三五"期间，集团按计划对博物馆部署人力、投入财力，胡庆余堂中药博物馆完成了"展示型"走向"育教型"的转变。主要做了以下工作：

1. 修馆舍，改陈列，展现了胡庆余堂古建筑的原有风貌，其建筑的独特和展品的丰富，在全国中药界以至文化界独领风骚。

2. 胡庆余堂中药博物馆被列为浙江省爱国主义教育基地和杭州市青少年第二课堂。

3. 在博物馆内，每年举办膏方节、人参节和中药文化节，对中药文化的普及和提升起到了重要作用。

4. 胡庆余堂中药博物馆被认定为国家二级博物馆，创造了专业博物馆企业化运作的范本。

5. 在中药博物馆的平台上，胡庆余堂中药文化入选国家非物质文化遗产代表性名录。

6. 以胡庆余堂中药博物馆门楼为图案的国家邮票上市，让企业走上邮票，这在中国邮票发行史上还是第一次。

四、以中医药为主线，拓展产业链

"十三五"期间，胡庆余堂集团在继续抓好中成药制造生产的同时，积极寻找拓展中医药产业链之路。集团下属的两家中药制造业企业平稳发展。杭州胡庆余堂国药号有限公司是一家药品批发连锁企业。近几年来，公司以医带药，先后开办了16家名医馆，聚集了全省国家级、省级名老中医近400人，为广大患者看病，既解决了老百姓看病难的问题，也促进了公司高速发展。杭州胡庆余堂参茸保健品有限公司是一家从事参茸、燕窝、冬虫夏草滋补品批发零售的公司，走店中店的道路，目前公司在全国各地各大商场设专柜共130余家，把货真价实的滋补品带给了百姓，企业也得到了快速发展。

五、拓展互联网业务

"十三五"期间，集团公司新增了胡庆余堂平湖国药号、天猫胡庆余堂杭州专卖店和胡庆余堂化妆品旗舰店，积极探索互联网直播销售模式。目前，医药控股互联网及配套销售达到 2.52 亿元，占集团线下零售总额的 45%。其中，原有平台电子商务公司实现销售 5976 万元，同比增长 37%；天然食品配套微商销售 1.33 亿元（按供应价计算），同比增长 30%；青春宝健康产品配套互联网销售 1436 万（按供应价计算），同比增长 120%；国药号互联网销售 1903 万元，国际贸易销售 1177 万元；新增天猫胡庆余堂杭州专卖店，实际上线 4 个月，销售 616.73 万元；胡庆余堂化妆品天猫旗舰店经营 9 个月，实现平台销售 425 万元，分销销售 334 万元（按供应价结算）。

六、做好安全生产管理

"十三五"期间，集团公司坚持"安全第一，预防为主"的工作方针，从实施安全生产责任制、安全教育、修订制度、举行预案演练、隐患排查等方面展开工作。

集团依据与下属企业的股权比例及地域划分，以安全生产教育为主，坚持安全意识教育与专业技能培训相结合的模式，开展了张贴宣传海报、外聘老师讲课、集中观看教育片等形式多样的宣传教育活动，实现了从"要我安全"到"我要安全"的意识转变。在强化教育的同时，逐步建立、健全各类安全生产制度，进一步完善了各类事故救援预案，并加大了预案演练的力度，先后举行了灭火演练、反恐演练、电梯事故救援演练、危化品泄漏救援演练。集团成立了隐患排查治理领导小组，制订隐患排查制度，各企业开展了多次安全生产大检查，有效地避免了事故的发生。通过以上诸多工作的开展，确保了整个集团"十三五"期间未发生死亡及重大安全生产事故。

七、开展公益事业、回馈社会

"十三五"期间，胡庆余堂集团公司在抓好经营管理的同时，积极参与社会公益事业，回馈社会。2020 年，新冠肺炎疫情发生后，胡庆余堂集团及所属企业勇担社会责任，充分发挥企业行业优势，通过捐赠抗疫急需物资、为社会抗疫工作提供有效支持和服务，积极发挥医药行业企业骨干作用。截至 2020 年 4 月，为抗击疫情，捐赠抗疫药品、健康食品、防疫用品等防控物资价值 400 余万元。值得一提的是，面临着部分中药材原料价格飞涨等情况，胡庆余堂仍然坚持原价供应，以实际行动回馈社会。因此，"十三五"期间，公司取得了骄人成就。

1. 主营业务发展稳定

2016—2019 年，集团公司营业收入年均增长 8%，利润总额年均增长 37%，剔除其他因素影响，经营性业务利润总额年均增长 9% 左右。

2. 工业企业专业化发展突破瓶颈

按照产品类别与剂型，将 5 家生产企业行业方向分别定位为饮片与化妆品（本草药物）、膏剂（天然食品）、口服液和即食产品（青春宝健康产品）、药食用菌（浙江方格药业）、中成药（胡庆余堂药业），完成工业产品门类的合理分工，实现专业化整体发展。其中，胡庆余堂天然食品，以技术创新加快新产品研发和工艺升级，在主营的膏剂产品上，掌握自主核心技术，2019 年成为"国家高新技术企业"，获得了滨江区"瞪羚企业"的殊荣；本草药物公司在做好饮片业务的基础上，把护肤品推向市场，取得了上千万的销售业绩；青春宝健康产品公司淘汰落后产能，发展互联网及年轻消费类产品，终于实现销售约 2400 万元，完成了扭亏为盈的任务，标志着集团主要工业企业全面盈利。

3. 初步实现了传统业务向互联网业务的转型

通过自建团队、联合运营、代运营等多种模式试水互联网业务，互联网及配套销售达到 2.52 亿元，成功迈出了传统业务向互联网业务转型的第一步。

4. 线下渠道网络布局和结构进一步完善

终端渠道网络以医疗服务网络为中心，零售网络为外延，核心医疗服务网络突破杭州大市范围，成功进入浙北和浙中市场，未来几年将实现全省布局。同时，借助青春宝集团的产业资源和能力，医疗服务机构也从原来的中医门诊，向专科型老年医院升级，网络能力结构进一步优化。

5. 关注企业发展，重视社会责任

胡庆余堂积极响应党和政府的号召，坚持服务社会。特别在新冠肺炎疫情期间做好精准防控，推进复工达产的基础上，充分发挥基层医疗机构和网点在服务基层社区和企事业单位的前沿阵地作用，坚持防疫相关产品不涨价，捐赠抗疫药品、健康食品、防疫用品等防控物资价值 400 余万元。

第九章　　经久不衰的典范借鉴

　　胡庆余堂从创建到兴盛，从变故到败落，从新生到昌盛，穿越了148年的动荡沉浮，承载着世界风云，成为誉满天下的著名品牌。其缘由就是百年如一日地坚守企业的经营宗旨"戒欺"；并向世人公开了这一百年基业典范的借鉴秘方，就是始终不渝地坚守顾客至上的理念，"诚信"扎实地运作这一著名品牌项目，以其品牌、质量和信誉，深深根植于民众之中，致使胡庆余堂传承创新，经久不衰，享誉海内外。正如杭州胡庆余堂集团有限公司董事长刘俊所说，"戒欺"是胡雪岩经营药业的"政治"交代，是胡雪岩留给我们的最有价值的品牌遗产。衣钵重转，薪火再续，在秉承"戒欺"等精神文化遗产的基础上，胡庆余堂正在续写新的传奇。

　　现从理念新锐、文化深邃两个方面总结胡庆余堂经久不衰的成功经验，以启迪当今中医药行业从业者的经营信念，提供可借鉴的榜样，有助于推动全国中医药现代化的进程。

第一节　　理念新锐

　　中药行业公认的"两家半"金字招牌，一家是北京的同仁堂，一家是杭州的胡庆余堂，半家是广州的陈李济。从清中期迄今，这"两家半"能闪耀大江南北，在很大程度上由名医、名药店支撑。大量的医药典籍和名医药方都保存在这些知名药店中。它们是集医疗、保健、养生、制药、生产、经营、管理于一身的专业性、行业性实体，是中华医药产业的中流砥柱。

　　在"重农轻商"思想盛行的封建时期，胡雪岩凭借独特的经济策略，一跃成为晚清首富，这与胡雪岩重义疏财的人际交往策略、股份制的经济策略、审时度势的投资策略、为民争利的企业商誉管理策略密切相关。胡雪岩"天、地、人、神、鬼"的五字商训也值得借鉴。"天"为先天之智，经商之本；"地"为后天修为，靠诚信立身；"人"为仁义，懂取舍，讲究"君子爱财，取之有道"；"神"为勇强，遇事果敢，敢闯敢干；"鬼"为心机，手法活络，翻手为云、覆手为雨。

研究胡雪岩的人际交往、经营理念、管理模式，具有双重意义：一是对当代中国企业管理者而言，在引进、运用西方当代管理科学理论之际，要结合中国国情，从胡雪岩等儒商身上汲取经验；二是对外国经商者而言，研究胡雪岩们，可以了解中国国情、与中国经商之道，特别是人际关系在中国社会和商务交往中的独特作用，互相了解，避免双方交流中的负面冲突。

148 年来，胡庆余堂为民众的疾病治疗、保健、康复做出了不可泯灭的贡献。伴随着改革开放，胡庆余堂也焕发了青春。尤其近年来，在企业管理、企业营销、生产科研等方面取得了长足的进步，进入国家国企中药 50 强。

一、人际交往

（一）公关意识

胡雪岩深谙官场，善于揣摩，奉承迎合，他的政治投资也获得了丰厚回报。胡雪岩的政治荣誉得益于左宗棠的提携，但左宗棠不是胡雪岩政治上的靠山。左、胡交友的聚焦点是洋务、西征、药业、慈善事业，这些顺应历史潮流，有功于国家和社会，值得首肯。左宗棠多次举保胡雪岩，是因为在兴办洋务事业、西征筹款采办军火、慈善救济等方面得到过胡雪岩的鼎力帮助。胡雪岩在洋务、西征、慈善事业上帮助左宗棠，实现了由经济人向社会人的转变。胡雪岩与左宗棠之间不存在官场上的人身依附关系。左宗棠与胡雪岩纯私人的交往很少，不是权钱交易的政商关系。保持官商关系的纯洁，关键在于官员守住道德底线，既可兼济天下，又能独善其身；商人不行贿，靠自身的先进经营理念致富。左宗棠与胡雪岩的交谊可为资鉴。

胡雪岩善于与政府及各种社会团体建立良好关系，胡雪岩认为：做小生意迁就大局，做大生意就是帮公家把局势扭转过来，大局一旦好转，我们的生意就自然有办法。所以胡雪岩在做生意时总是从大局出发，舍弃个人私利，热心公益。多次赈灾捐赠，为方便老百姓过河，在河流上建义渡。左宗棠与太平军作战，以及在任陕甘总督时西征新疆，胡雪岩为他筹款筹粮，尽管困难重重，胡雪岩都圆满完成了任务。

胡雪岩善于与竞争对手建立良好关系，常对帮他做事的人说："天下的饭，一个人是吃不完的，只有联络同行，要他们跟着自己走。"他做的事业虽多，但总朝着利己利人的方向去做，所以总能无往不胜。胡雪岩与竞争对手讲合作、求双赢的思想，最终有利于实现各自的目的。

胡雪岩通过为政府分忧解愁以及对百姓实施各种善举，在官界、商界以及民间都形成了极好的口碑，既体现了他所奉行的"先赚名气后赚钱"的思想，也为企业发展创造了有利的营销环境。胡雪岩不仅结交官场上的朋友，而且也结交商界及各界社会朋友，这使他在后来的商业活动中每每遇到困难都能左右逢源，化险为夷。

胡雪岩在商场上取得了巨大的成功，归根到底是由于他有正确的营销理念。这正是儒家文化中"和为贵"思想指导的结果，当今许多企业用关系营销理论去指导企业的发展，胡雪岩的经营理念仍值得我们借鉴。

（二）用人策略

胡雪岩的成功，很重要的原因是他善于"用人"。他说："一个人最大的本事，就是用人的本事。"胡雪岩"用人之长，容人之短，不求完人，但求能人"。胡雪岩以诚待人，用人不疑，放手使用，用而不疑，是他用人的一个重要原则。除了那些关系生意前途的重大决策外，在一些具体的生意事务的运作上，胡雪岩总是让手下人去干，决不随意干预。胡雪岩以利激人，重赏勇夫，运用物质利益激发员工的积极性，方式主要有两种：一是红利均沾，二是入股合伙。对于没有资本的伙计，采取年底分红的方式；对于有本钱者，采取入股合伙的方式，把他们的利益得失与企业捆在一起，一荣俱荣，一损俱损。胡雪岩的用人之策，以情感人，吐哺归心。胡雪岩知道，有用钱办得成的事，也有用钱办不成的事。他曾说："要得到真正的杰出之士，只凭钱是不能成事的，关键在于'情''义'二字，要用情来打动他们。"叶种德堂有个切药工，业务过硬，人称"石板刨"，但脾气火爆，在叶种德堂待不下去，经人介绍来到胡庆余堂，胡雪岩按能力给他高薪，提拔他任大料房负责人。胡雪岩宁愿厚待有一技之长的"刺头"，也不会赏识唯唯诺诺的平庸者。"石板刨"见胡雪岩如此器重自己，这个在叶种德堂受气的小人物，感恩戴德，加倍效力。胡雪岩的用人之策，以爱容人，饶人之过，很值得当今企业参考。

胡雪岩在人才问题上，从不吝惜钱财。他设有"功劳股"，即从赢利中拿出一份特别红利，专门奖给有贡献的人。"功劳股"是永久性的，一直可以拿到本人去世。胡雪岩从不以自己生意的赚赔来决定员工报酬的多寡，即使自己所剩无几，甚至吃"老本"，该付的薪水照付。

胡雪岩进行财务监督很有特色。他对于雇员挪用东家款项及贪污等不法之事，有一套不同于常人的处理办法：先通过关系摸清不法雇员舞弊的底细，然后对舞弊者点到为止，不点破舞弊者的真相，也不深究，让舞弊者感到自己似乎已经被抓到了把柄但又不明实情。同时，他还给出时间，让舞弊者自查自纠，弥补过失，等于有意放他一条生路。最后，则明确告诉舞弊者，只要努力，仍然会得到重用。这几下子，终于使舞弊者彻底服帖。胡雪岩这样做的高明之处在于，他不仅保全了舞弊者的面子，救了一个人，同时还留住了一个人才，并让他感激不尽。另外也达到了堵漏补缺的目的，可谓一举数得。

（三）关心员工

胡庆余堂药号的职工，一般都不愿意离开企业，一直做到去世为止。这与胡雪岩关心重视职工，特别是老年职工生活有关系。胡雪岩在店内还设置了独有的"阳俸"和"阴俸"制度。"阳俸"指的是对那些于胡庆余堂有贡献的、因年老体衰或生病无法工作的职工，照样发给原薪，直到去世为止。"阴俸"是这些职工死后，还可以让其家属按照其工龄长短来领取生活补助费。如有十年工龄，可以发阴俸五年，每年按本人薪俸的50%发给。工龄越长，发放的阴俸就越多。胡雪岩的"阴俸"是比照雇员在世时的薪金，以折扣的方式继续发放给他们的家属，直到家属有能力维持与雇员在世时相同的生活水平为止。这有点类似于我国现在实施的退休和遗属补助制度。这是中国企业抚恤金制度的雏形，也是我国最早的职工福利制度。由于实行了这种"阴俸"和"阳俸"制度，胡庆余堂的职工解除了后顾之忧，全心全意地投入工作，企业凝聚了大量身怀绝技、熟练掌握中药手工技艺的老药工。正因如此，胡庆余堂悬壶济世、福泽黎民的使命得以绵延了数百年。

2012年，美国谷歌公司发布"遗属福利"制度，即在10年里每年向去世的员工配偶或同居伴侣支付该员工生前年薪的50%，与胡庆余堂的"阴俸"基本一致。

二、经营理念

在经营上，胡雪岩有这样的名言：有三种钱不能赚，一是烫手的钱，二是坑害同行、朋友的钱，三是贻害社会的钱。这个理念成为该企业经营的理念之一。

（一）股份制

无论是股份制，还是合伙人制，或是债转股、股权集中，这些现代企业的股权制度，并不是美国人的专利。早在148年前，胡庆余堂已经做到。而胡庆余堂的实践证明，没有一种股权制度最完美，它只能在特定的历史背景下，根据企业自身特点，锁定某种股权制度。在法国老企业俱乐部统计的世界百家最古老的企业中，中国有3家公司入榜，分别是创于1669年的同仁堂、1864年的全聚德和1874的胡庆余堂。当我们强调中国企业如何去冲百强企业时，不妨先回眸胡庆余堂，学习胡庆余堂成功的秘诀。

（二）职业经理人

胡雪岩采取知人善任、有功必奖的用人原则。创办之初，胡雪岩在上海《申报》

等报章上刊登广告，招聘大药堂经理。听闻松江府一家药号的经理余修初很有能力，但因资金有限无法舒展才能，胡雪岩立即去松江登门求教。余修初曰："要成大气候，就必须以大资金投入办药厂、药号、药行和门市一条龙。而办药业须以仁术为先，不应为蝇头小利而斤斤计较。"胡雪岩当即聘用余修初负责胡庆余堂筹建工作。凭能力、凭业绩，以受薪、股票期权等为其获得报酬的主要方式。余修初的任职，与当今的"职业经理人"相同，"职业经理人"并非舶来品，胡雪岩早已实施。1912年，胡庆余堂实行分红制度：正副经理可"酌量勤懒"将部分股权分给员工，3年分红一次，如经营有盈余，员工依据股份获得分红。

（三）干股（功劳股）

胡庆余堂此后的兴旺发达，与胡雪岩有功必奖的用人原则不无关联。据记载：有一次，胡庆余堂所在大井巷口发生大火，职工孙永康冒着生命危险把店门口的两块金字招牌抢回店内。胡雪岩认为，金字招牌是药店的象征，孙永康冒死抢回，足见他与药店共存亡，即宣布给予他一份"功劳股"，即干股。胡庆余堂对有贡献的员工授予"干股"，如同阿里巴巴给有功员工的股份奖励。

（四）债转股

胡庆余堂首创"债转股"，是因胡雪岩破产，胡庆余堂被"债转股"，抵押给文煜。胡雪岩生丝生意亏本，只能将胡庆余堂抵给文煜，仅留红股10份。文煜此举，实际就是"债转股"，债权转变为股权。文煜的"债转股"，实际控制了胡庆余堂。按照两家股权对比，文煜和胡家分别是9∶1。1911年，文煜出事，其包括胡庆余堂在内的所有财产被没收，并被标卖。后由施凤翔、应棠春等人出面，以20.01万元得标。这样，胡庆余堂也由当初的独资变成了合股经营，其股东13人，合股资本为36万元，分120股，每股3000元。胡庆余堂靠不断改进股份制，延续经营，不但避免内部股权斗争，也幸运地躲过了数次战争。

（五）经营方式

胡庆余堂得以传承百年的根本所在，是具有独特的经营理念。胡雪岩的家族信托理念在其金融平台运作及胡庆余堂经营中的运用，以期为现代家族财富管理和企业治理提供借鉴。胡雪岩理财具有现代意识。他从经营钱庄起家，但目光四射，并不局限于银行领域。他还做丝、茶生意，为农村养蚕人寻找原料出路；开办典当行，赚一时受窘的官僚、商人、纨绔子弟的钱，而对穷人则取息甚微；尤其可贵的是他后来打算收买新式缫丝厂，以便生产出高质量的丝与外国商人一决高低。胡雪岩信息意识很强。他说："做生意一步落不得后，越早到消息灵通的地方越好。"所以他很早就走出杭州，在上海开辟新基地。胡雪岩理财求新求快："别人用老式船，我用新式船，抢在人家前面运到，自然能卖得好价钱。"他在生意场中获得暴利，与他锐意进取有关。

时至 2022 年，胡庆余堂创新营销理念，在消费群中，出现了越来越多的年轻面孔。"我们的产品不仅给中老年人，更要迎合年轻人。"兼任浙江省老字号企业协会会长的刘俊说，"消费者在哪里，我们就该在哪里，一定要抛开'我是个药厂，我只做药'的想法。"在此理念下，拓展之旅蹄疾步稳。最为典型的是，2010 年胡庆余堂成立电商公司，在老字号企业中很早"触网"。天猫、京东、小红书、抖音，能触及的新渠道，胡庆余堂一个不落，开拓全方位立体销售渠道。目前，胡庆余堂的线上新零售与线下传统销售的营收额比已达 1 : 1。国潮与新零售，这些时髦的标签让胡庆余堂这个国家非物质遗产保护单位圈粉无数。年轻人生活节奏快，往往追求更方便快捷的产品，中医药不需要很严肃，胡庆余堂运用"药食同源"概念生产的红豆薏米茶、芝麻丸、雪梨膏、人参阿胶浆都很受年轻人喜爱。

148 年来，胡庆余堂虽几遭历史磨难，仍呈现出勃勃生机，这主要得益于胡庆余堂独特的经营理念和"庆余"精神，这种精神值得当今医药营销企业借鉴。

三、管理模式

胡庆余堂能够保持旺盛的生命力，也与其经营之道分不开。创办之初提出的真不二价、是乃仁术、戒欺、顾客乃养生之源等经营之道，都是胡庆余堂的经营之魂，也是中国传统文化在经商过程中的运用，将仁、义、礼、智、信这些代表着传统的东方智慧变通为自己的经商之道，形成了一个行业的标准和企业文化的核心。"为官须看《曾国藩》，为商必读《胡雪岩》"，这是对胡雪岩经营智慧最大的肯定。

冯根生 1996 年兼任胡庆余堂法人代表，运用现代化企业管理理念改造百年老字号企业，使胡庆余堂插上了腾飞的翅膀，在传承胡庆余堂文化传统的同时，用现代经营的思路和理念充实老字号品牌的内涵。胡庆余堂整合拓展了中医药的产业链，从药材种植、饮片加工、成药生产，到商业零售、医疗门诊以及中医药文化旅游一条龙的产业链模式，赋予中医药文化和中医药产业以新的内涵，使之在新的市场环境中立于不败之地。目前，以"胡庆余堂"商标为标志的产品共有 13 种剂型，160 多个产品销海内外。随着企业的发展，胡庆余堂面临着新的机遇和挑战，为了扩大规模，胡庆余堂把生产基地迁往杭州滨江工业园，一座占地近 10 亩、建筑面积42000 多平方米的现代化的新厂区已经拔地而起。胡庆余堂先后获得中国诚信企业、浙江省高新技术企业等荣誉称号，成为中国最具活力的中药制造企业。

胡庆余堂构建了一个传承有序的体系。为保护和传承中药制作技能，一是成立以胡庆余堂健在老药工为核心的导师小组，选拔和锁定带徒目标，针对性地一对一，或一对多，由双方签约后举行拜师带徒仪式，增强责任感，树立荣誉感。二是组织专家和老药工对胡庆余堂的"濒危处方"进行保护性地收集整理，出版发行。三是建立传统中药制作场所，为传统制药工具、传统储藏器皿、传统工艺流程展示提供一个平台。同时，建立一批天然中药材基地。在国家政策许可的情况下，建立一批中药材生产基地，形成供货网络，以提供货源充足的原生药材。

四、传承创新

胡雪岩"悬壶济世"的主要贡献，在于经营、管理、慈善、制艺的开拓与发展。胡雪岩在经营管理胡庆余堂雪记国药号时，本着"悬壶济世"的精神，对中医药既有所继承，又有所发展与创新。一是胡雪岩为了在市场竞争中防范风险，获得健康发展，便注重产品的创新与优质。如过去的中药，几乎都是汤剂，这为战乱与动荡时期的治病吃药带来很多的不便。胡氏便于 1874 年建起了药厂，重金聘请浙江名医，收集古方，总结经验，选配出丸散膏丹及胶露油酒各种剂型的验方 472 个，精制成药，便于携带和服用。其时，战争频仍，疫疠流行，胡氏辟瘟丹、诸葛行军散、八宝红灵丹等药品备受欢迎。

随着中华人民共和国的诞生，胡庆余堂开始了新生。1956 年"公私合营"后，改为胡庆余堂制药厂，之后又改称杭州中药厂。1972 年，杭州中药厂一分为二。胡庆余堂——也就是杭州中药厂原厂部改称杭州中药一厂。而位于杭州城西桃源岭下的郊外生产车间，则升格成为杭州第二中药厂。

建厂之后，二厂艰苦创业，实施中药的改型换代，先后开发出青春宝、双宝素等经典优质新品，并于 1992 年组建中国青春宝集团。经历了一百多年沧桑岁月的胡庆余堂，却在市场经济的浪潮中，逐渐变得举步蹒跚，一代风流总被雨打风吹。于是，胡庆余堂采取了行之有效的改革措施。

（一）企业合并，开启变革新路

1996 年，由于经营不善，企业资产负债率高达 90%，亏损 750 万元。中国青春宝药业集团公司对胡庆余堂成功兼并后，首先建立了一支名副其实的高层经理人团队。新的领导团体改变以前思维模式和行为方式，分析能提高企业创新价值能力的一系列技术事件和趋势，共同讨论企业经营策略方面的问题，以及公司竞争对手的情况和产品的市场态势，并通过对经营环境进行战略评估，制定相适应的营销策略。

如在经营策略上，选取对价格敏感性较高的低收入者为服务对象，抓好质优价廉的老产品的生产，增加效用，降低成本，迅速地加大产量，扩大地域的广度，建立市场规模，广济大众，创出品牌效应，同时抓好以胃复春为主的新产品，全面带动市场销售。通过以上运作，市场的被动局面迅速扭转，并在两年时间，扭亏为盈。到了1999年，利税共计达到3000万元。

胡庆余堂实行"连锁"不"联营"，深入挖掘中医药文化。2001年，胡庆余堂率先开设"名医馆"，成立胡庆余堂国药号，提出名店、名医、名药相结合的经营发展之路。目前，在胡庆余堂国药号坐堂的名老中医众多，为前来求医的患者细心诊治。胡庆余堂通过专家门诊在行业内树立起了至高的专业形象。消费者前来求医问药，均由知名中医专家诊治，亲身体验过胡庆余堂的专业水准。这种知名度的获得方式必将形成良好的口碑传播，为链条上的下个传递点打好了坚实的基础。同时消费者也产生了对于品牌的认同和忠诚，真正做到了品牌和消费者之间的互动，整个品牌接触管理链上的重要环节就在不断体验中得到了最大的保证。

（二）从长计议，提高技术含量，增强企业竞争力

今天的胡庆余堂人是学习型企业的人，善于从当今的企业管理、市场营销中学习，也善于从胡庆余堂的历史中学习。胡雪岩是一位中药史上的传奇人物，在他毕生创立事业的历程中，处处有中国古代哲学思想的贯穿和拓展，既古老又超前。他一生创办了不少商行，米行、蚕铺、钱庄这些都是赚钱的行业，唯独办国药号的目的是多一些善举，少图一些利润。随着时间推移，能赚大把钱的企业都灰飞烟灭；微利的中药铺仍然江山依旧。胡庆余堂人从中悟出一条道理：暴利会引来数不清的竞争者，微利可以地久天长。

（三）以药为主，多元化经营

大多数的行业都存在着发展、壮大，最后被新兴的行业取代的规律，中药行业也必然遵循这一趋势。尤其是生物技术突飞猛进的今天，已能逐个描绘人类患病基因精细图谱，为研制低毒副作用的新药创造了条件。中药行业在这新一轮竞争中，要避免淘汰出局，除了走创新道路之外，最有把握的是将中药深深扎根于中华民族的文化中去。胡庆余堂认识到：20世纪90年代，许多行业纷纷涉足中药领域，势必会引起激烈的市场竞争，那些没有优势产品、社会服务功能差的企业，难免被兼并破产。我们今天能生存，不意味着明天能生存。要居安思危，要另辟蹊径。我们企业的优势就是特有的中药文化背景，依托杭州历史名城和旅游城市的大环境，再现一百多年来的中药行业的发展和沧桑之变。于是，在现有胡庆余堂旧址——国家中药博物馆的古建筑群基础上，投入资金修缮吴山脚下一条中药街。当年胡雪岩费尽心机收购的中药古店——叶种德堂药店也被列入投资的范围。这条中药街给人一种传统和现代相结合的中药文化氛围。如何利用这得天独厚的文化历史优势，为今

天的胡庆余堂锦上添花，胡庆余堂人看好旅游这一具有持续发展前景的行业，把古文化与现代旅游结合起来，展现中国医药文化的魅力。他们投入和建立了胡庆余堂中药旅行社，公司单独设立旅游事业部，统筹运作。以这些与中药业有关的人文景观为主，加上中药药膳、保健茶沙龙、医疗馆、针灸馆等系列组合，开发出具有中药特色的旅游资源，内容丰富、形式新颖，吸引了众多国内外游客。一年左右的实施，已初见成效，多元化经营为企业增加了经济效益，也为企业在未来的市场竞争中增加一份实力。胡庆余堂不仅仅是一个企业，刘俊总经理说："我们发掘继承中医药优秀文化，为民族做点工作，尽点义务。"为此，他们定期免费开放中医药博物馆，请国内外中医药知名专家，举办中医药沙龙，真诚回报社会。胡庆余堂药业有限公司的实践充分说明，企业竞争，第一轮是技术，第二轮是管理，第三轮是文化。胡庆余堂的企业文化就是：领导敢于授权，善于调动广大职工的积极性，建立严格的质量控制程序，实事求是、不急功近利，客户至上。这种企业文化无时无刻不在影响着员工们的日常活动。以这种价值观为指导的经营哲学、管理风格和行为方式反映了与之相适应的胡庆余堂人文环境，这也是企业获得和保持良好经济效益的基础，促使老企业渡过成熟期、衰退期，从而重新焕发了青春活力。企业要想长期生存和成长，没有一成不变的方法，经营环境的根本变革涌起的浪潮，也会使赢者落魄，并催生出新的强者。胡庆余堂的全体员工以蓬勃的朝气，创造着新的辉煌。

当今，在胡庆余堂集团公司的旗下，主要拥有青春宝集团、胡庆余堂医药控股公司（资本运作）、胡庆余堂药业公司（制药工业）、胡庆余堂国药号（商业连锁）、参茸公司（药品批发）、天然食品公司（功能食品）、天然药物公司（中药饮片）、本草药物（化妆品）、医技公司（医疗器械）、中医门诊部（医疗机构）、萧山宝苑医院（医院）、中药博物馆（文化产业）、保健发展中心、庆余旅行社和药膳厅（中药旅游）、药材种植基地（桐庐）（金华）及浙江省中药现代化研究发展中心和浙江省天然药用植物研究中心两个省级研发机构。胡庆余堂完成了从药材种植、饮片加工、成药生产、商业零售批发、医疗门诊、科研开发以至中药旅游等为主业的中药产业链的建设。

董事长刘俊认为，国家非物质遗产保护单位搞创新不易，"特别是在现在的生活节奏下，并非想一个产品就能一劳永逸，每个产品都要适应时代、站在消费者的立场思考，所以创新永远不能停步"。

第二节 文化深邃

胡雪岩创办的"胡庆余堂国药号",是千百年来传承下来的中医药中的一朵奇葩。它创造出了一套独特的"胡庆余堂中医药文化体系",将传统的中医药技术与近代商业有机地结合起来,形成了中医药商业经营和品牌打造的独特模式,从而成为国家级传统医药非物质文化遗产中的翘楚。

一、诚实守信

胡庆余堂是保护、继承、发展、传播我国中药文化精粹的重要场所,是构成杭州人文历史不可缺少的重要组成部分。作为我国规模较大,创办较早,以全面配制中成药为经营特色的国药号,胡庆余堂自问世以来,其字号一直延用至今,始终秉承"戒欺""真不二价"的经营方针,深受百姓的厚爱和信任。从"戒欺"匾上,我们看到的就是这种道德上的自觉,它秉承了传统文化中最基本的道德,这种道德首先表现在对个体生命的尊重,"药业关系性命,尤为万不可欺"。"戒欺"是一种理念,贯穿在企业的生产经营活动中,"戒欺"更是一种文化,滋润着药工们的心田。在胡庆余堂内,有一副对联恰好是对"戒欺"的一种诠释,"修合无人见,诚心有天知"。

冯根生传承了胡庆余堂的制药秘籍,更传承了庆余堂的企业文化。他提出:"做企业要先学会做人,商人要多积善德,学做事要先学会做人。""我们的生意经很简单的几条,一是戒欺,二是诚信,三是不得以次充良,四是不得以假充真,五是真不二价。"

二、济人济世

胡庆余堂门楼上保留着胡雪岩所立的"是乃仁术"四个大字,它出自《孟子·梁惠王上》,表达了胡庆余堂的创办初衷是为了广济于人,更反映了当时就有难能可贵的治病救人的仁义。百年以降,胡庆余堂一直铭记这一祖训。

在胡雪岩的全部事业生涯中,胡庆余堂仅占很小的一部分。经营生丝失利后,胡雪岩的主业均一夜破产、烟消云散,为何唯他积善所建的胡庆余堂独善其身呢?其中缘由,离不开胡庆余堂"是乃仁术"的玄思哲理。他怀着一颗仁厚之心,开办胡庆余堂药局，以图济世救人。一个不熟悉药业的人，从外行到内行，在发扬"仁"心的同时，将中医药事业发扬光大，并在中医药学史上写下了灿烂的一页。在杭州创办了"胡庆余堂"，并且奉行"医乃仁术"的儒医伦理。他开办药号的初衷，便有"急人所急"的侠义之心。二是他创办药号的方略，始终不离"救死扶伤"的本意与好心。三是他所倡导的企业文化充满慈爱的"人情味"。

三、顾客至上

胡雪岩非常重视对员工的教诲。他把"顾客乃养命之源"写入店规之中，教育员工把顾客当作自己的衣食父母，兢兢业业为顾客服务。

他没有店大欺客的陋习，也不容许他的员工仗势欺人。胡庆余堂开张时，胡雪岩头戴花翎，胸挂朝珠，身穿官服，郑重其事地接待顾客。他把"顾客乃养命之源"定为店规，作为员工考核的重要标准。学徒刚进店，就要学习如何待人接物：顾客进店，店员就要先站立主动招呼顾客，绝对不能背朝顾客；顾客配药不可缺味，务使顾客满意而归。

胡庆余堂专设顾客休息场所，在流行病多发的夏天免费供应清凉解热的中草药汤和各种痧药。胡庆余堂的药茶虽然是免费的，但是药效并不差，所以，形成了口碑传播效应。这种免费烧药茶的传统，胡庆余堂一直延续至今，成为了企业文化的一个重要内容。

图9-1　根据四季不同配置的药茶，免费供应国内外游客／胡庆余堂供图

在远近香客赶庙会大批涌入杭州的日子将药品降价出售；遇急诊病人即使是隆冬寒夜也接待不误。在冬天，半夜三更常有病人敲门求药，值夜药工必定遵守胡庆余堂为急诊病人诊治。胡庆余堂的待客之道使自己在顾客心目中竖起一块金字招牌。胡雪岩善于为自己做宣传。他的说法是："生意要做得既诚实，又热闹。"他向贫困民众施散的药品都有包装，包装纸上是自我宣传，于是胡庆余堂和胡雪岩的名声传遍国内外。

四、采购严谨

"采办务真，修制务精"成为企业生产最基本的要求。"采办务真"，"真"指的是入药的药材一定要真，除了"真"，还力求"道地"。创建之初，胡雪岩派人去产地收购各种道地药材。如去山东濮县采购驴皮，去淮河流域采购淮山药、生地黄、黄芪、金银花，去川贵采购当归、党参，去江西采购贝母、银耳，去汉阳采购龟甲，去关外采购人参、鹿茸等，从源头上就着手抓好药品的质量。

五、炮制精准

在胡雪岩的倡导下，胡庆余堂生产的药品具有极高的质量，在全国各地享有很好的声誉。在制药上，为确保制药质量，胡庆余堂148年来，始终保持了一个传统，即每一副药交到顾客手中，必经8道严格的程序，从药材供应商到入库质量监督，再到配方，整个流程环环相扣，体现了国家非物质文化遗产保护单位"采办务真，修制务精"的古训。

"修制务精"，这个"修"是中药制作的行业术语。"精"就是精益求精。其意是员工要敬业，制药求精细。在胡庆余堂百年历史中，流传着许多精心制药的故事。

胡庆余堂以宋代《太平惠民和剂局方》为基础，收集各种古方、验方和秘方，并结合临床实践经验，精心调制庆余丸、散、膏、丹、胶、露、油、药酒方472种，著有《胡庆余堂雪记丸散全集》传世。至今继承祖传验方和传统制药技术，保留了大批的传统名牌产品。

胡庆余堂有规范化的中药种植加工及标准化的制剂生产流程。胡庆余堂强调药材至"真"，制作要"精益求精"。以此为代表的中药文化渐渐升华为规范化的中药种植加工及标准化的制剂生产。

六、乐善济世

胡雪岩在办店成功、成为富甲一方的赢家之后，还抱着"做生意赚了钱，要多做好事"的思想，乐于赈济与施舍，这是他最可贵的地方。捐赈作为胡雪岩的一大功绩，成了左宗棠为他争取黄马褂的一个重大砝码。胡雪岩用财富赢得了善名"胡大善人"，又以善名获取更多的财富。

在兵戈扰攘、生灵涂炭的晚清时代，胡庆余堂通过免费赠药等善举，扩大了影响，博得了"乐善好施"的美名。它通过积极参与慈善事业，既赢得世人的信任，亦招揽了生意。前来胡庆余堂买药的顾客，纷纷宣传该堂的好处。

图 9-2　2008 年 12 月，浙江省人民政府授予胡庆余堂"浙江慈善奖"/ 胡庆余堂供图

胡庆余堂在"非典"和新冠肺炎疫情横行期间的善举，不仅是企业使命的延续，更是实现了对企业文化的期待。董事长刘俊认为"企业要发展，但不能忘却自身的社会责任和社会担当"。

七、文化传承

人文价值构建了品牌的深层意义，产品和服务本身的体验性接触将成为企业品牌构筑的物质基础，适合时代发展需求，提供高质量的产品和服务是消费者接触品牌、认同品牌的又一重要手段。胡庆余堂鼓励消费者去感受一个国药号在中药文化上的深厚积淀、药材上的精益求精、药方上的独特研制、经营上的创新、新形势的把握和古建筑群的雄伟，力推"体验式营销"，值得当今企业参考。

（一）建筑范式

胡雪岩创建药局选址河坊街，借势南宋以降的医药资源，打造江南第一号药局的品牌。从南宋建都临安（今浙江杭州），到明清两代，河坊街一带形成了中医药一条街，规模宏大，传统悠远。这种医药经营的业态是中医药商业的一个鲜明特征。而杭州自南宋开都以来，医药一条街的传统就一直没有间断过。南宋的保和堂，明朝的许广和药号和朱养心药室，清代杭城"六大家"——胡庆余堂、叶种德堂、方回春堂、万承志堂、张同泰和泰山堂，呈现出一条清晰的中医药文化传承文脉。

清河坊街是杭州最有特色的老街，是目前最能够体现杭州历史文化风貌的街道之一，也是西湖申报世界历史文化遗产的有机组成部分，它体现了清末民初风貌，重在突出文化价值，营造以商业、药业、建筑等为主体的市井文化。而胡庆余堂是这条古街的重要核心，修复后的胡庆余堂重现一个世纪前的雄伟风貌，长达 60 米的白色封火墙上，有章其炎先生书写的"胡庆余堂国药号" 7 个楷体大字，给人以强大的视觉冲击力。

河坊街的知名度以及电视等大众传媒的传播效果为胡庆余堂带来了大量的参观者，他们通过眼见、耳闻形成对胡庆余堂最直接的印象，胡庆余堂的品牌接触管理就开始了第二层意义的构建。消费者通过与胡庆余堂的直接接触参与到品牌的整体构架中来，而实际接触层面的卷入度要高于虚幻层面的卷入度，消费者在虚幻认知的基础上再去体验胡庆余堂国药号的魅力，对于形成品牌的认同产生更好的效果。

胡庆余堂建筑群保持基本完整，不仅是杭州规模最大，也是全国保存最完整而少见的商业性古建筑群。它采用了"前店堂、后作坊"的布局形式，为清代末期中药坊兼门市的典型。这种独特的布局满足了问诊、经营、生产及管理的需要。店堂中悬挂着不少匾、联、药牌，营造了药局特有的环境气氛和文化空间。

重修后的胡雪岩故居建筑群是胡庆余堂品牌接触管理的又一个关键点。它已经成为胡雪岩精神和胡庆余堂的文化载体，承载和延续着一个时代的印记。消费者走进胡雪岩故居，观察胡雪岩的居住地、感受其日常生活的点点滴滴，不自觉地就会将眼前的一切同大众传媒中的爱国商人、传奇故事联系在一起，对原有的虚幻信息进行巩固和深化。

胡雪岩故居有着建筑之外的另一层深意，静物背后的文化氛围就像一根线一样，引导消费者去认识一个品牌的创始人的传奇生活和经历，见证一个品牌创立的奇迹。

图 9–3　清河坊街 / 胡庆余堂供图

在现代传播工具的协助下，会使消费者产生身临其境的体验。胡雪岩故居之旅有助于消费者更加深入的认识胡雪岩精神和胡庆余堂，消费者和胡雪岩故居之间这种互动，最终使品牌的内涵更加饱满和生动。消费者的认知也更加明晰。

（二）博物馆

胡庆余堂中药博物馆在胡庆余堂古建筑群的基础上创建，始建于 1988 年，1991年正式开放，是国家级中药专业博物馆，也是我国唯一的中药专业博物馆。它由陈列展厅，中药手工作坊厅、养生保健门诊、营业厅和药膳厅 5 大部分组成，它们共同承载着整个胡庆余堂在经营和采办方面的文化，是了解胡庆余堂历史的一个重要载体。

胡庆余堂中药博物馆作为展示企业的一个窗口，陈列着胡庆余堂的上乘的中药标本、胡庆余堂早期的一些文物以及其他与中药文化相关的物体，消费者从这里能够了解传统的中药知识，体验胡庆余堂在采办和经营上坚持的独有的企业文化，这是胡庆余堂向社会普及传统中医药文化和知识的最佳通道，最容易使消费者形成对品牌的好感度并产生持久的影响力。

（三）旅游产业

要维持一个品牌长期的影响力，必须了解消费者的心理变化和产品需求，胡庆余堂的可贵之处在于能够认清目标消费者的需求并牢牢把握，创造出符合不同消费者的各项产品或服务。消费者只有在体验过程与品牌产生互动，对品牌的独特见解和品牌表达的内容保持一致，才能对品牌产生忠诚。

随着社会经济的发展和生活理念的转变，消费者更加注重养生、保健等珍爱生命、享受生活的健康生活方式，这恰好与胡庆余堂所传达的"中药重在通过调理达到健康"的概念相吻合。胡庆余堂顺应时代潮流重开药膳馆，在胡庆余堂中药博物馆设立药膳厅和养生保健门诊。使消费者亲身体验中药的魅力，体验养生保健之道。胡庆余堂积极把握消费者心理的变化，在消费者和企业之间建立起一种良性的沟通，势必取得良好的品牌传递效果。

依托杭州旅游城市及依西子湖而居的地理优势，胡庆余堂发展了一条成功的旅游特色产业。以中药业有关的人文景观为主，加上中药药膳、保健茶沙龙、医疗馆、针灸馆等系列组合，开发出具有中药特色的旅游资源，内容丰富、形式新颖，营造了浓厚的中药文化氛围，不仅借新兴的旅游业创收，无形中还广泛地宣扬了传统中药文化，尤其是吸引了大量外国游客，有利于建立全球性的中药文化，增加中药文化的国际影响力，是改革创新的重要亮点。

结　语

　　我们从上述理念新锐、文化深邃两个方面揭橥了胡庆余堂经久不衰的成功经验，从中体悟到胡庆余堂在众多中药企业的湮没中，能够生存并不断发展，很大程度源于很好地解决了今日品牌对历史元素的继承和融合，并不断融入符合时代发展的商业元素。在胡庆余堂的百年历程中，形成了一套以戒欺、是乃仁术等为核心的独特文化体系，148 年代代相传、垂范后世，树立了一块百年不倒的金字招牌，无愧于"江南药王"之美誉。虽然胡庆余堂国药号体量庞大，但仍恪守着"名店、名医、名药"相结合的范式，已成为挖掘、整理、传承、保护、创新及传播悠久中药文化的重大场所和中华文明的有机组成部分；仍张扬着独一无二的理念、智慧、气度、神韵，增添了浙江人民内心深处的自信和自豪；仍积淀着中华民族最深沉的精神追求，代表着中华民族独特的精神标识，对延续和发展中华文明、促进人类文明进步，发挥着重要作用。

　　进入新时代，胡庆余堂人比昔日任何时候都更注重传承弘扬中华优秀传统文化，做好作为中华优秀传统文化重要载体及表现形式之一的中医药事业。"江南药王"胡庆余堂国药号已成为全国最具历史风貌、最具人文特征、最具观赏价值的爱国主义教育基地之一。胡庆余堂是中国传统中药文化的优秀传承者，是中药现代化发展改良的典范，生动地彰显着我国源远流长的中药文化的活力与魅力。在新时代，如何做好传承、创新两篇大文章，助推中医药航母行稳致远，在胡庆余堂集团党委书记、董事长刘俊看来，时代在变，不变的是始终恪守的戒欺祖训；方式在变，不变的是仁术救人初心。一条涵盖药材基地、饮片加工、成药生产、药店连锁、门诊医疗、药膳餐饮、中药博物馆等中医药全产业链发展的蓝图徐徐展开，夯实了中医药行业的航母级地位。至 2022 年 8 月 18 日，胡庆余堂已形成了 10 多家中医馆、150 多家连锁门店、2 家药膳馆、1 家博物馆、10 多个中药材种植基地、6 家现代化中药工厂和食品工厂的中医药全产业链发展结构。董事长刘俊说："这条产业链的形成是一种探索，更是一种保障。每个环节企业把控到位，就能以最大程度保证中医中药的传承和产品质量。"一条完整的产业链大闭环，就像一个同心圆，无论圆多大，圆心永远是中医药治病救人带来大健康的初心。

如今胡庆余堂再次走向辉煌，改革开放初凭借偶然的文化传播，得到消费者的广泛关注之后，依托原有的深厚文化底蕴和经营之道，审时度势，积极构建一个完整的品牌接触链，对每一个接触点进行有效的管控，将消费者的接触渠道管理做得更加到位，增强了消费者对胡庆余堂品牌的认知度，同时利用原有资源将这种认知度深化和扩大化，使消费者形成对其的忠诚。各种传播媒介的使用，对企业文化的展示及原有文化的承载，起到了很好的宣传作用，使这个国家非物质文化遗产企业在新的经济环境下，散发出更加迷人的光彩。

具有 148 年企业史的国家非物质文化遗产保护单位，以匠人精神炮制药材，以"戒欺"二字警醒员工，经久不衰的胡庆余堂典范，具有"存史、资政、育人"的功能，彰显了诚信企业的历史先声和独特的企业文化，在传承中医药文明、开创未来的中医药事业中具有不可替代的作用。

大事记

1874 年，胡光墉在杭州直吉祥巷九间头（今直吉祥巷平阳里）设立"胡庆余堂雪记国药号"筹建处，创始人胡光墉，字雪岩。他邀请了许多名医和国药业商人共同研究，确定了"创办大规模企业，自制丸散膏丹，开设门市"的经营方针。之后请了省内外著名医师收集配制丸散膏丹、胶露油酒的验方 400 多个，并试制了成药。胡氏还聘请了松江余天成药号经理余修初负责筹建工作，专门设置了制丹丸大料部、制丹丸细料部、切药片子部、炼拣药部、胶厂等部门。

1876 年，胡雪岩在涌金门外（今南山路中国美术学院家属宿舍所在地）购地 10 多亩，造屋建立胶厂。下设晒驴皮工场、丸散工场、养鹿园等。

1878 年，胡庆余堂雪记药号店堂在杭州大井巷落成，正式开始营业。聘请翁宝珊、余修初为第一任经理。下设总务部、丸散营业部、饮片营业部、制丹丸粗料部、切药片子部、炼拣药部、胶厂原料部、原药储藏仓库部、原细药储藏仓库部等 10 个部。

1883 年 12 月 9 日，胡雪岩做丝茶等生意亏本，累计欠公款、私款 1000 多万两，在上海、北京、杭州、宁波、福州、镇江、湖北、湖南等地开设的阜康钱庄因此全部倒闭，宣告破产。胡雪岩将家产抵各省公私款，尚缺 160 多万两，只得以其开设的 26 家典当铺、钱庄抵短缺之数。

1884 年，文煜在阜康银号存款达 46 万两，除文煜被罚损 10 万两外（也由胡雪岩支付），其余存款定要索还。胡雪岩只得以胡庆余堂抵之。文煜采取与树德堂和记、丰义堂恒记、陈金生合伙经营的形式，接管了胡庆余堂，并与胡雪岩签订了买卖契约，聘任张筱浦、许奎圃为驻店代东，另委王文联为经理（后调冯挺五）。

1885 年 12 月 6 日，胡雪岩在杭州病故，享年 62 岁。原胡雪岩捐资创办的钱江义渡由七堡同乡会接办。

1899 年，胡雪岩实欠文煜的 56 万两债务，已予公开。此前胡氏虽将胡庆余堂抵给了文煜，但问题没有得到解决，只得将元宝街住宅也抵给了文家。胡、文两家为此签订了契约，并议定从胡庆余堂红股 180 股内提出 8 股，使胡氏分润，以酬胡氏昔年创业之劳。又加胡氏原有红股 10 股，计 18 股，实为雪记招牌股。

1910 年，全年营业额达 340816 元，其中丸散营业额 275212 元，饮片营业额 65604 元，利润达 10904 元。

1911 年，浙江省军政府没收满族官僚在浙江的财产，胡庆余堂也被没收，登报标卖，以鸦片商、丝商、银钱业资本家施凤翔、应崇椿出面，贿通财政部门以 200100 元得标，接管了胡庆余堂。由独资经营变为合伙经营，合股资本为 36 万元，分 120 股，每股 3000 元。

1913 年，袁世凯篡权后，下了"凡属满人财产，应予发还"的命令，文煜长子文志森向袁世凯诉请发还胡庆余堂，袁氏当即批准。但施凤翔等则以浙江军政府不应失信于商民为理由，坚决反对交还企业，双方各自聘请律师进行诉辩。当时因政局未定，诉讼了两三年无果。直至 1915 年 2 月 8 日，施凤翔等人才与文志森达成了协议，再出 45 万元给文志森，买下了企业。双方订立了买卖契约，胡庆余堂产权所有问题总算得到了解决。

1914 年，施凤翔等在与文家进行诉讼同时，以租界作掩护，将胡庆余堂所有昂贵的的细料药材运到上海，后经股东们决定在上海设立胡庆余堂分号，议定先在上海抛球场南面（今南京路、河南中路附近）开设上海临时发行所。同时，在北京路购置地皮 5 亩，筹建上海分号。购地、造屋两项款额达 13 万元。3 月 4 日，股东会决定，聘请冯挺五为杭、申二铺经理，魏洪范为副经理，应崇椿为司账。

1916 年，模仿杭州胡庆余堂格式的上海分号的店堂落成，并正式开张营业。11 月 5 日，将原设的上海临时发行所并入上海分号，其一切经营管理及人事组织均由杭州掌握。冯挺五为沪杭总经理（后冯病故由魏洪范继任）。杨春骙任杭州协理，陈楚香为上海协理，俞惠棠任总账房，陈桂芳为上海分号账房。

1921 年，施凤翔在上海做黄金生意失败，将其 28.5 股权出让给徐斌和郭玉堂（自己留 2 股附在王晓籁名下）。当年胡庆余堂进行了改组。其正式股东有：徐祖源、徐斌辉、楼定康、俞惠棠、徐元甫、徐庆余、王晓籁、黄子华、郭玉堂、陈楚香、顾竹溪、王莲舫。

1923 年，在首届西湖博览会上，胡庆余堂饮片获特等奖。

1927 年 2 月，杭州市国药业工会在城头巷举行成立大会，胡庆余堂工人在行业工会的领导下，成立了第一支部。

1929 年，少数西医在中央卫生部会议上将中西医药强分新旧，并提出废止旧医药等议案，全国各地中医中药团体立刻写信给上海中医协会，一致要求召开全国中医中药团结联合大会，谋求对策。上海市中医协会决定在 3 月 17 日举行全国中医中药团结代表大会，胡庆余堂在店门贴出"拥护今日举行全国医药团体代表大会"等标语并罢工半日，同时推派代表出席了大会，并在会上发了言。会议期间，上海全部药店一律停业半天。

6月6日，在西湖博览会上药学部陈列200多家厂店出品的3000多种药品，胡庆余堂陈列的茯苓、象贝、泽泻、玄参、麦冬、鹿角胶、龟甲胶和虎骨胶等，修制清洁，可称上品，均获得特等奖。

1934年，总营业额为59.65万元，赢利1.048636万元，职工人数164人，年工资总额5.82576万元，总月薪为0.48548万元。

1935年，聘请杭州承志堂药店经理俞绣章担任胡庆余堂经理。

1936年，168名职工推选徐延鉴等9名代表并聘请律师万德恣，向杭县地方法院民事庭起诉，要求经理俞绣章将1934年、1935年两年的红利3.058832万元分配给全店职工，并要求清算前20年未分配的赢利约7万元给予分配。

1937年，日本军登陆宁波金山，胡庆余堂被迫停业。

1938年，胡庆余堂复业，俞绣章经营后，有所起色。

1939年，上海分店在上海383家国药店中，其营业额占居首位。仅农历二月十五日，一日的营业额竟达24035元。杭州总店与上海分店正式划开，杭店只供应沪店胶类等产品，沪店经济上独立。杭州店经理俞绣章，上海店经理高志文。

1946年，中共地下党小组组织本堂青年成立了"学习进修室"。

1948年，民国政府发布"八·一九"管制措施，胡庆余堂遭疯抢，损失巨大。

1949年5月3日，胡庆余堂收归国有，当时有职工187人。

1955年，中央卫生部苏联专家季里扬诺参观胡庆余堂。胡庆余堂更名为胡庆余堂国药号。

1957年，杭州西郊桃源岭新凉亭，筹建了制胶车间。

1958年7月，胡庆余堂与叶种德堂合并，新成立"公私合营杭州胡庆余堂制剂厂"，隶属市商业局领导。

1960年1月，公私合营杭州胡庆余堂制剂厂更名为"公私合营胡庆余堂制药厂"，划为省属企业，隶属浙江省卫生厅管辖。公私合营胡庆余堂制药厂中药专业学校成立，面向社会招生。

1961年秋，中药专业学校并入杭州卫生专科学校。公私合营胡庆余堂制药厂腰痛片，全鹿片被批准为中成药出口产品。

1966年，公私合营胡庆余堂制药厂更名为"杭州中药厂"。

1968年，杭州中药厂遂昌分厂成立。

1972年，杭州市化工局决定，将杭州中药厂更名为杭州第一中药厂，杭州中药厂的制胶车间划出成立杭州第二中药厂。

1978年，千里光片获得1978年全国医药卫生科学大会奖，菊花冠心片获得浙江省科技成果三等奖。

1979年4月21日，厂名恢复为"杭州胡庆余堂制药厂"。

6月，山茶子油胶丸、泽泻降脂片分别获得浙江省1979年科技成果三等奖。复方抗结核片获得浙江省1979年科技成果二等奖。安宫牛黄丸获得浙江省1979年医药优质产品称号。

年初开工冠心苏合丸车间5500平方米的基建项目，8月25日，杭州胡庆余堂制药厂冠心苏合丸大楼土建竣工。

1980年7月15日，经市医药局批准恢复胡庆余堂门市部。

8月6日，浙江省医药公司进行八个中成药品种的全省质量评比；石斛夜光丸，牛黄解毒片被评为第一名。

9月，著名书法家沙孟海为厂名题字。香葵油栓、香葵油胶丸，获得杭州市1980年科技成果一等奖。古医牌腰痛片获得浙江省1980年优质产品。香葵油栓胶丸，被评为浙江省1980年科技成果二等奖。

1981年10月，杭州市人民政府批准，杭州胡庆余堂制药厂门市部古建筑列为杭州市级文物保护单位。12月，腰痛片被评为1981年国家医药局优质产品。人参抗癌片获得浙江省1981年科技成果三等奖。复方抗结核片被评为1981年浙江省优质产品。健儿膏、健血冲剂获得杭州市1981年优秀科技成果三等奖。

1982年8月23日，在浙江省医药公司中成药品种质量评比中，六味地黄丸被评为第一名。是月，香葵油胶丸，获得1982年国家医药局科技成果三等奖。骨刺片，获得浙江省1982年度优质产品称号。

1983年4月16日，凌晨一时许，杭州胡庆余堂制药厂经济民警夏江虹、陈顺法同志为保卫国家财产在与盗窃行凶犯的争斗中，光荣牺牲。25日浙江省人民政府授于夏江虹、陈顺法两同志为革命烈士光荣称号。5月28日，杭州医药局发出了向夏江虹、陈顺法两烈士学习的通知。连香冲剂获得浙江省1983年科技成果四等奖。

1984年10月25日上午，举行了古建筑修复后重新营业的剪彩仪式。原中国药材公司副经理王肇仪等出席了开幕仪式。下午，在浙江省人民大会堂召开杭州胡庆余堂制药厂建厂110周年庆祝大会。

12 月 25 日，古医牌腰痛片获 1984 年浙江省优质产品称号。益视冲剂获得浙江省 1984 年科技成果四等奖。

1985 年古医牌人参口服液被评为 1985 年度国家中医药管理局优质产品。五味子冲剂被评为浙江省 1985 年度优质产品。

1986 年 3 月 2 日，52 名从事中药工作 30 年以上的老职工，获得浙江省医药总公司颁发的老药工荣誉证书。

12 月 6 日，与浙江话剧团联合举行《江南药王》电视片首播仪式，浙江电视台、电台、各报刊的记者等 70 余人出席了仪式。会后试映了电视剧《江南药王》。20 日，古医牌益视冲剂被评为浙江省优质产品。

1987 年 11 月 10 日，古医牌骨刺片被评为浙江省优质产品。

1988 年，胡庆余堂旧址被列为全国重点文物保护单位。

9 月，古医牌参参口服液在全国首届中成药健康杯评选中获金杯奖、古医牌纯真珍珠粉获银杯奖。

9 月 16 日，被杭州市人民政府授予杭州市级先进企业证书。

10 月，参参口服液获 88 年度浙江省优秀"四新"产品一等奖。

11 月，古医牌人参精口服液获国家质量银质奖。

12 月 20 日，古医牌人参精口服液被评为浙江省优质产品。古医牌石斛夜光丸被评为浙江省优质产品及被国家质量奖审委员会授予中华人民共和国国家质量优质奖。

1989 年 9 月，被浙江省人民政府授予先进企业名册。

10 月，被评为国家二级企业。

12 月 20 日，古医牌参参口服液被评为浙江省优质产品。12 月，古医牌腰痛片被评为国家中医药管理局优质产品。

1990 年 9 月，"抗矽片"的研究被浙江省人民政府授予 1989 年度浙江省科学技术进步二等奖。

11 月，"抗矽片"的研究获杭州市科学技术进步一等奖。30 日，古医牌杞菊地黄口服液、古医牌五味子冲剂获浙江省优质产品。

12 月，"抗矽片"的研究获 1990 年度国家中医药管理局中医药科学技术进步三等奖。

1991 年，胡庆余堂中药博物馆开馆。

4 月，矽肺片参展第二届北京国际博览会并获银奖。

11 月 30 日，古医牌羚角降压片、古医牌牛黄解毒片获浙江省优秀产品奖。

8 月 15 日，"胡庆余堂"被评为浙江省著名商标。

1992 年，杭州第二中药厂成立母体企业中国青春宝集团公司。

1993 年 10 月 25 日，举办建厂 120 周年和胡庆余堂中药博物馆正式开馆新闻发布会。

6 月，胃复春片、金果饮咽喉片被授予杭州市 1994 年优秀新产品、新技术一等奖。

胡庆余堂被列入首批浙江省爱国主义教育基地。

1996 年 10 月 10 日，胡庆余堂被省计经委列为"五个一批"重点骨干企业。

11 月 8 日，加入中国青春宝集团公司，党的组织关系隶属中共中国青春宝集团公司委员会。

12 月 26 日，加入青春宝集团正式挂牌。

1997 年 4 月 5 日，在西湖区转塘镇隆重举行杭州胡庆余堂制药厂创始人胡雪岩墓的揭墓仪式，杭州市园文局文物处领导、董事长冯根生及以及胡雪岩的后裔共 12 人的出席。

6 月 4 日，胡雪岩墓列为杭州市文物保护点。

10 月 30 日，取得浙江省著名商标。

1998 年 5 月 4 日，总投资 3000 万元，按 GMP 要求建造的浙江省重点技改工程项目，建筑面积 6690 平方米的综合车间投产运行。12 日，国家中医药管理局公布 1997 年度全国中成药工业国有重点企业（五十强），杭州胡庆余堂制药厂被列为五十强企业之一。

12 月 30 日，杭州胡庆余堂制药厂与浙江省中医药研究院联合研究的科研项目《胃复春片防治胃癌前期状态和病变的研究》成果，通过了由浙江省中医药管理局组织的专家小组鉴定。

1999 年 1 月 14 日，胃复春片为 98 年度杭州名牌产品。

2 月 8 日，经杭州市政府批准，企业改制。企业股份为三大块：国有股 45%，经营者股 15%，职工持股协会股 40%。

6 月，神香苏合丸剂改及扩大临床适应证的研究获杭州市科技进步三等奖和市经委、市科委、市财税局优秀新产品、新技术一等奖。

7 月 12 日，浙江省中医药管理局、浙江省卫生厅同意杭州胡庆余堂制药厂更名为杭州胡庆余堂药业有限公司。22 日，公司在提高管理水平的同时，推动技术进步，引进高新技术，增加产品技术含量和附加值，经浙江省科委、省计经委、市科委、市经委的审批，认定为省第七批区外高新技术企业。26 日，神香苏合丸获 98 年度杭州市优秀新产品新技术一等奖。7 月神香苏合丸获杭州市人民政府 99 年科技进步三等奖。

12 月 29 日，被评为第三批浙江省星级企业。12 月，胃复春片防治胃癌前期状态和病变的研究获浙江省科技进步三等奖。

2000 年 2 月，"胃复春片研究及产业化"项目被浙江省中医药管理局评为科学进步三等奖。杭州胡庆余堂药业有限公司被评为浙江省医药工业优秀企业。

8 月，胡庆余堂胃复春被认定为浙江名牌产品。

2001 年 3 月 6 日，"胡庆余堂"被评为浙江省著名商标。8 月，胡庆余堂胃复春被认定为浙江名牌产品。

保和堂恢复归入胡庆余堂国药号。

叶种德堂恢复营业。

2002 年 3 月 12 日，国家工商行政管理总局商标局认定"胡庆余堂"商标为驰名商标。

2003 年，"胡庆余堂"认定为浙江省首届知名商号。

4 月，上实医药健康产品有限公司入股杭州胡庆余堂药业。

9 月，胡庆余堂胃复春被认定为浙江名牌产品。

杭州胡庆余堂投资有限公司成立。

2004 年 7 月，被认定为高新技术企业。

9 月，胡庆余堂牌铁皮枫斗晶被杭州市消费者协会授予"杭州市首届消费者协会推荐商品"（2004—2006）荣誉称号。

10 月，杭州胡庆余堂药业有限公司被授予浙江省行业放心消费品牌、被评为浙江省行业放心消费十佳企业、被评为浙江省行业诚信满意十佳优秀企业。

2005 年 1 月，杭州胡庆余堂药业有限公司被浙江省消费者协会授予浙江省第六届消费者信得过单位。

4 月，上实医药健康产品有限公司增资，成为胡庆余堂药业的控股股东。

2006 年，"胡庆余堂中药文化"列入第一批国家非物质文化遗产代表名录。

2006 年 1 月—2007 年 12 月，胡庆余堂牌铁皮枫斗晶被省消费者协会评为推荐商品。

9 月，胡庆余堂牌胃复春被认定为浙江名牌产品。

10 月，胡庆余堂牌蜂胶胶囊被授予 2006 年上海保健品行业名优产品。胡庆余堂牌强力片被授予 2006 年上海保健品行业名优产品。胡庆余堂牌铁皮枫斗晶被授予 2006 年上海保健品行业名优产品。

2007 年 2 月，被授予 2006 年度中国诚信优秀诚信企业。

11 月，被授予 2007 年度浙江省食品（保健食品）龙头企业称号。

12 月，被评为 2002 年度—2006 年度 3A 信用等级企业。

杭州胡庆余堂集团有限公司成立。

2007 年监督等级被评定 2A 级。

2008 年 12 月 5 日，被评为杭州市第三批食品（保健品、化妆品）安全信用优秀单位。26 日，被评为高新技术企业（第四批）。

2009 年 1 月，被评为浙江省保健食品行业诚信企业。

6 月，入选杭州十大特色潜力行业 200 强。

11 月 9 日，胃复春片、复方丹参片、强力枇杷露被评为 2009 年度浙江省医药制剂重点品种。

2010 年，胡庆余堂药业加入上海医药集团。

11 月 20 日，"胡庆余堂特种邮票"首发式在吴山广场举行，由市政府、省邮政公司、市邮政局、胡庆余堂联合主办的，邮票收集了同仁堂、陈李济、雷允上、胡庆余堂四家著名的中药企业。

2011 年，高新技术企业通过复审。

2012 年 7 月，胡庆余堂药业有限公司整体搬迁项目一期立项。2012 年，获杭州市"和谐"劳动关系企业。

2013 年 3 月 16 日，杭州胡庆余堂药业有限公司整体搬迁扩建项目奠基仪式在余杭经济开发区隆重举行。迁建项目总投资 3.09 亿，分二期完成。

7 月，胡庆余堂检测中心成立。

12 月 30 日，获杭州市安全生产监督管理局的安全生产标准化三级企业（其他工程）证书。

2014 年 6 月，益增资产管理有限公司和杭州胡庆余堂集团有限公司签订了股权转让协议，杭州胡庆余堂集团有限公司以本公司原有股权出资。

9 月 29 日，获高新技术企业认定。30 日，2014 年度"质量月"，在技术品质部的组织下，开展了公司技术比武活动。通过员工的积极参与，经过笔试、现场中药材鉴别和基准物质的配制比赛，有 26 位员工成绩优异，分别获得一等奖、二等奖、三等奖奖项。

10月13日，精准六西格玛项目推进启动，《提高胃复春片成品率》项目获上药集团立项。

2015年4月，"提高胃复春片成品率"项目奖2014年度精益六西格玛三等奖。

11月，完成新厂区七个剂型的GMP认证。

12月，完成企业的整体搬迁。

2015年，杭州胡庆余堂药业有限公司荣获浙江省守合同重信用3A级企业、余杭区政府质量奖、杭州市五一劳动奖状等荣誉。公司研发中心获浙江省科技厅认定为浙江省胡庆余堂中药现代化研究院，技术中心获认定为杭州市企业技术中心。公司拥有国家批准生产的药品184只、保健食品9只，拥有多项发明专利。公司生产的胃复春获得"浙江制造精品"称号，胃复春、强力枇杷露获评为首批"浙产名药"，安宫牛黄丸获得杭州市名牌产品称号。

2016年2月，杭州胡庆余堂药业有限公司荣获2015年度获浙江省保健品行业诚信企业称号。

9月，胃复春片被评为浙江省优秀工业产品。

2017年9月，强力枇杷露、安宫牛黄丸、无比山药丸、沉香曲被评为浙江省优秀工业产品。

2017年通过"国二级"安全生产标准化评审。

2018年公司取得ISO9001质量体系认证证书，公司生产的药品及保健食品均通过国家药品GMP认证及浙江省保健食品GMP认证。

2018年6月6日，国家中医药管理局确定胡庆余堂为全国中医药文化宣传教育基地。

2019年，胡庆余堂牌胃复春获浙江省经济和信息化厅评审列入"浙江制造精品"名单。

2020年，胡庆余堂牌安宫牛黄丸获浙江省经济和信息化厅评审列入"浙江制造精品"名单。

2020年，杭州胡庆余堂药业有限公司成为中华中医药学会一般团体会员单位。

8月14日，中华中医药学会为弘扬"敬佑生命、救死扶伤、甘于奉献、大爱无疆"的崇高精神，发挥典型示范作用，通报表扬了46个抗疫集体与207位抗疫个人，杭州胡庆余堂药业有限公司荣登抗疫集体名单，被评为抗疫先进集体、定点扶贫优秀单位。

杭州胡庆余堂国药号有限公司被评为浙江省守合同重信用企业 3A 级企业。

杭州胡庆余堂天然食品有限公司被评为国家高新技术企业。

正大青春宝药业有限公司被评为浙江省高新技术企业。

正大青春宝药业有限公司被评为长三角营业保健行业抗击新冠肺炎疫情突出贡献企业。

浙江方格药业有限公司为浙江省农业龙头企业。

2021 年 1 月 15 日，杭州胡庆余堂集团有限公司被中共浙江省委、浙江省人民政府评为"2020 年度浙江省文明单位"。

参考文献

［1］浙江省卫生厅.本厅有关药厂（商、房）管理及整形企业按医疗器械厂管理的规定、通知.浙江省卫生厅：药政，1954–03–05—1955–01–08.J165.

［2］公私合营杭州胡庆余堂制药厂.关于中药材的加工炮制和中成药的生产中若干问题的报告.浙江省档案馆，1964–06–11.[65]杭胡检字第40号.

［3］胡筱梅.红顶商人胡雪岩有后 [M]// 浙江文史资料选辑第四十七辑.杭州：浙江人民出版社，1992.

［4］范祖述.杭俗遗风 [M].上海：上海文艺出版社，1989.

［5］杭州医药商业志编纂委员会.杭州医药商业志 [M].北京：中国青年出版社，1990.

［6］杭州市政协文史委.杭州文史丛编：经济卷 上 [M].杭州：杭州出版社，2002.

［7］浙江省医药志编纂委员会.浙江省医药志 [M].北京：方志出版社，2003.

［8］徐明德.论清代"红顶商人"胡雪岩的历史功绩 [J].安徽师范大学报：人文社会科学版，2003（4）.

［9］朱德明.杭州医药史 [M].北京：中医古籍出版社，2007.

［10］黄源盛.平政院裁决录存 [M].台北：五南图书出版公司，2007.

［11］刘俊，孙群尔.胡庆余堂中药文化 [M].杭州：浙江摄影出版社，2009.

［12］周培.浅析胡雪岩的经营理念与关系营销的关系 [J].经营与管理，2009（11）.

［13］朱德明.杭州医药文化 [M].杭州：浙江人民出版社，2011.

［14］朱德明.浙江医药文物及遗址图谱 [M].杭州：浙江古籍出版社，2012.

［15］戴美纳.河坊街变迁背景下杭州胡庆余堂建筑演变初探 [D].上海：上海交通大学，2012.

［16］朱德明.杭州医药文化图谱 [M].杭州：浙江古籍出版社，2013.

［17］朱德明.浙江医药通史 [M].杭州：浙江人民出版社，2013.

［18］杜高飞.胡雪岩慈善事业研究 [J].长沙：湖南师范大学，2015.

［19］朱德明.南宋医药发展研究 [M].北京：人民出版社，2016.

［20］朱德明.张山雷与兰溪 [M].杭州：浙江人民出版社，2018.

后　记

2019 年 11 月，"《浙派中医》系列研究丛书编撰工程"被列为 2020 年浙江省中医药科技计划中医药现代化专项，开启了原著系列、专题系列、品牌系列三大研究系列工程，而《胡庆余堂》专著则被列为"品牌系列"的首部开笔书稿，任务落实到我，抛砖引玉，深感荣幸！

浙江中药产业总体水平，在南宋之前比较落后，南宋开始逐渐跃居全国前茅，明清时期步江苏省之后，居于全国第二，成为中药发展最发达的省份之一。浙江历来药行、药店众多，药市、药帮兴隆，中药从业者队伍庞大，既有以胡庆余堂领衔的"杭城六家"著名药号，又有慈溪、兰溪、绩溪"江南三溪"著名药帮，铸成极具江南特色的浙江传统经典代表产业和民族特色文化品牌。胡雪岩创建药局选址清河坊街，借势南宋以降的医药资源，打造江南第一号药局品牌。这种清河坊街医药经营的业态，是中医药商业的一个鲜明特征。胡雪岩故居是胡庆余堂品牌展现的一个关键点，它已成为胡雪岩精神和胡庆余堂的文化载体，承载和延续着一个时代的印记。游览胡雪岩故居有助于消费者更加体悟到胡雪岩的思想和胡庆余堂的魅力，最终使品牌的内涵更加饱满和生动。胡庆余堂品牌确实在中国药业史上十分耀眼，导致胪述其璀璨业绩和品牌特色，尤为艰难。

好在我与杭州胡庆余堂集团有限公司董事长刘俊沟通，得到了他的支持。同时，还得到了杭州胡庆余堂国药号有限公司董事长、总经理陈蕴涵，杭州胡庆余堂国药号有限公司副总经理叶建华，杭州胡庆余堂国药号有限公司总经理助理张永胜，原杭州胡庆余堂集团有限公司办公室主任孙群尔等相助，提供了一些常用的图文资料，为本专著的完稿添砖加瓦。

史料是中医医史文献学研究的基石，有关胡庆余堂的文献档案十分凌乱。为此，我们查阅了《清史稿》、清末民初的稗乘和小说丛书、浙江图书馆古籍部藏书、浙江省档案馆档案、杭州市档案馆档案、杭州府志、钱塘县志、仁和县志、杭州市志，还深入全省各地的民居坊间和走访著名中医药学家，打捞被湮没的胡庆余堂珍贵资料和实物图片，并对已获得的大量庞杂资料、图片进行爬梳整理、钩沉辑佚、辨伪考订、勘讹校正。由于胡庆余堂资料在不同时期、不同类型、不同学科的论著中分布浩瀚，实难竭泽而渔，限于个人能力，拙著所收集的图文资料自认为只具半成，补充完善容待未来，敬请读者雅正！

浙江中医药大学教授

朱德明

浙江中医药文化研究院副院长

2022 年 8 月 18 日

《浙派中医丛书》总书目

原著系列

格致余论 　　　　　　　　　　规定药品考正·经验随录方
局方发挥 　　　　　　　　　　增订伪药条辨
本草衍义补遗 　　　　　　　　三因极一病证方论
丹溪先生金匮钩玄 　　　　　　察病指南
推求师意 　　　　　　　　　　读素问钞
金匮方论衍义 　　　　　　　　诊家枢要
温热经纬 　　　　　　　　　　本草纲目拾遗
随息居重订霍乱论 　　　　　　针灸资生经
王氏医案·王氏医案续编·王氏医案三编 　　针灸聚英
随息居饮食谱 　　　　　　　　针灸大成
时病论 　　　　　　　　　　　灸法秘传
医家四要 　　　　　　　　　　宁坤秘笈
伤寒来苏全集 　　　　　　　　宋氏女科撮要
侣山堂类辩 　　　　　　　　　产后编
伤寒论集注 　　　　　　　　　树蕙编
本草乘雅半偈 　　　　　　　　医级
本草崇原 　　　　　　　　　　医林新论·恭寿堂诊集
医学真传 　　　　　　　　　　医林口谱六治秘书
医无闾子医贯 　　　　　　　　医灯续焰
邯郸遗稿 　　　　　　　　　　医学纲目
通俗伤寒论

专题系列

丹溪学派 　　　　　　　　　　针灸学派
温病学派 　　　　　　　　　　乌镇医派
钱塘医派 　　　　　　　　　　宁波宋氏妇科
温补学派 　　　　　　　　　　姚梦兰中医内科
绍派伤寒 　　　　　　　　　　曲溪湾潘氏中医外科
永嘉医派 　　　　　　　　　　乐清瞿氏眼科
医经学派 　　　　　　　　　　富阳张氏骨科
本草学派 　　　　　　　　　　浙江何氏妇科
伤寒学派

品牌系列

杨继洲针灸 　　　　　　　　　王孟英
胡庆余堂 　　　　　　　　　　楼英中医药文化
方回春堂 　　　　　　　　　　朱丹溪中医药文化
浙八味 　　　　　　　　　　　桐君传统中药文化